BIBLIOTHÈQUE CONTEMPORAINE

ALPHONSE KARR

LA SOUPE AU CAILLOU

PARIS
CALMANN LÉVY, ÉDITEUR
RUE AUBER, 3, ET BOULEVARD DES ITALIENS, 15
A LA LIBRAIRIE NOUVELLE

1884

LA
SOUPE AU CAILLOU

CALMANN LÉVY ÉDITEUR

ŒUVRES COMPLÈTES
D'ALPHONSE KARR
Format grand in-18

A BAS LES MASQUES!...	1 vol.	LA MAISON CLOSE......	1 vol.
A L'ENCRE VERTE......	1 —	MENUS PROPOS.........	1 —
AGATHE ET CÉCILE......	1 —	MIDI A QUATORZE HEURES.	1 —
L'ART D'ÊTRE MALHEU-		NOTES DE VOYAGE D'UN	
REUX..............	1 —	CASANIER...........	1 —
AU SOLEIL............	1 —	ON DEMANDE UN TYRAN.	1 —
BOURDONNEMENTS......	1 —	LA PÊCHE EN EAU DOUCE	
LES CAILLOUX BLANCS DU		ET EN EAU SALÉE...	1 —
PETIT POUCET........	1 —	PENDANT LA PLUIE.....	1 —
LE CHEMIN LE PLUS COURT	1 —	LA PÉNÉLOPE NORMANDE	1 —
CLOTIDE..............	1 —	PLUS ÇA CHANGE.....	1 —
CLOVIS GOSSELIN.......	1 —	.....PLUS C'EST LA MÊME	
CONTES ET NOUVELLES..	1 —	CHOSE.............	1 —
LE CREDO DU JARDINIER.	1 —	LES POINTS SUR LES I..	1 —
DANS LA LUNE.........	1 —	POUR NE PAS ÊTRE TREIZE.	1 —
LES DENTS DU DRAGON..	1 —	PROMENADES AU BORD DE	
DE LOIN ET DE PRÈS...	1 —	LA MER............	1 —
DIEU ET DIABLE.......	1 —	PROMENADES HORS DE MON	
ENCORE LES FEMMES....	1 —	JARDIN............	1 —
EN HUMANT..........	1 —	LA PROMENADE DES AN-	
L'ESPRIT D'ALPHONSE KARR	1 —	GLAIS.............	1 —
FA DIÈSE!..........	1 —	LA QUEUE D'OR........	1 —
LA FAMILLE ALAIN......	1 —	RAOUL.............	1 —
LES FEMMES..........	1 —	ROSES NOIRES ET ROSES	
FEU BRESSIER.........	1 —	BLEUES............	1 —
LES FLEURS..........	1 —	LES SOIRÉES DE SAINTE-	
LES GAIETÉS ROMAINES..	1 —	ADRESSE...........	1 —
GENEVIÈVE...........	1 —	SOUS LES POMMIERS...	1 —
GRAINS DE BON SENS...	1 —	SOUS LES ORANGERS....	1 —
LES GUÊPES..........	1 —	SOUS LES TILLEULS.....	1 —
HISTOIRE DE ROSE ET DE		SUR LA PLAGE........	1 —
JEAN DUCHEMIN......	1 —	TROIS CENTS PAGES....	1 —
HORTENSE............	1 —	UNE HEURE TROP TARD..	1 —
LETTRES ÉCRITES DE MON		UNE POIGNÉE DE VÉRITÉS.	1 —
JARDIN.............	1 —	VOYAGE AUTOUR DE MON	
LE LIVRE DE BORD.....	4 —	JARDIN............	1 —

BOURLOTON. — Imprimeries réunies, B.

LA SOUPE AU CAILLOU

HISTOIRES CONTEMPORAINES

PAR

ALPHONSE KARR

PARIS
CALMANN LÉVY, ÉDITEUR
ANCIENNE MAISON MICHEL LÉVY FRÈRES
3, RUE AUBER, 3
—
1884
Droits de reproduction et de traduction réservés.

LA
SOUPE AU CAILLOU

Je me souviens d'un conte — peut-être une histoire — qu'on nous faisait, au collège, traduire du français en latin, que j'ai fait faire très probablement en thème moi-même, à mon tour, lorsque vint le moment pour les écoliers de me rendre ce que j'avais fait aux professeurs étant écolier. Si je penche plus aujourd'hui à considérer la chose plutôt comme une histoire que comme un conte, c'est que nous l'avons vue et la voyons tous les jours s'exécuter en grand et à nos dépens.

Voici l'histoire :

Deux voyageurs de mauvaise mine entrent un jour dans une ferme pour se reposer et demander à manger. Les parents sont aux champs: il ne reste à la maison que trois enfants qui répondent qu'ils n'ont rien à donner, qu'ils ont tous déjeuné ensemble le matin, et que ce n'est qu'en rentrant du travail que le père et la mère rapporteront de quoi dîner.

Les deux voyageurs ne se découragent pas ; ils ont jeté dans la chambre un de ces coups d'œil semblables à des râteaux qui ne laissent rien traîner. Ils voient bien quelque chose qu'on pourrait prendre, mais il y a une autre ferme assez proche, et les enfants n'auraient qu'à crier pour attirer des voisins.

— Mes petits amis, disent-ils, puisque vous êtes pauvres, nous ne vous demanderons rien, nous vous ferons au contraire votre part d'une excellente soupe que nous allons faire. Vous allez seulement nous prêter une marmite, nous allons couper quelques broussailles pour faire bouillir l'eau que nous puiserons dans le ruisseau, et nous allons faire, pour vous et pour nous, la fameuse soupe au caillou.

— Et qu'est-ce que la soupe au caillou? demanda l'ainée, une fillette de dix ans.

— C'est une soupe délicieuse et comme vous n'en avez jamais mangé ; c'est un grand secret que m'a appris mon père, qui le tenait du sien, auquel l'avait appris un célèbre magicien. Il n'y a besoin que d'un caillou que l'on fait bouillir dans l'eau, et qui produit un bouillon exquis. Mais il faut chercher et reconnaître le caillou, le vrai caillou, et dire quelques paroles.

Les enfants ouvrirent de grands yeux et donnèrent une marmite, que les pèlerins remplirent d'eau et placèrent sur le feu de broussailles qu'ils avaient allumé ; puis ils se mirent en devoir de trouver le fameux caillou. Ils en ramassèrent, en examinèrent attentivement et en rejetèrent une douzaine ; puis tout à coup l'un d'eux s'écria : Voilà notre affaire. Il porta le caillou au ruisseau, le lava, le frotta jusqu'à ce qu'il se montrât parfaitement net. Alors ils marmottèrent des paroles inintelligibles, et jetèrent le caillou dans l'eau bouillante.

Au bout de quelque temps, ils demandèrent une pincée de sel, qu'ils mirent dans l'eau, puis une cuiller pour goûter la soupe.

Celui qui goûta le premier n'en parut pas satisfait, et tendit la cuiller, de nouveau remplie, à son compagnon qui partagea son avis.

Ils demandèrent aux enfants s'ils n'avaient pas quelques carottes, quelques navets, etc. Il y en avait dans le jardin, on en éplucha qu'on mit dans la marmite ; après quelque temps, on goûta de nouveau et on ne fut pas encore entièrement satisfait. — C'est déjà bien bon, dit l'un, mais ça pourrait être meilleur ; il y manque encore quelque chose ; puis s'avisant :

— Eh ! eh ! qu'est-ce qui pend là au plafond ?
— C'est un morceau de lard de notre porc.
— C'est justement ce qu'il faut.

On décroche le morceau de lard, on en prend la moitié que l'on jette dans la marmite, puis l'on active le feu. On trouve une miche de pain qu'on coupe en tranches dans une écuelle, puis on verse dessus la soupe au caillou. Les deux voyageurs la mangent à belles dents, ainsi que les légumes et le lard, puis ils se lèvent et disent aux enfants :

— Mes petits amis, nous allons nous remettre en route. Il n'y avait pas assez de soupe pour vous en donner. Mais nous vous faisons un magnifique cadeau, nous vous laissons le caillou avec lequel vos parents et vous-mêmes pourrez faire autant de fois que vous le voudrez cette excellente soupe, en ayant bien soin de faire comme nous et de dire trois fois : *Abraxat*.

Puis ils partirent.

Dans le vieux conte ou la vieille histoire que je viens de vous dire, la vérité ou l'auteur ont cru devoir faire jouer le rôle de dupes à des enfants ignorants et encore béjaunes. Aujourd'hui, le destin qui préside aux histoires et les auteurs qui font des contes seraient moins timides. Nous assistons depuis bientôt un siècle à une histoire semblable à celle des deux fripouilles et de leur soupe au caillou ; mais ce sont à des hommes faits, à des hommes ayant reçu et admis dans leur pauvre cervelle cette cocasse instruction qui la meuble d'une bibliothèque d'idées fausses, que s'adressent sans hésiter et avec succès les fripouilles en question.

« O peuple ! disent-ils aux badauds rassemblés autour d'eux, nous sommes tes amis, nous avons résolu de te faire riche et heureux ; mais, pour cela, il faut que tu nous aides. Ah ! cher peuple quel fricot nous allons faire pour toi ! car nous sommes tes humbles cuisiniers, et nous ne sommes et ne voulons être que cela. Nous allons, avec toi, mettre à la porte les rois qui buvaient ta sueur. Nous jurons de n'en jamais boire une goutte, de cette sainte sueur des travailleurs.

» Regarde, ô peuple chéri ! regarde la grande marmite dans laquelle nous allons te faire une soupe, et quelle soupe ! Non seulement tu t'en lècheras les doigts, mais vous vous entrelécherez mutuellement les doigts les uns des autres.

» Un de tes tyrans, cher petit peuple, croyait t'éblouir en te promettant de te faire manger une poule au pot le dimanche.... quelque chose de propre ! Une vieille poule décharnée.... Peuple, tu es roi, et nous allons te nourrir en roi. De cette grande marmite sortiront d'abord deux potages, un consommé aux quenelles printanières, et un potage aux bisques d'écrevisses. Qu'en dis-tu, peuple ? aimes-tu la bisque, aime-tu les quenelles ? »

Le peuple crie : Vive Blanqui ! Vive Thiers ! Vive Gambetta ! Vive Ferry ! Vive Cascamèche !

« De cette même marmite sortiront un turbot, un immense turbot, un turbot grand comme la place de la Révolution, et un saumon comme on n'en a jamais vu, avec une sauce aux crevettes.

» Puis des homards et des langoustes, puis des faisans truffés, puis des ananas et des pêches de l'année prochaine.

» Quant aux vins, il y a à la marmite un robinet pour

les vins, comme chez Robert-Houdin, et bien mieux encore, le bourgogne, le bordeaux, le champagne, et des meilleurs crus, etc.

» Et, nous diras-tu, ô peuple adoré! qu'allez-vous donc mettre dans cette marmite? Peu de chose.

» C'est toi qui vas y mettre des petits morceaux de papier sur lesquels tu auras écrit les noms de tes cuisiniers, le grand Labordère, l'éloquent Thibaudin, le rigide Bert, l'incorruptible Bouteiller, le vertueux Tristapatte, l'intrépide Freycinet, Grévy le magnifique.

» Il s'agit de faire bouillir la chose; peuple, apporte-nous tes outils, les manches feront un charmant feu clair, et d'ailleurs ce sera une fête patriotique; des outils, il n'en faut plus. Nous abolissons le salariat avilissant; des maîtres, des entrepreneurs n'auront plus l'insolence de te payer à la tâche ou à la journée. Que demandent les travailleurs, que demande la classe laborieuse? le droit de ne pas travailler; au dessert, nous te partagerons l'infâme capital... Le feu ne va pas, apporte des meubles, ton lit et celui de tes enfants, tu prendras les lits des riches. — Ça va bien. — Mais j'entends des plaintes. — Que dis-tu? C'est trop long... tu crèves de faim? — Tant mieux! rien ne donne de l'appétit comme ça, et quand on est certain d'un festin comme celui que nous vous préparons, c'est une joie, c'est une absinthe, c'est une volupté que la faim.

» Il manque encore quelque chose...Va aux caisses

d'épargne, retires-en tes économies et apporte-nous-les pour les mettre dans la marmite. Ah! quelle soupe ça va faire! La soupe à la liberté! le potage au peuple-roi!

» Ah! maintenant... c'est assez cuit. Retire toi un peu. Nous allons d'abord nous dévouer encore pour toi. Nous allons, fidèles échansons, goûter, déguster, essayer la soupe que nous t'avons faite, car la tyrannie, la réaction pourraient tramer un horrible crime. En arrière... plus loin... On vous appellera quand les cuisiniers, les marmitons auront dressé le couvert. »

Les cuisiniers et les marmitons mangent la soupe — il n'y en a pas assez — ils se battent avec les cuillers et les fourchettes et se jettent les assiettes à la tête. — Le peuple murmure, se fâche, monte à l'assaut de la marmite : — elle est vide — les cuisiniers ont décampé.

Que va faire le peuple?... il va se rassembler autour d'autres saltimbanques qui vont lui débiter les mêmes boniments sans y rien changer, et le peuple apportera encore ses économies, son lit, bien plus, son travail. On lui demandera encore s'il aime la bisque d'écrevisses et les quenelles, et on recommencera le coup.

Puis on le recommencera encore, et toujours comme cela, et toujours autour de la même marmite.

P. S. — Un assassinat suivi de vol qui vient d'être commis au Palais-Royal me rappelle un fait semblable qui eut lieu, il y a une quarantaine d'années, au même Palais-Royal, dans la boutique d'un changeur de monnaies juif, appelé Joseph.

Ce n'est que par un hasard singulier que les assassins furent découverts et punis.

Il me revient à la mémoire deux couplets de la complainte qui fut perpétrée alors sur ce crime audacieux :

> Ils entrèr'nt dans la boutique,
> Pour obtenir changement ;
> Ces deux mauvais garnements,
> Pour tromper l'homm' judaïque,
> Laissant tomber de l'argent,
> De le chercher fir'nt semblant.

> Voyant leur peine inutile,
> Le bon changeur complaisant,
> De son comptoir en sortant,
> Lui-même éclaira le crime —
> Tandis qu'il tient la chandelle,
> Ils lui percent la cervelle.

Ritta et Malagutti, les deux assassins, remplirent leurs poches de l'or et des billets contenus dans les sébilles et prirent la fuite ; ils restèrent assez longtemps cachés à Paris sans que la police parvînt à les découvrir. Puis ils pensèrent qu'on les avait oubliés et que c'était le temps de rentrer dans leur pays, je ne sais quelle contrée de l'Italie, jouir du produit de leur crime.

Ils se procurèrent une meule de repasseur de couteaux et de ciseaux, creusèrent cette meule et y cachèrent l'or et les billets; puis ils se mirent en route à pied. En passant une barrière, et criant de temps en temps : A repasser les ciseaux, les couteaux et les outils! ils furent appelés par un douanier qui avait par hasard un couteau à faire affiler. Ils n'avaient jamais fait ce métier, et ils s'y prirent si maladroitement que le douanier s'étonna et frappa un coup sur la meule. Elle ne rendit pas le son plein de la pierre compacte. On les arrêta, on trouva l'or et les billets. Ils ne purent nier; des témoins, d'ailleurs, qui les avaient vus rôder autour de la boutique de Joseph, les reconnurent. Ils furent guillotinés. En ce temps-là, l'assassinat était réputé un crime sérieux, et la vie de l'assassin n'était pas considérée comme plus précieuse et plus respectable que celle de l'honnête homme assassiné.

Un mot en passant : je comprends que les bijoutiers s'exposent à quelques dangers pour mettre en évidence les joyaux qu'ils veulent vendre; la richesse, l'éclat, le goût, l'invention, la nouveauté, sont une amorce incontestable, et expliquent la lutte entre bijoutiers, lapidaires, joailliers, etc., à qui étalera les plus splendides parures.

Mais il n'en est pas de même des changeurs de monnaies que l'exemple de Joseph et de plusieurs

1.

autres n'a pas jusqu'ici empêchés de faire exhibition de sébilles pleines d'or et de tas de billets dans leurs vitrines. Un changeur ne peut pas offrir de plus jolis louis, napoléons, ducats, etc., qu'un autre. Les portraits des souverains sur les monnaies et sur les billets sont identiques. Le changeur de droite ne peut étaler des portraits plus ressemblants, plus séduisants de majesté que le changeur de gauche. Ces exhibitions sont donc une provocation parfaitement inutile, et dangereuse à la fois pour ceux qu'elles entraînent au crime et pour celui qui en est la victime.

LE BATON, MAITRE DU MONDE

Lorsque, le matin, après une pluie d'orage, je vois un taillis diapré de chapeaux de champignons sortis subitement de terre pendant la nuit, si la nature du sol, une observation précédente et aussi les couleurs, le faciès et l'odeur me font penser que ce doivent ou peuvent être d'excellents cryptogames, des bolets, des cèpes, des oronges, des mousserons, etc.

Je m'arrête, je les appelle par leur nom, dont la prononciation est déjà une saveur agréable, et il est probable que je les cueille.

Mais si la rencontre a lieu en endroit connu pour donner naissance d'ordinaire à des champignons vénéneux ou au moins suspects, je ne m'amuse pas à dire : Voici une fausse oronge, l'agaric souffré ou l'agaric meurtrier, ou le lycoperdon, etc.

Je dis : Tiens, des champignons ! — et je passe.

C'est ainsi que, depuis longtemps, comme je l'ai

déjà avoué à mes lecteurs, je ne charge pas ma mémoire des noms des divers ministres et « hommes d'État » improvisés. Je dis : Tiens, des ministres ! tiens, des hommes d'État ! — et je passe, sans examiner s'ils appartiennent à l'une ou l'autre des nombreuses classes, divisions et subdivisions du parti soi-disant républicain.

Le ministère actuel, aussi imprévu à son tour que des champignons, leur ressemble encore particulièrement en ce qu'il ne se compose pas en réalité d'hommes, mais de chapeaux destinés à garder les places de maîtres pour le moment sortis. Je n'ai donc ni appris ni retenu le nom des membres de ce ministère-chapeau qui préside au département dont j'ai à parler ; je crois cependant que c'est le ministre de l'intérieur ; en tous cas, c'est celui qui a autorisé une vieille femme à fouiller au moyen d'une baguette les caveaux de Saint-Denis pour y chercher des trésors. Il est à remarquer que ces gens qui se piquent de ne pas croire en Dieu, croient aux sorciers, croient à la baguette, comme ils croient à la République, comme ils croient à leur pouvoir, à leur capacité, comme ils croient à eux-mêmes.

La baguette, le bâton ont joué de tout temps un rôle important, prépondérant même, dans les affaires humaines ; les épées, les lames, les sabres ne sont que des transformations et des perfectionnements du bâton, de la branche d'arbre arrachée par l'homme primitif, comme les balles et les boulets le sont de la pierre ramassée sur le sol ; le fusil longtemps appelé « bâton à feu », réunit le bâton et la pierre, ce que faisait déjà la flèche.

Le sceptre des rois est un bâton ; la crosse des évêques est un bâton, et longtemps, disent quelques auteurs, elle fut le simple bâton sur lequel ils s'appuyaient dans les voyages qu'ils faisaient à pied. Un saint a dit des évêques : « Crosse de bois, évêque d'or ; crosse d'or, évêque de bois. » Cependant les augures romains portaient, en signe de leur dignité, un bâton recourbé appelé *lituus*. La caducée de Mercure, avec lequel il conduisait les âmes au Tartare ou les en tirait, *virgam capit* (Virgile), était une baguette ornée de deux serpents. Les baguettes des magiciens égyptiens et celle de Moïse firent assaut de prodiges, jusqu'à ce que, les magiciens ayant changé leurs baguettes en serpents, celle de Moïse subit la même transformation et dévora les autres.

La baguette d'Aaron était une branche d'amandier qui, plantée en terre en même temps que celles de ses onze concurrents au suprême pontificat, se chargea, dans la nuit, de feuilles, de fleurs et de fruits.

Le bâton augural de Romulus fut, dit Plutarque, retrouvé intact dans les cendres d'un temple brûlé par les barbares, où il avait été déposé.

La baguette de Moïse fit jaillir l'eau d'un rocher. Il est vrai que Tacite raconte la chose autrement, mais on sait la haine dédaigneuse des Romains contre les Juifs. C'est, dit-il, en voyant un troupeau d'ânes sauvages courir vers un bouquet d'arbres, qu'il pensa qu'ils allaient boire, et trouva une source sortant d'un rocher qu'il frappa de sa baguette. C'est depuis ce temps que ces peuples se sont si souvent avisés de suivre les ânes, mais le plus souvent sans profit, et, au contraire, à grand détriment.

On sait que Jacob mit des bâtons plus ou moins écorcés dans l'eau que buvaient les moutons de son beau-père Laban, pour augmenter le nombre des agneaux tachetés qui devaient lui appartenir.

Les Juifs avaient appris des Chaldéens à demander l'avenir à des baguettes. Le prophète Osée dit aux Juifs de la part de Jéhovah : « Mon peuple a consulté le bois, et un bâton lui a répondu, mais c'était une tromperie de l'esprit de fornication. » Et au psaume 124, le roi des Juifs dit : « Dieu ne permettra pas que la baguette des pécheurs opprime les justes. »

Bâton encore ou baguette, le thyrse de Bacchus.

Bâton, le long roseau, καμαξ, le bambou des Indes qu'on plaçait entre les mains des statues colossales de Minerve.

Bâton, la lance nuptiale ou *sparum*, avec laquelle le fiancé romain séparait la chevelure de la fiancée le jour du mariage.

Bâton, le long roseau duquel les enfants romains comme les nôtres se faisaient leur premier cheval *arundine longa* (Horace).

Bâton, la flèche d'Abaris sur laquelle il traversait les montagnes, les rivières et la mer.

La baguette de Circé, celle de Médée, la baguette des fées, de Morgane, etc.

Bâton, la lance d'or d'Argail, qui renversait tous ceux qu'elle touchait; bâton, le rameau d'or qu'Énée arrache et qui lui permet, vivant, de descendre dans les enfers.

La rabdomancie, ou xylomancie, ou bélomancie quand on se servait de flèches, divination par les baguettes, était pratiquée par tous les peuples, par les Indiens, par les Égyptiens, par les Hébreux. Cicéron désire une baguette divine qui fournisse à tous le nécessaire. Tacite signale le bâton chez les Germains.

Les Hébreux interrogeaient les « pythons » avec une baguette de myrte à la main, les Scythes se servaient de baguettes de saule, les Mèdes de baguettes de tamarix. Chez les Allemands, certains médecins préparaient, préparent peut-être encore des baguettes de frêne, cueillies au temps précis de la conjonction du soleil et de la lune, dans le signe du bélier. Ces baguettes, qui s'appellent *das Vundhalts*, ou bois à guérir les plaies, remettent les os disloqués ou rompus et arrêtent les hémorragies; la baguette coupée, il faut en sceller les deux bouts avec de la cire d'Espagne, pour que la « vertu » ne s'évapore pas.

Aujourd'hui, assure-t-on, les Allemands ne se servent plus que de la baguette de coudrier, et uniquement pour rechercher les métaux. Ils l'appellent « verge de fortune »; quelques-uns cependant prennent une baguette de fer pour chercher l'or, de coudrier pour l'argent, de frêne pour le cuivre, de pin pour le plomb, et une tige de laitue pour le fer. Ces baguettes doivent être coupées le vendredi saint ou la nuit de Noël. Quelques-uns se confient entièrement à la baguette, d'autres prononcent certains mots, etc., etc.

Il a été écrit, en allemand et en français, plusieurs centaines de volumes sur la baguette divinatoire ou verge de Moïse.

D'abord, en souvenir de Moïse, les baguettes ne servaient qu'à chercher et à trouver les sources cachées sous la terre. Les premières baguettes furent d'amandier, la tradition racontant que la baguette avec laquelle Moïse fit jaillir l'eau du rocher était celle empruntée à son frère Aaron, laquelle était une branche d'amandier qui avait miraculeusement fleuri. Mais le bois de l'amandier n'est pas flexible; les adeptes pensèrent que le coudrier ou noisetier a, comme l'amandier, une coque renfermant une amande, et qu'on pouvait sans scrupule et sans inconvénient employer l'un pour l'autre; mais bientôt lesdits adeptes trouvèrent que l'eau n'excitait pas assez d'enthousiasme et que l'impôt levé par la baguette sur la crédulité publique ne rendait pas suffisamment. On annonça que la baguette découvrait également l'or, l'argent et tous les métaux. Un savant minéralogiste allemand, le baron de Beausoleil, vint en France appelé par Richelieu, et fit des recherches dont on profita après lui; seulement, dissimulant ses connaissances réelles sous des pratiques plus propres à exciter l'admiration du vulgaire, il se servait de la baguette et de toutes sortes de conjurations ; on le fit passer pour sorcier, on lui vola ses instruments et ses équipages, qui représentaient de grosses sommes, et on le mit en prison, où on croit qu'il mourut.

Ce n'était pas assez ; la baguette voulut agrandir son domaine et fit annoncer qu'elle découvrait les vols, les crimes de toutes sortes, les voleurs et les assassins : elle pouvait remplacer avantageusement la police.

Quand un inventeur est tombé sur une idée qu'il a jugé lui devoir une fortune, il ne la lâche pas ; dernièrement on a essayé de mettre un nouveau remède à la mode : ça guérissait de tout. Toutes les autres drogues et panacées, même la « douce revalescière », la farine de lentilles, devenaient inutiles. Ce remède, qui guérissait de tout, a été essayé sur un homme de ma connaissance qui était loin d'être l'*anima vilis* sur laquelle, moins hardie, l'ancienne médecine expérimentait autrefois ; en deux heures ce poison l'a guéri de la vie.

Comme ladite drogue ne produit pas les succès et surtout l'argent qu'on en attendait et que l'inventeur est décidé à ne pas la laisser disparaître insolvable de la fortune qu'elle lui doit, on a vu récemment annoncer dans les journaux qu'elle rend aux cheveux leur couleur native et les teint en noir, en brun, en blond, au choix des personnes.

Donc la baguette, abandonnant ou négligeant les sources, surtout dans la saison des pluies, se mit à découvrir l'or et l'argent, à dénoncer et à poursuivre les voleurs et les assasins. En même temps on renonça à la baguette de coudrier et d'amandier. Il n'entrait pas, en effet, dans les intérêts des exploiteurs que les phénomènes fussent dus à la baguette, parce que alors tout le monde pouvait les produire. Une verge de fer, de cuivre, de n'importe quel bois, suffisait, pourvu qu'elle fût tenue par un personnage *doué*. Alors, à quoi servait la baguette dont on avait varié tant de fois les dimensions et la forme ?

Aujourd'hui, il n'y a plus guère à Paris que M. le ministre de l'intérieur qui croie à la baguette ; en province même, redevenue modeste, la baguette ne découvre plus que les sources.

Revenons au bâton. Le bâton a été de tout temps l'emblème et le plus souvent l'origine de toute puissance humaine.

L'huissier, le bedeau, le policeman anglais, ont une baguette ; en Italie, les sergents de ville ont de longues cannes. Dans les anciens tournois, l'officier qui était chargé de surveiller la régularité du combat était armé d'une baguette blanche. Dans l'armée nous avons, à divers degrés, la canne du tambour-major et le bâton du maréchal. La France a été, je crois, très honorablement la première à supprimer les coups de bâton comme punition dans l'armée. Le vol qui, dans d'autres pays, en Russie, par exemple, fait faire parfois le voleur soldat, rend le voleur en France indigne de faire partie de l'armée. En Russie les « battoges », instrument de punition et parfois de supplice, sont des bâtons. C'est par l'épée, la lame, le fusil, le canon et autres modifications du bâton, que les conquérants, qui font toujours plus de mal à leur peuple vainqueur qu'au peuple vaincu, excitent l'admiration, l'enthousiasme, le dévouement des nations imbéciles. Leur sceptre, comme je l'ai dit déjà, est d'abord un bâton ; puis on l'entoure, on l'orne, on le déguise, on le cache un peu sous divers enjolivements : or, perles, diamants, améthystes, topazes, saphirs, émeraudes, etc., comme le thyrse de Bacchus sous les pampres. Jamais les rois vrais pères du peuple, comme Louis XII, Henri IV, Louis XVI, n'ont été admirés, adulés, aimés, divinisés comme les conquérants François Ier, Louis XIV, Napoléon Ier, etc.

C'est en pensant aux peuples, à leurs adorations, à leurs cultes imbéciles que j'ai dû modifier un vieux proverbe et dire :

« Aime bien qui est bien châtié. »

Après le 9 thermidor, comme tout n'est que mode en France, une mode certes beaucoup plus louable si elle n'eût été tardive et n'eût pas attendu la mort de Robespierre et de ses complices amena « la jeunesse dorée » à s'armer d'énormes gourdins et à faire la chasse aux divers voleurs, fripouilles, assasins, etc., se disant patriotes.

Aujourd'hui, en voyant les voleurs, fripouilles, incendiaires et assassins de la Commune, rappelés et amnistiés bêtement, ne pas nous amnistier et proclamer hautement et publiquement leur espoir et leur intention de renouveler les crimes de la Commune ; en les voyant moins fanatiques, moins résolus, mais aussi méchants et aussi féroces que leurs modèles de 1793; en voyant l'indifférence, la tolérance, l'impuissance et parfois la complicité de ceux qu'on appelle improprement « le pouvoir » ; en voyant la police ridiculement rossée par les malfaiteurs, on se rappelle que les modes passées peuvent revenir, que les cheveux blonds et les paniers ont reparu, on se demande s'il n'est pas nécessaire, fatal, urgent, que la mode des gourdins revienne à son tour.

DANS LA LUNE

Nous vivons dans un temps décourageant, humiliant pour la comédie, pour la satire, pour la *charge* et pour la caricature. On ne peut rien imaginer d'absurde, de ridicule, de monstrueux, de cocasse, de grotesque, etc., que nos soidisant républicains ne dépassent et ne surpassent.

Lorsque écrivait Cyrano de Bergerac, il passait pour un fou ; ses inventions, ses imaginations étaient considérées comme des songes ou des fantaisies d'un esprit en délire. Eh bien, voici qu'il a prédit et représenté, deux cent cinquante ans d'avance, la République et les républicains d'aujourd'hui, avec leurs boniments, leurs proverbes, leurs billevesées, etc.

Rappelez un instant les prospérités, les félicités, les splendeurs que devait donner la République, et ensuite ouvrez le *Voyage dans la lune*.

« Je vais, dit le guide, vous faire souper. — Il donna

les ordres, et l'hôte vint nous dire quelques instants après que nous étions servis. On mit le couvert dans ma chambre, il était très propre, mais je ne vis rien sur la table ; seulement, tout alentour, des domestiques empressés s'agitaient et se bousculaient. Cependant je sentis l'odeur d'un succulent potage, et mon démon m'ayant invité à en manger, je l'assurai que je ne demandais pas mieux. Après m'avoir laissé quelques moments de réflexion :

« C'en est assez, dit-il, la bisque d'écrevisses est un
» mets assez pesant, elle pourrait vous fatiguer l'esto-
» mac. Mangeons d'autre chose. Aimez-vous la fricassée
» de poulet ? »

» Aussitôt j'en sentis une, mais je ne voyais rien :
« Que diable ! lui dis-je, me parlez-vous de bisque
» et de fricassée ; où sont-elles ? »

« Vraiment, répondit-il, vous ignorez donc qu'on ne
» vit ici que de fumée, mais on n'en est pas moins ras-
» sasié et même exposé aux indigestions, et vous en
» jugerez dans un moment. »

Effectivement, on servit un rôt, des entremets et du dessert, aussi légers que le premier service ; mais après avoir bien senti tout cela, sans avoir cependant ni vu, ni rien mis sous la dent, je sentis que je n'avais plus d'appétit.

« C'est fort bien, lui dis-je, mais je vous avoue que
» je n'aime pas cette manière de manger et de se ras-
» sasier de fumée, je voudrais sentir quelque chose de
» plus solide dans ma bouche. »

» Eh bien, dit-il, demain ou après-demain, ou un

» autre jour, je vous ferai déjeuner plus solidement, —
» nous avons une poudre de notre invention, dont nous
» chargeons nos fusils, et qui, d'un seul coup, tue,
» plume, barde de lard et rôtit les alouettes, etc. »

Eh bien, n'est-ce pas cela? Il en est de la liberté, de l'égalité, de la fraternité, de la diminution des impôts, de la vie facile, de la paix, du progrès réel, etc., comme de ces mets imaginaires, de cette fumée, de ces gens nombreux, zélés, empressés à servir Cyrano, de cette poudre merveilleuse et des alouettes tombant toutes rôties; la liberté et les autres choses promises, c'est comme la bisque ; vous n'en avez pas goûté, vous n'en avez même pas vu, et on vous dit : « En voilà assez; ce sont des mets assez pesants qui pourraient vous fatiguer l'estomac. »

Seulement, le peuple français n'en est pas encore à exprimer sévèrement à ses gâte-sauces impudents son dégoût de leur sale cuisine et une ferme volonté d'avoir « quelque chose de plus solide à se mettre sous la dent ». — Cependant ce dégoût est arrivé, évident; comment cela finira-t-il ? — Le 23 juin 1848, ceux qui devaient combattre le lendemain ne parlaient pas aussi hautement, aussi effrontément, aussi cyniquement de guerre civile, de meurtre et de pillage. — A vrai dire, je compte un peu sur la couardise éprouvée des soi-disant républicains d'aujourd'hui; ils ne sont plus fanatiques comme leurs modèles de 1830, de 1832, et quelques-uns de 1848; ils ne sont qu'avides et goinfres, et au 16 mai, j'ai dit déjà à mes lecteurs, le hasard qui m'avait fait connaîtres les cachettes que s'étaient déjà préparées les matamores si triomphants, le lendemain de certaines hésitations d'adversaires qui, la veille, n'auraient eu besoin contre eux que de bottes unanimes et d'accord. On peut presque espérer que nous ne verrons pas comme les autres fois, et selon le cérémonial de nos révolutions, à la poudre de perlimpinpin succéder la poudre à canon, mais seulement la poudre d'escampette.

Il est des jours où je suis pris d'un tel dégoût de ce qui se passe et de ce qui peut suivre, que ma pensée profite du moindre prétexte pour faire l'école buissonnière et s'envoler n'importe où, pourvu que ce soit ailleurs.

Par exemple, en ce moment, dans le cadre que forme ma large fenêtre sur la mer, glisse sur la moire blenc de l'eau une de ces sveltes et élégantes balancelles espagnoles qui viennent, tous les ans, pêcher le corail dans la baie de Saint-Raphaël. Mon esprit suit involontairement le gracieux bateau, semblable à un grand cygne, et je pense à la mer et au corail, et je me rappelle que, après la révolution de 1848, j'allai voir mes amis les pêcheurs d'Étretat, et comme je demandais à Valin, le garde-pêche, ce qu'on en pensait dans la commune : — Eh! monsieur Alphonse, me dit-il, en étendant les deux bras sur la mer, qu'est-ce que ça peut nous faire à nous, ces choses-là?

Ma foi, pour aujourd'hui, restons avec les pêcheurs et parlons du corail. Je vais vous dire ce que j'en sais.

Plusieurs petits bâtiments viennent tous les étés à

Saint-Raphaël pour la pêche du corail, et d'Italie et d'Espagne. Les uns, selon la vieille pratique et l'ancienne tradition, traînent dans les grands fonds de la mer, sur les rochers, une croix de bois dont chaque branche enveloppée d'étoupe, dans laquelle se prend le corail, est terminée par un sac dans lequel tombent les fragments arrachés; au centre est un boulet pour faire descendre l'appareil et le maintenir au fond. D'autres se servent du scaphandre pour descendre eux-mêmes sous les eaux. Le scaphandre est un vêtement imperméable qui enveloppe l'homme jusqu'au col; là une sorte de casque rond vitré par devant est vissé sur le col; un tuyau vissé au casque reste en communication avec l'air extérieur, et une pompe envoie cet air au plongeur. Soit que le plongeur ait des semelles de plomb, soit qu'il tienne une grosse pierre, il est descendu par ses compagnons au bout d'un cordage, après avoir fait le signe de la croix. Il est armé d'un grand couteau attaché à son flanc pour se défendre au besoin contre les requins, pieuvres, etc.; mais quelques-uns m'ont dit que les monstres marins les plus redoutés ont peur d'eux dans cet appareil et s'enfuient en le voyant. Grâce au tuyau et à la pompe, le plongeur respire donc au fond de l'eau; mais, cependant, je ne l'ai jamais vu rester plus d'un quart d'heure ou vingt minutes sans donner le signal pour être remonté et hissé à bord. Ses compagnons se hâtent de dévisser le casque et de l'étendre sur le tillac. Il est alors très pâle et presque défaillant. Il ne faudrait qu'un instant de négligence, ou un accident au tuyau transmettant l'air, ou un nœud à la corde d'appel, pour que l'homme fût étouffé dans sa carapace, et cela arrive quelquefois.

On lit dans beaucoup de livres que, avant l'invention du scaphandre, et encore aujourd'hui sans scaphandre, les pêcheurs de corail et de perles restent un quart d'heure, une demi-heure sous l'eau, en retenant leur haleine : c'est une fable. J'ai connu à Paris les plus célèbres plongeurs de profession, et, dans ma verte jeunesse, j'ai « travaillé » avec eux. Eh bien ! celui de tous qui restait le plus longtemps sous l'eau y restait deux minutes et demie; — pour mon compte, je n'ai jamais pu atteindre deux minutes, et quand je dépassais une minute et demie, c'était à la fin de la saison, lorsque j'étais « entraîné, » et nous ne descendions pas, à beaucoup près, aux profondeurs où descendent les pêcheurs de perles, ce qui rend nécessairement l'opération plus pénible.

Il y a du corail de plusieurs couleurs et surtout de plusieurs nuances. Ce qu'on appelle corail blanc et corail noir provient de madrépores d'espèces différentes. La mode a adopté, rejeté et repris successivement et le corail et ses différentes nuances. Aujourd'hui, ce sont des tons pâles, orangés ou roses, qui ont de beaucoup le plus de valeur. Il est très difficile de composer toute une parure ou même un collier de corail exactement de la même nuance, ce qui en fait la rareté et la cherté.

Dans le commerce, on désignait autrefois, on désigne peut-être encore aujourd'hui, ces nuances par diverses dénominations. Il y avait le corail « écume de sang », premier, second et troisième sang, — mûres noires, mûres rouges, mûres pâles.

On ne trouve, je crois, le corail que dans la Méditerranée, depuis Marseille jusqu'à Saint-Raphaël et Antibes, sur les côtes de l'île de Sardaigne et des Baléares, et auprès de Tunis et de La Calle. C'est ce dernier endroit qui fournit la pêche la plus abondante et ce sont surtout les Maltais qui la pratiquent.

La Calle, qui appartient aujourd'hui à la France, fut, en 1450, le siège d'une pêcherie française privilégiée, qui ne pouvait employer que des marins provençaux. Ce privilège dura jusqu'en 1791, et la pêche devint libre pour tous les Français, mais les Italiens s'y livrèrent moyennant une rétribution en nature. Dans l'an IV, une nouvelle Compagnie fut fondée, astreinte à n'employer que des marins français. En 1802, les Anglais, possesseurs de La Calle, donnèrent à cette pêche un grand développement. En 1816, la France reprit La Calle, mais les différends avec le gouvernement de Tunis empêchèrent l'exploitation : aujourd'hui on a repris cette exploitation avec une certaine activité. Les marins italiens pêchent le corail à La Calle moyennant une certaine redevance, et les bâtiments français, exempts de cette redevance, sont de beaucoup, cependant, moins nombreux que les bâtiments italiens.

La science a singulièrement varié dans ses décisions à l'égard du corail; sa forme arborescente a trompé les yeux; il a été, pendant des siècles, considéré comme une plante, un arbuste. « Le corail, dit Ovide, est sous l'eau une herbe molle, c'est à l'air qu'il durcit. »

Je crois me rappeler que Pline affirme qu'il est vert dans l'eau et rougit seulement à l'air.

En 1671, l'Italien Bocconis déclara le corail pierre. Tournefort l'avait déclaré plante. Déjà, en 1585, le chevalier de Nicolaï, préposé par la France à la pêche du corail sur les côtes de Tunis, avait constaté que le corail est aussi dur dans la mer qu'à l'air. En 1706, Marsigli décida la question d'une manière absolue et péremptoire; il écrivit à l'abbé Bignon, président de l'Académie des sciences de Paris : « Le corail est une plante, la question est décidée; j'ai fait pêcher des branches de corail que je tiens en fleurs dans des bassins d'eau de mer; la fleur est une sorte d'étoile blanche à huit rayons. » Si on eût pressé Marsigli, il eût parlé du parfum de cette fleur.

Mais, assez peu de temps après, Peyssonnel vit et dit la vérité; cette vérité fut, en qualité de vérité, fort mal accueillie. Buffon l'accepta, le premier, ensuite Réaumur, après quelques hésitations; Bernard de Jussieu, le grand botaniste, fâché de se voir enlever une plante, se défendit plus longtemps.

« Ce que Marsigli et moi, dit Peyssonnel, avions pris pour les fleurs du corail n'est autre chose qu'un insecte, une sorte d'*actinie*, qui fait sa maison et l'habite; il s'épanouit dans l'eau et se ferme à l'air. »

Le corail est donc le logement que se construisent de petits polypes, par une sorte d'exsudation de leur corps, comme les coquilles, à mesure qu'ils quittent les tubes pour en construire d'autres.

Dans un vieux et gros livre latin, *Gemmarum et lapidarum historia*, Histoire des pierres et pierreries, — par Anselme Boëtius de Boot, de Bourges, médecin de l'empereur Rodolphe II, au xve siècle, j'ai trouvé des renseignements sur le corail.

« Entre les substances, dit-il, qui sont réputées pierres précieuses et sont d'ordinaire enchâssées dans l'or et l'argent, le corail tient et mérite la première place. Le corail est un arbuste vert sous les eaux marines, portant des baies qui ressemblent aux fruits du cormier pour la forme et la grosseur; tirés de l'eau, ces fruits se changent en pierres. On a appelé le corail arbre de pierre, *lithodendrum;* Pline l'appelle *dentritis.*

» Le corail, continue Boot, est de diverses couleurs; on préfère le plus rouge, et on l'appelle corail mâle; celui qui est d'une couleur pâle est le corail femelle; le corail blanc et le corail noir, quoique étant en une même plante, ne sont guère employés par les lapidaires, et ne sont même pas, d'ordinaire, appelés corail. Pour l'emploi en médecine, le corail rouge est beaucoup plus efficace que le blanc et le noir. Le corail est diurétique et tonique. On en fait une teinture et un sirop astringent ; on en met dans les confections d'*akermès*.

» Le corail préserve des vaines terreurs, des enchantements, des fascinations, des philtres, des poisons, de l'épilepsie, de la possession des démons, des tempêtes, de la foudre ; il a été consacré à Jupiter et à Apollon, père d'Esculape, le dieu de la médecine.

» Le corail blanc n'est utile que contre les hémorrhagies. Le corail rouge réconforte et réjouit le cœur ; il préserve de la peste, si on le prend tous les jours en poudre, à la dose d'un demi-drachme. Il dissout les calculs dans la vessie ; la poudre de corail rouge, mêlée à une portion égale de poudre de perles et de sucre de roses, arrête les vomissements et la dyssenterie. »

L'auteur ajoute ici les formules pour faire la liqueur de corail, l'huile de corail et la teinture de corail. Cela doit se triturer au déclin de la lune, trois heures avant le lever du soleil. Saint Isidore, qui a beaucoup écrit sur l'histoire naturelle, et d'étranges choses, reconnaît toutes ces vertus du corail, mais ajoute qu'il préserve les champs de la grêle.

Boot dans son chapitre : « Usage, valeur et dignité du corail », ajoute : « Le corail a joui dans un temps d'une telle autorité que son prix égalait celui des perles. Ce n'est pas seulement pour se parer et se faire belles que les femmes et les filles le portent en colliers et en pendants d'oreille, mais aussi pour préserver leur pudicité des enchantements, incantations, fascinations et illusions du démon. Plus il est rouge, plus il est puissant, précieux et cher. »

Ainsi, rouge pâle, les filles et femmes et leur pudicité ne sont préservées que jusqu'à un certain point, certain point qui va toujours en diminuant et devenant moins certain à mesure que le corail est rose, carné, etc.

Ces ornements, d'autre part, qui embellissent les filles et les femmes et en même temps les préservent des séductions, doivent, par contre-coup, exercer un effet contraire sur les hommes.

Le célèbre Ambroise Paré prescrivait, dans certains cas, la poudre de corail rouge lavée neuf fois dans l'eau de rose.

Aujourd'hui encore, les talismans en forme de cornes que l'on porte beaucoup en Italie pour se préserver de l'influence du « mauvais œil », pour être efficaces, doivent être faits de corail.

En médecine, le corail n'est plus employé que pour nettoyer les dents, opération qu'il ne peut faire qu'en les limant et en en détruisant l'émail.

Du temps de Régnier et de Corneille, on écrivait et on prononçait « coral ».

Le premier parle d'une bouche de « coral ».

Et Corneille, dans la *Toison d'or*, dit :

> Sur cet amas brillant de nacre et de coral,
> Qui sillonne les flots de ce mouvant crystal.

Voilà tout ce que je sais.

Mais la balancelle a disparu — ... revenons à la politique, à la prétendue république et aux soi-disant républicains... — Mais non, n'y revenons pas aujourd'hui.

SECOND VOYAGE DANS LA LUNE

On s'est toujours étonné et on s'étonnera toujours de la facilité merveilleuse avec laquelle on s'habitue tout doucement à une idée qui avait d'abord paru insensée et monstrueuse, et on finit graduellement par la trouver admissible, raisonnable, honnête, honorable et toute simple, etc. Une jeune vierge à laquelle on adresse pour la première fois un salut humble et gracieux serait frappée de terreur, d'horreur, d'indignation, si on commençait par lui expliquer en termes crus et scientifiques ce qu'on lui demandera plus tard, et peu après, cependant, elle ne trouvera plus odieux et criminel que de ne plus le lui demander.

Dernièrement j'avais parlé du voyage que fit Cyrano de Bergerac dans la lune. Ce souvenir m'amena à me rappeler celui qu'y fit Astolphe, prince d'Angleterre, puis à relire l'*Orlando furioso* de l'Arioste, ce poète étrange et charmant, qui a tiré un parti si merveilleux, si vertigineux de nos vieux romans de chevalerie française, qui ont été pour lui les pièces d'un jeu d'échecs auquel l'habileté du joueur donne la valeur, la puissance et la victoire.

Il serait agréable, me dis-je, à sept heures du soir, de faire un pareil voyage; et, cette idée me poursuivant comme un fil tenu au travers de mes autres pensées, je me dis à dix heures : peut-être un jour la science rendra ce voyage possible, et je me dis à onze heures : c'est même probable; et c'est tout à fait certain, dis-je à onze heures et demie en me couchant. Vivrai-je assez pour voir cela? me demandai-je un peu après en soufflant ma bougie. Pourquoi pas? me répondis-je quelques instants plus tard... Si on arrivait à diriger les ballons! Peut-être découvre-t-on ce secret en cet instant même... Je ne sais plus combien de temps il s'écoula, mais il vint un moment où je me trouvai décidé à monter dans la lune, certain que je réussirais, et, n'étant plus embarrassé que par le choix des moyens entre ceux connus et expérimentés par divers voyageurs qui étaient allés au ciel et dans la lune et en étaient revenus, le procédé de Cyrano ne me plaisait pas, et d'ailleurs je le trouvais incertain, et j'ajoutais même « invraisemblable », je préférais le moyen fourni à Mahomet par l'ange Gabriel; mais là j'étais arrêté par une anxiété : parmi les commentateurs du Coran, si la plupart sont d'accord sur ce point que Mahomet monta au ciel sur la jument El-Borack que Gabriel lui amena, quelques-uns racontent qu'il refusa la jument, et répondit à l'ange qu'il irait au ciel sur son âne ou bien qu'il n'y irait pas, et que l'ange ayant été chercher des ordres, revint et se soumit à l'obstination du prophète, d'où deux sectes qui, au nom de Dieu, se haïssent et se persécutent.

Je me rappelai avoir lu une légende qui raconte qu'un certain ermite ou bonze, ardent aux austérités, aux jeûnes et aux macérations, et ne vivant que d'herbes aux jours permis, mourut presque de faim un jour de jeûne, et se résigna à mourir plutôt que de manger une fève que le démon vint lui offrir. Cette sainte opiniâtreté fut récompensée, dit la légende; l'ermite planta la fève, et elle devint un arbre montant et s'élevant toujours. Le saint homme se logea sur une des branches de la fève, à une certaine hauteur; mais, tous les jours, la fève avait crû d'un kilomètre, et l'ermite allait camper au sommet, si bien que, de branche en branche, il finit par arriver au ciel. Mais cette légende n'est pas, je crois, acceptée par l'Église, et, pour mon compte, je n'y ai jamais ajouté une foi absolue.

Il y a aussi l'Hippogriffe, la monture d'Astolphe, l'Hippogriffe, ce cheval ailé donné d'abord par le magicien Atlant à Roger, — mais alors difficile, mal dressé, indocile et sujet à « s'emballer » — mais dompté ensuite et soumis au mors et à la bride par une fée dont le nom ne me revenait pas, et qui le donna à Astolphe. Ça, c'est plus sérieux que la fève de l'ermite. Il se passa encore quelque temps; après quoi, mon esprit se trouva si accoutumé aux choses merveilleuses que je ne fus que très peu étonné de voir apparaître devant mon lit une charmante femme.

« Je suis, me dit-elle, la fée Logistille, dont tu avais tout à l'heure oublié le nom. — J'étais la protectrice d'Astolphe que j'ai en ce temps-là tiré des séductions d'Alcine, et je suis aujourd'hui ton amie. — Ton nom a d'ailleurs quelque ressemblance avec celui du prince d'Angleterre. Voici l'hippogriffe qui te portera à la lune avec aisance et rapidité, n'aie aucune crainte de ses allures : depuis que je lui ai mis un mors et une bride, c'est un animal sûr et parfait de tous points. » Je baisai la main de Logistille, je montai le cheval ailé, et je ne tardai pas à m'élever au-dessus de ma maison, puis au-dessus des nuages, puis au-dessus de la vie et je pensais : « De même qu'Astolphe monta à la lune pour y demander le moyen de secourir Charlemagne assiégé dans Paris par les Sarrazins, et de guérir Roland devenu fou d'amour et de jalousie pour la belle et plus que coquette reine de Catai, Angélique, — j'espère trouver là-haut quelque recette pour sauver la France et lui rendre son bon sens. La belle Logistille a trouvé que mon nom ressemble à celui d'Astolphe, son ancien favori ; ma situation et mes vœux ressemblent encore davantage à la situation et aux vœux du paladin cousin de Roland ; je dois trouver le même appui et les mêmes facilités. » Et en effet je rencontrai, comme fit Astolphe, au chant trente-quatrième du poème, saint Jean, l'auteur de l'*Apocalypse*, sur la haute montagne Ararat, où s'arrêta l'arche de Noë et où l'hippogriffe s'arrêta aussi pour reprendre haleine, comme il avait fait en portant le prince d'Angleterre, sommet sur lequel est le paradis terrestre, selon l'Arioste, et où demeurent Élie, Énoch et saint Jean, les seuls hommes qui ne soient pas morts, selon les rabbins.

— La petite Logistille, me dit saint Jean, a trouvé, Jean-Alphonse, que votre second nom ressemble à celui d'Astolphe : la ressemblance est un peu forcée ; mais quant au premier nom, je suis votre patron et votre protecteur naturel. En ce temps-là, comme *il signor Ludovico* l'a raconté, je dis à Astolphe : Vous venez pour apprendre par quels moyens vous pourrez secourir Charlemagne et délivrer notre sainte religion du péril qui la menace, et aussi rendre le bon sens à votre malheureux cousin.

Per emperar come succorci dei,
Carlo e la Santa fetor di periglio.

« Ici, nous nous soucions médiocrement du descendant actuel de Charlemagne, du citoyen Grévy, descendant si descendu du grand empereur. Mais la religion était moins menacée par les Sarrazins assiégeant Paris, qu'elle ne l'est aujourd'hui par les niais, les polissons et les coquins qui sont...

J'arrêtai le saint d'un geste suppliant, dans la crainte qu'il ne prononçât peut-être des paroles offensantes pour nos illustres gouvernants et peut-être même pour l'honorable conseil municipal de Paris.

— Et, ajouta-t-il, la France est plus folle, et plus bêtement folle, que ne l'a jamais été le neveu de Charlemagne. Angélique, du moins, était merveilleusement belle, tandis que la « Marianne » qui lui trouble la cervelle est une hideuse et sale maritorne. J'avais prévu votre situation dans mon *Apocalypse*, ce dont je vous donnerai la preuve quand nous allons être au but de votre voyage dans la lune. Nous allons laisser ici votre hippogriffe, qui ne pourrait nous porter décemment tous les deux, et nous voyagerons plus commodément dans le char d'Élie, et avec ses chevaux de feu auprès desquels votre cheval ailé n'est qu'une rosse et un « carcan », comme disent vos gentilshommes du turf; seulement nous attacherons l'hippogriffe avec une longe qui ne lui permettra pas de sortir du pâturage permis, et de se montrer aussi bête que le premier homme en mangeant du foin défendu.

Nous montâmes donc sur le char d'Élie, mon patron et moi, et nous mîmes bientôt pied à terre sur la lune. Je passe ici un certain nombre d'incidents qui me parurent alors simples et naturels, mais me semblent aujourd'hui assez invraisemblables, et que, peut-être, vous me feriez l'injure de ne pas croire; et, comme dit le poète : *Cose di silinzio degne*. Nous allâmes tout droit dans un vallon resserré entre deux montagnes, *in un vallon fra due montagne stretto*. C'est là que se trouve miraculeusement réuni tout ce que perdent les hommes par leur faute, ou par les injures du temps, ou par le hasard; tout ce qui se perd ici-bas se retrouve dans ce coin de la lune :

Cio che si perde qui, là si raguna.

C'est comme une espèce de morgue où sont entassés ou accrochés, dans un certain ordre cependant, les larmes, les soupirs et les serments des amants; les vains projets qui ne se réalisent jamais. Les dédicaces et les vers aux riches avares y prennent la forme de cigales crevées :

Di cigale scoppiate imagine hanno;

L'argent mis au jeu de la loterie, de la roulette, des affaires industrielles, les vains désirs, les promesses, la reconnaissance, les traités de paix et d'amitié, les serments politiques, les charités d'ostentation, les rêves de l'orgueil, etc., on ne peut tout énumérer, dit l'Arioste.

Dopo mille e mille non finisco.

Mais pour moi, il n'y avait rien là de nouveau, tout cela se perdait du temps d'Arioste, du temps de Charlemagne, et trois heures après la création du premier homme; je passai aux choses plus récentes, et parmi les objets nouvellement perdus, je reconnus :

La gaieté, l'urbanité, la générosité françaises;

Le titre de fils aîné de l'Église que portaient autrefois les rois de France, et que leur singulier successeur n'oserait prendre;

La république modérée, la république conservatrice, la république athénienne, la république aimable, la liberté, la fraternité, l'égalité appendues au mur comme des vieilles loques de noyés.

— Vos bourgeois, dit mon patron, ont « gobé » qu'en se ralliant à une bêtise appelée la république conservatrice modérée, etc., ils pourraient arrêter la république démagogique, tyrannique, sanglante ; ce sont des ânes qui ont porté sur leur dos au pouvoir les démagogues, les fous et les coquins, et les porteront plus tard en enfer, où ils serviront de fagots pour les brûler.

Encore accrochés au mur l'esprit, la grâce, le bonheur.

— Mais, dis-je à mon patron, je voudrais retrouver et emporter les esprits de ceux qui sont devenus fous, comme Astolphe fit pour son cousin Roland, et le leur rendre.

— C'est impossible, dit saint Jean, il y aurait trop de fioles à emporter, et il y aurait trop de « casse », mais je puis te les faire voir. Le bon sens est comme une liqueur si subtile, *liquor sottile e molle*, qu'elle s'évaporerait tout de suite si on ne l'enfermait dans des fioles bien bouchées, *raccolto in varie ampolle*.

Et je vis sur une des bouteilles :

Bon sens de l'avocat Gambetta. — Ce fou furieux, avec ses amis, a démoli, « déboulonné », le gouvernement et l'état social de la France ; une fois les maîtres, ils auraient bien voulu relever, reconstruire, *recoller* les ruines, mais ils n'ont pas eu l'intelligence de numéroter les débris et les morceaux ; ils vont être balayés avec les plâtras et les ordures.

Une autre fiole : *Bon sens du président Grévy*. — En même temps qu'il employait son traitement à acheter et à bâtir des maisons, il ramenait en France par l'amnistie les chefs de ceux qui démoliront, brûleront ou tout au moins pilleront et confisqueront les maisons.

Une autre fiole: *Bon sens des Français*. — Ils se sont plaints d'un roi pacifique qui, de la gloire militaire, ne donnait que le nécessaire, mais le donnait si bien que tous ses fils partageaient les fatigues et les dangers de nos soldats, comme il l'avait fait lui-même dans sa jeunesse ; ils l'ont appelé roi Soliveau. Jupiter « se lassant », a donné à couver à son aigle un œuf de grue, d'où les guerres, la ruine d'hommes et d'argent, la perte de deux provinces, et, qui pis est, la prétendue république, qui est juste le contraire d'une république, et qui tend à aboutir à démoraliser la France.

Autre fiole : l'esprit de l'honnête femme qui réglait ses dépenses sur les revenus de son mari et ne cherchait pas à rivaliser de luxe avec les courtisanes, ne voulant pas compenser l'égalité des dépenses par l'égalité et la parité des recettes, et qui par sa résidence à la maison dont elle était la reine, y faisait régner l'ordre, l'aisance, la paix et le bonheur.

Autre fiole : l'esprit joyeux des buveurs. Le dimanche, sous une treille, des amis, des camarades buvaient un petit vin clair mais pur, en chantant de gaies chansons célébrant l'amour, le bon vin, les jolies femmes. Aujourd'hui, le peuple va au cabaret pour lire et réciter des journaux, se quereller, se battre — et boire, non plus le vin qui égaye, mais l'eau-de-vie et l'absinthe qui rendent triste, méchant, haineux, furieux, imbécile et fou.

— C'est — dit mon patron, ce que j'avais prédit dans mon *Apocalypse :*

Chapitre VIII, verset 10 : « Et une étoile tomba du ciel sur la troisième partie des fleuves et sur les sources des eaux ; — cette étoile s'appelait absinthe, et la troisième partie des eaux ayant été changée en absinthe, un grand nombre d'hommes mourut pour en avoir bu. »

« Voici, ajouta-t-il, des crochets qui attendent des défroques qui vont bientôt monter ici : l'indépendance de la magistrature, le règne de la loi et la justice de la justice.

— Mais quelle est cette suite de grosses bouteilles rangées en ordre ?

— Ah voilà ! c'est la suite de l'histoire. Dieu qui avait un peu gâté la France, et s'était parfois fait accuser de partialité pour elle, s'est lassé de ses folies : entre autres l'abandon de l'agriculture ; il n'y aura bientôt plus de paysans ; la France, déjà bien malade, périra par le nombre des bacheliers ; on y ajoute aujourd'hui des bachelières : tout cela surexcite les besoins, les appétits ; tout le monde mange plus qu'autrefois, et personne ne veut plus ni labourer, ni semer, ni moissonner ; on va vous reprendre tous les bienfaits que vous dédaignez si sottement : la pomme de terre est malade, la carotte est souffrante, la tomate... a mauvaise mine.

» Quant à la vigne... le père Noé va la reprendre et a déjà commencé.

» Ces bons vins de France qui donnaient de la gaieté et de l'esprit à tout le monde et tant d'argent aux vignerons, et que vous dédaignez pour l'absinthe, vont disparaître. Tu as un ami, un ermite des Landes, qui vient de t'envoyer un tonneau de vin de Bordeaux, en te disant : — Buvons-en pendant qu'il y en a encore ; — et cet ami est un « voyant », un sage et un véritable ami.

» Lis les étiquettes des bouteilles :

» Esprit du bourgogne, esprit du bordeaux, esprit du champagne, etc., tout cela arrive dans la lune, dans la collection, dans le trésor des objets perdus sur la terre.

» Les marchands en feront et en vendront encore, mais la terre de France n'en produira plus.

» Autre fiole : le bon sens des électeurs qui obéissent aux bavards, aux hâbleurs, aux charlatans, aux fruits secs, aux galopins, à la crapule.

» Autre fiole : l'esprit du bourgeois qui a consenti à jouer à un jeu qui consiste en ceci : on lui attache les jambes : — Eh ! eh ! dit-il un peu inquiet, il me semble que vous m'attachez les jambes ! — Certainement, lui répond-on, mais vous verrez comme ça vous amusera tout à l'heure. — Tendez les bras. — Eh ! quoi, les bras aussi? — Les bras aussi, mais après vous allez tant vous amuser et tant rire, ça sera si drôle! Puis quand il est bien ficelé, on lui dit: — Maintenant, nous sommes en République, c'est nous *qu'est* les *maîtres*, et c'est nos femmes *qu'est* les *princesses*, et si vous bougez, des coups de trique.

» Autre fiole : le bon sens de Jean...

— Mais je ne me trompe pas... c'est à moi. Quoi! mon bon sens était dans la lune et moi sur la terre?

— Pas tout entier, dit mon patron, mais rappelle-toi à quoi tu as cru en fait d'amour, en fait d'amitié, en fait de probité, etc... et tu comprendras que ça ne pouvait pas se faire sans envoyer quelque chose ici ; mais vois, et console-toi, la fiole est loin d'être pleine, comme celles de tant de tes contemporains, hommes politiques, poètes, journalistes, etc., etc.

» Il t'en reste, et d'ailleurs, je t'autorise, comme j'ai autorisé Astophe, à renifler la portion qui est dans cette fiole.

» L'ampolla,... al naso sol si messe.

» Mais ne casse pas la bouteille, elle pourra servir de nouveau et attendra.

— Et celle-ci, m'écriai-je, — *Esprit de M. Ferry*: elle est vide — est-ce qu'il a gardé tout son bon sens?

— Au contraire, il n'en avait pas à perdre, et il n'y en a pas plus dans sa tête que dans la fiole.

Je fis encore une question au saint, mais il n'était plus là ; je le cherchai, je l'appelai ; il était parti sur le char et avec les chevaux de feu; j'étais abandonné, naturalisé lunatique, déporté, très inquiet et très embarrassé.

Mais...

Le coq chanta... et je me réveillai.

POUR NOUS REPOSER

Il y a quelque temps est mort à Nice le saint évêque Sola — j'ai parlé de lui autrefois à mes lecteurs, et j'ai raconté quelques traits de cette touchante simplicité, de cette humble élévation, de cet amour des pauvres qui le rendait pauvre lui-même, de cette douce, familière et insinuante éloquence qu'il réservait le plus souvent pour les enfants, de cet esprit orné, et de cette tolérante, aimable et naturelle gaieté qu'il aimait chez les autres et qu'il recommandait. « C'est au vice, disait-il, qu'il appartient d'être triste, refrogné et de mauvaise humeur; la vertu et la piété qui vous mettent bien avec vous-même et avec Dieu, n'ont aucune raison de ne pas être gaies et riantes. »

Quelques personnes eurent l'idée de lui élever un monument et ouvrirent à cet effet une souscription. Un journal donnait l'autre jour le produit de cette souscription jusqu'à ce jour : 2,929 francs 10 centimes ; ces dix centimes, ces deux sous sous me frappèrent et me touchèrent : c'était évidemment l'offrande d'un pauvre, qui, pour les donner, s'était peut-être bien privé de quelques bouchées de pain. Je m'informai, et j'appris que la plus grande partie de cette somme de 2,929 fr. 10 c. se composait de pièces de deux sous, qu'on n'y voyait pas même des plus petites pièces d'argent, et je pensai à ces « deux petites pièces de la valeur d'un liard » qu'une pauvre veuve mit dans le tronc à la porte du temple, et que Jésus-Christ déclara hautement être l'aumône la plus grande et la plus riche qu'on y eût apportée.

La première fois que j'avais vu Mgr Sola, c'était à l'occasion d'une lettre que j'avais reçue de Suisse de personnes que je ne connaissais pas ; c'étaient le mari et la femme ; la sœur du mari, à la suite d'un mariage manqué, avait disparu en laissant un écrit qui disait qu'elle allait entrer dans un couvent ; ils la soupçonnaient à Nice et me disaient : « C'est un acte de désespoir, elle n'a aucune vocation et sera ensuite malheureuse toute la vie. » On me priait de la chercher, et si je la trouvais, on viendrait la prendre.

C'était assez difficile, et cependant je ne pensai pas à refuser. J'eus l'idée de m'adresser à l'évêque. A son aspect, je fus frappé de l'éclat pur et serein de son regard ; il avait les yeux de ce vrai bleu du bleuet des champs. Je n'en avais jamais vu de cette couleur et de cette expression qu'à mon père, et je me sentis ému de sympathie. Il m'accueillit avec bienveillance ; je lui donnai la lettre... « J'ai votre fugitive, me dit-il, et son frère et sa belle-sœur ont bien raison ; elle n'a aucune vocation ; c'est un coup de tête d'un esprit très mobile. Je ne lui ai pas permis d'entrer dans un couvent, je l'ai mise en pension chez deux braves vieilles femmes que la Providence m'a envoyées. Dites au frère et à la sœur de ne pas se déranger, demain matin je vais la leur renvoyer, et elle ne tardera pas à être consolée. »

Depuis ce temps, je n'avais jamais été longtemps sans voir Mgr Sola, et il me faisait parfois l'honneur de venir chez moi où il se plaisait à « causer » avec ma fille alors âgée de cinq ou six ans. — Je fus frappé de sa ressemblance avec l'évêque de Genève saint François de Sales — même simplicité, même amour des pauvres, même tolérance, même tendresse pour les petits, même façon claire, nette, bienveillante et triomphante d'argumenter.

Eh, ma foi ! puisque j'ai parlé de Pierre Sola et de François de Sales, nous allons continuer.

*
* *

Les journaux, quelques-uns malgré eux et avec dégoût, sont forcés d'imprimer chaque jour les sottises criminelles, les billevesées empoisonnées, les phrases boursoufflées, les menaces sinistres, les mensonges effrontés, les balourdises, les jocrissiades, que par habitude, on appelle encore aujourd'hui de la politique. Pour nous en reposer, je vais transcrire ici quelques pensées de cet esprit juste, bon sincère, libéral, et quelques détails conservés par son ami et son disciple, Mgr Camus, évêque de Belley. Je commence.

* *
*

Choisissez les vertus qui sont les meilleures et non les plus apparentes, les plus solides et non pas celles qui ont plus de montre et de décoration. Il est des vertus qui paraissent beaucoup plus grandes que d'autres aux âmes vulgaires : les haires, les disciplines, les jeûnes, la nudité des pieds, etc. Il est des choses que l'on prend pour des vertus et qui n'en sont pas : les extases les ravissements, les insensibilités, les « unions déifiques » dont parlent certains livres. Appliquons-nous avec simplicité et humilité aux petites vertus. La patience, la débonnaireté, l'humilité, l'obéissance, la chasteté, la « suavité » envers le prochain, le travail, la pauvreté, la charité, l'indulgence, etc.

« Beaucoup veulent avoir des vertus éclatantes et de montre attachées au haut de la croix, afin qu'on les admire, et peu se penchent à cueillir celles qui, comme le thym et le serpolet, croissent au pied de cet arbre de vie : cependant se sont les plus odorantes. »

* *
*

Prédicateurs, ne soyez ni rudes ni même trop sévères. Aux bonnes salades il faut plus d'huile que de vinaigre.

* *

Il arriva, raconte l'évêque de Belley, que des capitaines dont les soldats étaient en garnison dans mon diocèse en carême me vinrent demander permission pour leurs soldats de manger des œufs et du fromage ; moi qui n'étais accoutumé de donner ces permissions qu'aux infirmes, surtout en un pays où le carême est si sévèrement observé que les paysans se scandalisent quand on leur permet de manger du beurre, je dépêchai, au bienheureux qui ne résidait qu'à huit lieues de moi, un homme pour me rapporter son avis.

— Je révère, me dit-il, ces bons messieurs qui vous ont présenté cette requête ; mais non-seulement accordez-la, mais étendez-la ; vous avez bonne grâce de me consulter sur ce que les soldats mangeront en carême, comme si les habitudes de la guerre et la loi de la nécessité n'étaient pas les lois les plus violentes ; au lieu d'œufs, permettez-leur de manger des bœufs ; au lieu de fromage, les vaches mêmes du lait desquelles on le fait.

« Dieu veuille qu'ils ne fassent rien de pis que de manger des œufs et des bœufs, des fromages et des vaches ; s'ils ne faisaient pas plus de grands désordres il n'y aurait par tant de plaintes contre eux. »

⁎⁎⁎

Il disait, en riant, à des ouvriers qui se plaignaient :

« Mes enfants, si l'homme pouvait vivre sans travailler et la femme enfanter sans souffrir, ce serait se dérober à la condamnation portée par Dieu et gagner insolemment un procès contre lui. L'homme est né pour travailler comme l'oiseau pour voler ; que celui qui ne veut pas travailler ne mange point. »

⁎⁎⁎

Pas de persécution ni de contrainte : sur la galère royale de l'amour divin, il ne doit pas y avoir de forçats, mais uniquement des rameurs volontaires.

⁎⁎⁎

La chasteté sait qu'elle porte un trésor inestimable dans un vase de terre, et évite le moindre choc.

⁎⁎⁎

On lui parlait d'une femme renommée pour sa beauté.

— J'ai entendu parler ainsi plus d'une fois, dit-il. L'évêque de Belley lui dit :

— Mais elle est votre parente, vous la voyez souvent. N'en pouvez-vous parler que sur le rapport d'autrui.

— Il est vrai, répondit-il, que je l'ai vue souvent et que je lui ai parlé plusieurs fois, mais je vous affirme que je ne l'ai pas encore regardée.

« Elle est d'un sexe qu'il faut voir, mais non regarder : il le faut voir superficiellement et, en général, pour distinguer que c'est une femme à qui l'on parle et non pas un homme; mais il faut éviter de la regarder d'un regard fixe, arrêté et discernant. Il faut, comme dit Job, faire un pacte avec ses yeux.

***

Quelqu'un lui dit qu'on était surpris qu'une personne de « grande qualité » qui était sous sa direction n'avait pas quitté seulement ses pendants d'oreilles de diamants : — Ma foi, reprit-il, je ne sais pas seulement si elle a des oreilles, et puis je crois que la sainte femme Rébecca, qui était bien aussi vertueuse qu'elle, ne perdit rien de sa sainteté pour porter les pendants d'oreilles qu'Éliezer lui donna de la part d'Isaac.

***

Quelqu'un lui dit assez brusquement que l'on ne voyait que des femmes autour de lui. — Et cependant je ne m'aperçois pas que vous causiez beaucoup et leur disiez grand'chose.

— Et comptez-vous pour rien, répondit-il, de leur laisser tout dire ? Elles ont plus besoin d'oreilles pour les entendre que de langues qui leur répliquent ; c'est peut-être cette facilité à les écouter qui les empresse autour de moi.

Un jour, dit M. Camus, je lui servis à table de quelque viande délicate, et voyant qu'il la mettait tout doucement en un coin de son assiette pour en manger une plus grossière : « Je vous surprends, lui dis-je et où est le précepte évangélique : « Mange ce qui est présenté (Luc, 10-3) ? » Il me répondit en souriant : « Vous ne savez pas que j'ai un estomac rustique et de paysan, et que, si je ne mange quelque chose de dur et de rude, je ne suis pas nourri ; ces délicatesses passent sans me sustenter. Je ne nierai pas que je trouve plus de goût aux viandes délicates qu'aux grossières, mais je prends ce qui me nourrit mieux ; de même je ne voudrais pas chercher le salé, l'épicé, le haut goût pour en trouver le vin meilleur ; nous autres Savoyards, nous le goûtons assez sans cela. D'ailleurs je ne donne pas cela comme vertu ; on peut être gourmand avec des choux et sobre avec des perdrix. »

⁂

Ne vous laissez pas abattre par ce qui vous semble un malheur, il en peut sortir un bien. Samson, souffrant de la faim, trouva du miel dans la gueule d'un lion.

⁂

Il refusa l'archevêché de Paris, quoiqu'à la suite de quelque intrigue les Bert, les Roche, les Cattiaux de ce temps-là l'eussent dépouillé du temporel de son évêché de Genève, et notre bon roi Henri IV lui ayant fait offrir une pension, il lui répondit : J'accepte avec reconnaissance, mais je prie Votre Majesté de me permettre de laisser cet argent en dépôt entre ses mains, promettant de le lui demander s'il y en avait quelque jour besoin, mais que, jusqu'alors, Dieu lui avait assez largement fourni les choses nécessaires à la vie.

C'est en 1619 qu'on lui offrit l'archevêché de Paris. Il répondit en plaisantant : Je ne quitterai pas une femme pauvre que j'ai épousée par amour, pour en prendre une riche, et si je quittais ma femme, ce ne serait pas pour en prendre une autre, mais pour n'en avoir plus.

⁂

Dans la maison, il y avait deux chambres, l'une

grande et bien meublée pour recevoir les gens. Il l'appelait la chambre de l'évêque. L'autre était petite : un lit, deux chaises et une table. C'était la chambre de François.

* * *

Le mariage est un certain ordre où il faut faire les professions devant le noviciat. S'il y avait un an de « probation », d'épreuves comme dans les cloîtres, il y aurait peu de profès.

Quant aux gens mariés, je leur dirai ce que du reste je dis à tous, et ce que Joseph dit à ses frères, retournant auprès de leur père : Ne vous querellez pas en route, car la vie n'est qu'un voyage.

* * *

Pas de zèle turbulent et intolérant, reprenez le pécheur avec douceur; agir autrement c'est imiter les mauvais couvreurs qui, montés sur un toit, cassent plus de tuiles qu'ils n'en remettent.

* * *

Femmes mariées, ne souffrez aucune cajolerie, ni sottes flatteries ; quiconque vous loue de votre beauté vous doit être suspect; celui qui admire et loue trop une marchandise qu'il ne peut et ne veut acheter est fort tenté de la voler. Mais si on joint à vos louanges le mépris de votre mari, on vous offense infiniment, parce qu'il est évident que non seulement on veut vous perdre, mais que l'on vous tient déjà pour demi-perdue.

. . . .

Je cesse d'écrire, mais je vais continuer de lire.

LA RÉPUBLIQUE

ENNEMIE DU PEUPLE

En bonne logique et en bon langage, par ces mots : « le peuple français », on devrait entendre l'universalité de la nation française ; mais dans les clubs, dans les journaux, dans la Chambre des députés et au Sénat on exclut du « peuple » les nobles, les bourgeois, les gens instruits et exerçant les professions dites libérales, les chefs et patrons d'industrie, les marins, les soldats, les paysans et même les pauvres qui ne s'enrégimentent pas dans les émeutes. On n'admet dans le peuple, appelé « maître et roi », que les ouvriers des villes, en en exceptant les bons, les laborieux, les sobres, etc. ; derrière ce « peuple » viennent se ranger comme une armée les fainéants appelés « travailleurs », les « gouapeurs », les piliers de café et de cabaret, les émeutiers de profession et leurs femelles,

les banquiers de bonneteau, les bacheliers auxquels la société n'a pas offert une position égale à leurs appétits, les vagabonds, les souteneurs de filles, les chenapans, les « victimes du 2 décembre », nos « frères égarés », les vaincus de nos discordes civiles », dont beaucoup voleurs, incendiaires et assassins, ce que l'on nommait autrefois *plebs*, populace, et ce que M. Thiers nommait « vile multitude ».

Et, je le répète, maudit soit celui qui le premier a divisé ainsi le peuple français en deux peuples dont les ambitieux, les avides, les hâbleurs ont réussi à faire deux peuples ennemis, deux armées toujours prêtes à en venir aux mains et qui maintiennent, depuis bientôt un siècle, la France, ce pays si favorisé par la Providence, dans un état agité, révolutionnaire, bouleversé, sans certitude du lendemain, qui semble bien aujourd'hui avoir abaissé et diminué cette pauvre France peut-être pour toujours.

Voilà douze ans que nous sommes censés être en République; et si nous en exceptons les intrigeants, les hâbleurs qui se disputent et s'arrachent les places richement rétribuées, qui peut dire : « Je suis plus heureux, plus tranquille; j'ai la vie plus facile que sous la monarchie? »

Un gouvernement d'abord doit gouverner, ensuite gouverner le mieux et au meilleur marché possible. Or, la prétendue République ne gouverne pas du tout, vacille, court des bordées, et décrit des zigzags comme un homme ivre, selon le caprice, l'ignorance, les petits intérêts, la vanité, l'outrecuidance et l'avidité des farceurs qui se succèdent à ce que, par habitude, on appelle le pouvoir. Sous la restauration, les journaux et l'opposition disaient : « Grâce à la complaisance, à la complicité de nos représentants, le budget de la France finira par s'élever à un milliard » ; le budget de la république est de trois milliards, deux millions 743, 910 francs.

Comment se forme ce budget ? par l'accroissement, non seulement des impôts indirects et invisibles, qui rendent de plus en plus chers les subsistances et tous les objets de première nécessité, c'est-à-dire la vie de plus en plus difficile. Ainsi, pour ne parler que des capitales, la quotité des impôts indirects est par tête, à Vienne de 5 fr. 76 centimes ; à Washington de 3 fr. 49 centimes ; à Berlin de 74 centimes et à Paris de 73 fr. 94 centimes [1], c'est-à-dire que le Parisien est de tous les peuples celui qui paye le plus cher, et de beaucoup, à son gouvernement, le droit de boire, de manger, de respirer, d'être vêtu et abrité, d'avoir des outils, etc.

De quoi se compose, pour la plus grande partie, cette immense dépense qu'on appelle la fortune de la France ? de travail excessif et de privations du plus grand nombre, d'une lutte acharnée autour du moindre os et de la moindre croûte de pain.

---

1. Dernière séance du congrès international de statistique tenu à Buda-Pesth, et publié aux frais du congrès.

Jamais tous les politiques et tous les économistes réunis ne me feront croire à la richesse d'une nation faite de la pauvreté et de la misère de ses membres.

Une nation riche est, pour moi, celle où l'on vit le mieux, le plus facilement et avec la moindre somme de travail, de lutte et de soucis.

La république, ou du moins ceux qui la prêchaient, avaient promis la diminution des impôts, la suppression des gros traitements, etc. ; mais c'étaient là des armes de guerre, le désintéressement, l'économie, etc. Les soi-disant, républicains, une fois juchés au pouvoir, les ont jetées comme embarrassantes, *impedimenta*. Déjà en 1848, les farceurs et les coquins qui ont fatalement amené l'empire me faisaient dire dans les *Guêpes* :

> Vrai Dieu ! vous plaisantez... Ces superbes vertus
>   Que proclamaient nos drapeaux dans la lice,
> Désintéressement, simplicité, justice...
> Mes chers messieurs, c'est bon pour des vaincus !
> Vous qui n'avez plus rien, ni places, ni pécune,
>   Sans murmurer, subissez vos destins,
> Et laissez-nous jouir de la bonne fortune...
>   A votre tour d'être républicains.

Dans ce « peuple » restreint, je veux encore faire un choix, je ne veux aujourd'hui m'occuper que des ouvriers et des pauvres, des villes, et surtout de Paris.

Dans mon enfance, comme mon père voulait avoir un grand jardin, nous logions dans un faubourg, et je me souviens d'avoir vu, le dimanche, les ouvriers monter à la barrière avec leurs femmes et leurs enfants pour aller à Romainville, le pays des lilas, manger une gibelotte et boire un petit vin à quatre sous le litre, pas très fort, un peu pointu peut-être, mais dans lequel les cabaretiers les plus voleurs n'osaient mettre que de l'eau.

Mettez en présence les analyses faites pendant le mois de juillet dernier. Sur 500 échantillons de vins analysés, la commission a déclaré 134 passables, 227 mauvais, 58 nuisibles et empoisonnés. Quant à la bière, 1 passable, 5 mauvais, 26 nuisibles et empoisonnés.

Je me rappelle surtout les charpentiers — en général de beaux gars bien découplés, pantalon et veste de velours — donnant le bras à de jeunes femmes, simplement mais proprement et fraîchement vêtues, sachant donner un air de parure à un ruban, à un petit fichu. La femme tenant par la main un petit garçon, l'homme une petite fille. Ces groupes heureux, gais, échangeaient en passant un bonjour amical ou une plaisanterie avec un autre groupe. Dans les bosquets de lilas, on mangeait de bon appétit, on riait, on chantait, non pas des chants de guerre, de haine et de carnage, mais les hommes de gais refrains, les femmes une romance « sensible », *Fleuve du Tage* ou *Il pleut, bergère;* puis, le soir venu, on rentrait aussi gaiement qu'on était venu, quelquefois un peu plus; les enfants fatigués se faisaient un peu traîner, la femme s'appuyait plus fort sur le bras du mari; parfois on chantait encore et on réveillait un peu les voisins.

Comme revers de la médaille, il y avait bien parfois quelques querelles, quelques rixes même; — mais, au pis aller, on échangeait quelques coups de poing. Le lundi matin on était peut-être quelques fois un peu paresseux à se lever; mais, comme l'ouvrier alors se piquait d'être bon ouvrier et de bien entretenir sa famille, et non d'être un « personnage politique, » on se mettait néanmoins en route pour l'atelier; les plus mauvais, de temps en temps, perdaient un quart de jour le lundi.

Voyez ces mêmes ouvriers aujourd'hui. Le dimanche, et il y a parfois plus d'un et plus de deux dimanches dans la semaine, le dimanche ils vont encore au cabaret, beaucoup préfèrent le café. Il n'est plus question d'emmener avec eux la femme ni les enfants. L'homme s'habille en « monsieur ». Ça n'est pas plus cher, grâce aux magasins de « confections », que l'ancienne veste de velours. Mais ça dure moins longtemps; et puis, comme le jour où on achète le « complet » il est à la mode du moment, cette mode est bien vite changée, et plus on était à la mode hier, plus on est ridicule aujourd'hui. On ne voudrait pas donner dans la rue le bras à une femme en petit bonnet de linge. La femme elle même de voudrait pas se montrer sans être vêtue en « bourgeoise. » Elle reste à la maison avec ses petits, maison triste où le « fricot » manque le plus souvent, le pain quelquefois, la gaieté toujours, parce que le mari a des « devoirs politiques » qui dérobent des journées à l'atelier et au chantier et diminuent d'autant « la semaine », parce qu'aussi, au lieu d'apporter le samedi « la semaine » à la maison et à la ménagère, il doit s'en réserver la plus grosse part pour le cabaret et le café, pour arroser avec les autres citoyens les dissertations politiques et les bavardages menaçants contre les patrons, contre les bourgeois, contre le gouvernement, contre leurs amis, leurs guides, leurs complices, leurs idoles d'hier qui, arrivés au pouvoir, les « lâchent » et se moquent d'eux, contre la « société ».

Ils sont tristes, envieux, agacés, aigris, exaspérés. Ils s'injurient, se menacent, et si l'on en vient aux mains, on tire les couteaux et les revolvers, qu'on ne connaissait pas autrefois ; de là aux grèves, aux émeutes, il n'y a qu'un pas ; on en fait deux. On attaque à coups de couteau les « gardiens de la paix », auxquels jadis, lorsqu'ils s'appelaient « sergents de ville », on se contentait de « faire des farces ». On en vient à l'émeute, à la bataille. Ceux qui les ont excités, je ne dirai pas « entraînés », parce qu'il faudrait être devant, mais poussés, ont passé du côté le plus fort, les font emprisonner et fusiller. Les dupes s'aperçoivent qu'on les a trompés, enivrés, joués. Et alors ils cherchent — et ont bientôt trouvé — d'autres guides exactement pareils qui leur diront, comme les premiers, que ce n'est pas par le travail et l'économie, mais par l'émeute, le fusil, la révolution, que l'ouvrier sera riche et heureux, qu'on « réformera la société », et que, alors, dans la société réformée, les ouvriers ne travailleront plus, s'empareront de « l'infâme capital » et auront toutes les jouissances. Dans les intervalles de loisir que permet la politique, beaucoup d'ouvriers trouvent leur femme, vieillie, enlaidie, mal habillée. Ils s'éprennent d'une fille publique qui a une robe de soie fripée, tachée, etc., et comme ils n'ont pas d'argent, ils la laissent payer par d'autres, et se font chevaliers et « souteneurs », et pendant ce temps-là, la pauvre femme, à la maison, d'où le propriétaire non payé menace tous les jours de la chasser, entourée de ses marmots affamés, malingres, geigneux, raccommode, rapetasse les vêtements insuffisants, fait pâtée de tout, a recours au bureau de bienfaisance, à la mendicité, et pis encore, si la misère et le chagrin lui ont laissé, sinon assez de beauté du moins assez de « féminin » pour en vendre de quoi acheter du pain pour ses petits.

Pendant ce temps, les enfants peu ou point vêtus, à peine nourris, grandissent cependant, étiolés, nerveux, tristes. Quoi de plus triste à voir qu'un enfant triste? Les garçons courent les rues, quelques-uns entrent dans quelque atelier et y gagnent quelques sous; mais, corrompus par d'autres un peu plus grands, plus « avancés », comme on dit du gibier, ils se mettent à vagabonder, à marauder, et, si une fois le gamin a réussi à faire un bon repas qui n'est pas le produit du travail, il passe « gavroche », mendiant, filou, voleur, etc., surtout depuis que la peine de mort est abolie, excepté pour ceux qui laissent voir une chaîne de montre ou soupçonner un porte-monnaie. Pourquoi ne tuerait-on pas le passant obstiné et gênant qui se rebiffe contre le vol? Les travaux forcés... on y est logé et nourri, et quant au travail, je me rappelle ce que Bouet-Villaumez me dit un jour que nous visitions ensemble le bagne de Brest : « A Sainte-Adresse, me dit-il, un manche de gaffe nous coûte douze sous; ici, il revient à quatre francs à l'État, tant coûtent cher et travaillent peu ces ouvriers qu'on ne paye pas. » D'ailleurs, le bagne, on en revient, on est fêté, loué, acclamé, appelé frère égaré, victime du 2 Décembre ou du 16 Mai, vaincu de nos discordes civiles... Au tribunal, on peut dire : Cette pince, ce monseigneur, cette fausse clef, je les avais gardés après que j'eus crocheté les portes par l'ordre du gouvernement. J'ai volé les troncs et les chandeliers dans une égise, mais le gouvernement vole les églises elles-mêmes et tout entières.

Quant aux filles, comme elles voient des filles de leur classe, sorties comme elles d'ouvriers et d'artisan, traîner dans les rues des robes de soie, et souvent même se faire traîner dans une voiture à elles, comme elles savent que ces filles ne travaillent pas, et qu'elles ne savent pas encore quel rude, misérable et infâme travail exige le plaisir de ceux qui les payent, elles sont facilement entraînées.

Certes, je ne dis pas, je ne crois pas que toutes les

4.

familles d'ouvriers finissent ainsi. Mais on ne peut nier que ce soit le sort d'un grand nombre, d'un très grand nombre, et que ce nombre s'accroît tous les jours.

Et cela parce que depuis cinquante ans des générations d'avocats de bec et de plume, de fruits secs, d'avides, d'affamés, de vaniteux, ont empoisonné et empoisonnent tous les jours des générations d'ouvriers. Et voyez combien est subtil et violent ce poison.

On vient de juger les émeutiers de Montceau-les-Mines. La déposition si remarquable de M. Chagot, le directeur de cet établissement, a démontré que les mineurs de Montceau-les-Mines ont vu et voient se réaliser à leur profit, par ces « odieux patrons », tout ce que leur promettent en vain les orateurs des clubs et des journaux. Outre leur travail payé, ils ont leur part dans les bénéfices de l'exploitation. Quand ils se marient, ils deviennent propriétaires d'une maison et d'un jardin qu'ils acquièrent en payant pendant seulement dix ans un loyer inférieur à celui qu'il leur faudrait ailleurs payer toute leur vie. Pour eux se sont réalisés tous les rêves honnêtes du socialisme Eh bien ! on les a vus, dans des conciliabules secrets conspirer contre leurs chefs, condamner les patrons à mort et commencer une Jacquerie en démolissant et en brûlant. Aujourd'hui, les voici devant la justice. Beaucoup sont de pauvres niais entraînés par des chefs qui, exploités par des vauriens soi-disant hommes politiques, exploitent à leur tour leurs camarades. Quelques-uns sont justement terrifiés et exprimeraient franchement leur repentir sans la crainte du ridicule et de la vengeance. Quelques autres, dissimulant mieux leurs angoisses, se montrent fanfarons et arrogants parce que, dans les journaux du parti, dans les réunions publiques et privées, ils espèrent être loués et prônés par la harpie Louise Michel et par des gredins bavards dont les uns espèrent encore monter sur leurs épaules et les autres se faire maintenir dans les places où ils s'engraissent et tout cela grâce aux coquins, aux bélîtres, aux malfaiteurs, aux affamés, qui promettent aux ouvriers et aux pauvres l'avènement des nouvelles couches sociales, c'est-à-dire, de faire sauter la société comme une omelette ou une crêpe dans la poêle, si bien que plus on est dessous, plus on se trouvera dessus ; on ne saurait donc trop se placer bas, le crime et la répression subie seront des titres de noblesse et des droits aux meilleures places ; et, comme le disait Caussidière dans ses Mémoires en parlant de l'organisation de la police : « Naturellement le choix tomba sur ceux dont les dossiers constataient le plus de condamnations sous la royauté » ; aussi c'était en peu de temps devenu joli, et ça le redeviendra si on laisse faire. Il s'agit d'assurer « le peuple », et comme le disait le cardinal de Retz, « qui assemble le peuple, l'émeut », il s'agit de faire quitter le travail aux ouvriers et de leur dire : Tout ce que je vous promets, vous l'aurez quand vous m'aurez mis à la place de M. Grévy ; descendez dans la rue, et aux fusils.

Puis, quand on en sera là, on dira : Les nouvelles couches sociales sont advenues en ma personne. C'est fini, le tour est joué; que personne ne bouge.

Mais ce n'est pas seulement la faconde des avocats de bec et de plume qui abuse et affole la classe ouvrière, c'est aussi les exemples.

Un ancien maçon est député, et non content de ses 9,000 francs, se fait pensionner comme victime du 2 décembre; à côté de lui siègent le banquier d'un tripot falsificateur de cartes de chemin de fer, un des assassins de l'archevêque et de M. Bonjean, deux convaincus de ce que leurs amis ont appelé de simples « indélicatesses », deux autres qui, par leur présomption, leur incapacité et pour quelques autres raisons, nous ont, comme l'a prouvé M. Thiers, coûté la moitié de nos pertes, en hommes, en territoire et en argent.

Un soldat, qui n'est connu que par un acte d'indiscipline imbécile, est sénateur; un vidangeur a été ministre, etc. Je ne parle pas du conseil municipal, des préfets et des sous-préfets, et cela non pour une valeur, une capacité quelconque, mais seulement pour s'être affiliés à une coterie.

Bientôt, si on persévère dans l'épuration de la magistrature, nous verrons appliquer à la fois la théorie de Caussidière; naturellement le choix tombera, etc.

De sorte qu'on arrive à se dire : Si l'on retourne l'omelette, ça n'ira peut-être pas mieux, mais ça n'ira pas plus mal.

De sorte que, en voyant ces exemples scandaleux et

ineptes, le « peuple » pense : Pourquoi eux et pas moi ?

Et, en effet, pourquoi ?

Mais là ne s'arrête pas la guerre tyranique, égoïste, implacable que fait au « peuple » la prétendue république.

Voici l'ouvrier malade. Grâce aux grèves, peut-être à la prison, à des habitudes d'oisiveté, de cabaret et d'absinthe, il est sans ressources, il va à l'hôpital. Autrefois il trouvait là de pieuses filles qui faisaient avec joie, avec tendresse, avec une douce fierté, les fonctions les plus fatigantes, les plus répugnantes; elles ont renoncé à être amantes, épouses, mères, et ces cœurs « sans ouvrage » sur la terre, se livrent à l'amour le plus ardent, le plus dévoué, le plus opiniâtre pour les pauvres et les malades. Elles se sont séparées de toute la terre, pour n'avoir rien à aimer que les pauvres et les malades, pour n'avoir rien à faire que les soigner et les consoler. Eh bien, les polissons, les sans-cœur qui ont usurpé le pouvoir les ont chassées des hôpitaux et les remplacent par des infirmières « laïques ».

Supposez, inventez la plus généreuse, la plus courageuse, la plus vertueuse, la plus dévouée de ces femmes : elle a un mari, elle a des enfants; les pauvres et les malades restent pour elle des étrangers; elle est très honnête, mais elle a autre chose à faire, son cœur est plein et occupé; je vous laisse à imaginer celles qui ne sont pas aussi généreuses, aussi courageuses, aussi honnêtes, aussi dévouées, les

« quelconques » qui sont nécessairement le plus grand nombre, et vous comprendrez les plaintes des médecins et des malades. Ce n'était pas assez, on repousse les aumôniers, on enlève les symboles de la religion dans l'hôpital, comme on les a enlevés des écoles, on prêche l'athéisme.

Méchants imbéciles ! C'est dire du « peuple » : Tu n'auras pas dans une autre vie la revanche de ta misère actuelle; tu ne doit ni prier ni espérer pour cette vie ni pour l'autre; tu n'a plus d'appui plus de recours en grâce, la destinée est aussi fatale qu'elle est triste et invincible.

. . . .

Mais voilà que nous entrons dans une nouvelle phase : une partie du peuple se lasse de servir de chiens pour tous les chasseurs de places, d'honneurs, de dignités; pour faire lever le gibier, le faire tirer, et l'apporter au maître sans le froisser avec les dents.

Il y a encore une meute, ce sont maintenant des chiens courants, qui comptent avoir, qui exigent au moins leur part du gibier, la curée : reste à savoir s'ils feront la part aux chasseurs, car les plus avancés des socialistes, nihilistes, intransigeants, etc., repoussent maintenant le nom de « partageux »; ils ne veulent plus partager, ils veulent, et l'avouent hautement, tout prendre et tout garder.

CAUSONS

D'où vient que les moutons, qui ne font qu'un ou deux petits à la fois, et que l'homme mange régulièrement en bien plus grand nombre que ne font les loups, couvrent la terre de si nombreux troupeaux, tandis que les loups, dont les femelles font, d'une seule portée, de six à neuf petits, sont, au contraire, si peu nombreux?

Ce n'est pas parce que l'homme leur fait une chasse incessante, car il tue mille fois, dix mille fois, cent mille fois plus de moutons que de loups. C'est que le loup ne mange que des moutons, qu'on défend d'ailleurs contre lui et dont il ne trouve pas à discrétion, tandis que la terre, avec sa nappe d'herbe verte, est pour les moutons une table toujours mise et toujours servie.

L'homme peut se nourrir de presque tout. Le Créateur a ordonné à la terre de concevoir, de nourrir dans son sein tous les germes de plantes, de légumes, de fruits, et, à sa surface, de l'herbe et des prairies que pâturent les bestiaux dont l'homme se nourrit à son tour.

La population d'un pays dépend des moyens et des facilités de la subsistance. La subsistance vient de la terre. L'agriculture est l'art de faire rendre à la terre tout ce qu'elle peut produire.

De la terre seule provient la vraie richesse ; l'or et l'argent n'en sont que la représentation imaginée pour la facilité des échanges, comme le papier-monnaie est à son tour la représentation de l'or et l'argent. Chez les anciens romains, on désignait un homme riche par le mot *locuples*, qui a beaucoup de terre ; et la richesse par le mot *pecunia*, qui vient de *pecus*, troupeau. La première effigie qu'on grava sur les monnaies fut un bœuf ou un mouton, et nous avons eu en France des agnels d'or bien longtemps avant d'avoir des *louis* et des *napoléons*.

On se plaint et on s'effraye des maladies qui attaquent plusieurs de nos végétaux, de la maladie des pommes de terre, de l'oïdium et du phylloxéra de la vigne, etc. On ne s'alarme pas assez de la maladie qui sévit en ce moment contre l'espèce humaine. — Cette maladie est une maladie de l'esprit et de l'intelligence. — Je ne sais si elle sévit autant ailleurs, mais elle sévit furieusement en France.

Je veux parler de l'abandon toujours croissant de l'agriculture et de la terre, *alma parens*, notre bonne mère et nourrice.

Au commencement chacun dut avoir sa hutte de terre, puis sa cabane, puis sa chaumière, puis sa maison au milieu de son champ qu'il cultivait avec sa famille et qui les nourrissait tous.

L'histoire même fabuleuse, ce qu'elle est presque toujours, ne nous dit pas quels sont les deux humains qui, les premiers, accolèrent leurs maisons l'une à l'autre et créèrent le mur mitoyen et le voisinage, origine des inimitiés, des haines et des guerres. Je n'étais pas là pour leur crier, comme faisaient les prophètes Osée, Habacuc, Jérémie, etc., ce sage précepte qui fera un jour ma gloire et fait déjà mon orgueil : « N'ayez pas de voisins si vous voulez vivre en paix avec eux. » Il est vrai qu'on ne m'aurait pas plus écouté que les Hébreux n'écoutèrent les susdits prophètes. Cependant... mais il faut ici ouvrir une parenthèse.

Parenthèse.

Ayant de bonne heure aperçu cette grande vérité, que la vie est un chemin entre des buissons le plus souvent épineux, mais qui cependant produisent quelques roses simples et quelques fruits sauvages, il ne faut leur demander et vouloir y cueillir, en se déchirant les mains, les abricots, les pêches, les ananas, qui ont coutume de n'être que sur les plus hautes et les plus hérissées des branches, sinon lorsqu'un vent favorable vient par hasard les incliner, mais se contenter au besoin des mûres sauvages. Ne demandant donc à la vie qu'une existence simple, modeste, mais tout à fait libre, je n'ai guère pris part aux luttes et aux baccarats effrénés ; si bien que, n'étant pas au jeu, ni comme joueur ni comme parieur, j'ai pu regarder les parties de sang-froid, et voir, et signaler, sans avoir besoin pour cela d'un génie surhumain, les fautes que commettaient les « pontes » affolés par la crainte, l'espérance et l'avidité. J'ai donc dit quelques vérités, en petit nombre, il est vrai, et encore, dans ce petit nombre, c'est un nombre, encore plus petit qui a été écouté. Par exemple : « La propriété littéraire est une propriété », et une ou deux autres. Mais pour n'en citer qu'une de celles qui jusqu'ici ont été la voix dans le désert, — *vox clamantis in deserto*, — c'est bien en vain que je crie à M. Grévy : « Abolissons la peine de mort, mais que MM. les assassins commencent. » Cet homme cruel joue avec les condamnés comme un vieux chat avec les souris ; il les tient pendant des mois entiers dans la cellule des condamnés avec la camisole de force, et presque toujours leur fait grâce et les laisse échapper, après leur avoir fait payer leur grâce de longues et terribles angoisses. C'est ainsi que Lipps et Robert ont attendu pendant plus de soixante-dix jours, croyant à chaque bruit de pas dans les corridors voir entrer l'exécuteur et ses aides.

Je ne veux donc pas laisser passer sans la constater l'acceptation de deux des choses que j'avais demandées : l'autorisation aux pauvres enfants Fenayrou de changer de nom, et l'abolition du pensum, le « pensum vorace », comme l'appelait Victor Hugo, du temps qu'il était Victor Hugo ; cette suppression, je l'ai désirée naturellement, étant élève, mais je l'ai demandée étant professeur, et toujours depuis, au moins de temps en temps. La privation de la récréation employée à copier des vers est cruelle, meurtrière, à un âge où l'enfant a autant et plus besoin de grand air et d'exercice que de latin. Le pays s'est trop occupé de faire des bacheliers et pas assez de faire des hommes ; mais, en supprimant le pensum, je n'ai pas, moi, prétendu désarmer les « pauvres pions » et assurer l'impunité aux élèves. Je ne sais si on adopte ou si on adoptera mon idée tout entière : je ne veux pas que les enfants passent leurs récréations assis et enfermés, mais je veux qu'ils soient punis comme il le faut par la condamnation à un exercice plus ou moins ennuyeux selon la gravité des forfaits, mais cependant toujours un exercice en plein air ; par exemple, transporter avec une brouette un certain amas de terre, de sable ou de décombres, tirer un certain nombre de seaux d'eau d'un puits, etc.

Fermons la parenthèse.

Je disais donc que ce n'est pas tout de suite que deux maisons se sont trouvées adossées ou accolées, et ont formé le commencement d'un village.

Aujourd'hui les villages veulent devenir des bourgs, les bourgs des villes, et les habitants de ces villes viennent à la capitale, ou s'efforcent de rendre leur ville aussi grosse que la capitale, du moins d'y introduire le luxe et toutes ses conséquences. C'est donc

bien joli et bien heureux d'habiter une grande ville?
— de hautes maisons qui interceptent l'air et le
soleil, et font des rues autant de puits froids et
humides, — d'entasser des masses de pierre, étage
sur étage, Pélion sur Ossa, où les habitants sont
rangés et encaqués comme des harangs et des sardines dans un baril.

De cet entassement proviennent des égouts infects
qui empoisonnent les ruisseaux et la Seine, des rivières amenées de loin à grands frais et insuffisantes
pour nettoyer et assaisir ces « étables d'Augias »,
où règnent à l'état endémique le typhus et les fièvres
typhoïdes et cent autres maladies. Des cimetières
devenant trop étroits, répandant leur part d'air méphitique, où les morts appellent de force les vivants.
La foule remplissant les rues et devenant une forêt
d'hommes beaucoup plus périlleuse, plus mal famée
qu'aucune forêt d'arbres.

Ce n'est pas tout. Autour de toute ville, je l'ai
constaté souvent, il s'établit une zone pestiférée ; certains plaisirs plus ou moins malsains, des industries
et des travaux moins fatigants y attirent les habitués
des campagnes qui y viennent prendre des habitudes
et des vices nouveaux. Chaque paysan à la ville produit, grâce à ses nouveaux besoins, un producteur
de moins et quelque chose comme trois consommateurs de plus. Les filles viennent s'y faire ouvrières,
servantes, en attendant pis.

Eh bien, cette zone prestiférée s'élargit naturellement, fatalement, à mesure que toute ville s'étend, et toutes les villes en ce moment s'étendent et grossissent à l'envi, et le Gouvernement, si on peut appeler gouvernement ce que nous avons aujourd'hui, y prête follement et bêtement les mains.

Chaque jour, on lit dans les journaux :

Projet autorisant tel département, telle ville à « s'imposer extraordinairement » ; — tel autre département, tel autre ville à se créer des « ressources extraordinaires » ; projet autorisant la ville de Chambéry et la ville de Nice à emprunter, la première 320,000 francs, la seconde cinq millions, etc.

Naturellement, de ces emprunts, il faut payer les intérêts — et les intérêts se payent au moyen de « ressources extraordinaires », c'est-à-dire d'une aggravation d'impôts qui rend la vie plus difficile pour tous, et impossible pour beaucoup.

Et les générations à venir se trouveront obérées et incapables de subvenir plus tard à des besoins réels et urgents.

Et les villes vont s'élargissant ; déjà ça sent très mauvais, déjà viennent se perdre dans la foule nouvellement acquise les chevaliers d'industrie, « les tire-laines », les grecs, les filles et leurs amants.

Autrefois, et cela existe encore dans quelques endroits, encore deviennent-ils tous les jours moins nombreux, la terre était une bonne et fertile nourrice, quelque chose qu'on labourait, qu'on ensemençait, qu'on hersait, où on moissonnait, où on vendangeait, etc.

Aujourd'hui ça n'est plus ça. C'est quelque chose qu'on achète, non pour le cultiver, mais pour le revendre, et, après que la terre a passé de mains en mains, les moins adroits, auxquels elle reste, la couvrent de maisons, d'amas de pierres. On ne fait plus de rues, mais des boulevards; on dépense, on gaspille de la terre comme à plaisir, c'est-à-dire on en supprime tant qu'on peut. A quoi bon la terre d'ailleurs, puisque les « politiques », les législateurs, les Solons de ce temps-ci ne veulent plus de paysans, qu'on va devenir tous bacheliers. D'ailleurs la diminution de la population agricole rend la main-d'œuvre si chère qu'on ne pourra bientôt plus cultiver ce qui restera de terre. Il semble qu'on veut la paver et la couvrir de grès tout entière : c'est à la diminution, à la suppression de la terre cultivable qu'on occupe aujourd'hui les paysans attirés aux villes.

Et si cette folie, cette fureur vient à passer, c'est-à-dire à être remplacée par une autre folie et une autre fureur; quand on renoncera à bâtir au hasard, que deviendront tous ces paysans devenus terrassiers, maçons, etc., désormais incapables de revenir aux travaux de la terre, et de vivre sobrement du produit de ces travaux.

Ils se mettront en grève, et en avant le pétrole et la dynamite.

Voyez les plages de l'Océan et de la Méditerranée,

voyez les plaines et les montagnes du monde entier :
partout des villes qui s'élargissent ou de nouvelles
villes que l'on crée. Par qui seront habitées ces
myriades et myriades de maisons qui s'élèvent? Il
faut supposer qu'on abandonnera les vieilles villes
pour occuper les nouvelles. Toutes s'efforcent d'attirer la foule par des « progrès », des plaisirs, des
attraits, des vices nouveaux.

Des médecins, souvent pour complaire à des aubergistes, inventent des maladies qu'on ne peut guérir
qu'à telle ou telle « altitude » scrupuleusement mesurée.

Et quand toute la terre sera pavée, quand d'ailleurs
il n'y aura plus de paysans, ô hommes des générations
futures, que mangerez-vous. Vos propres et privées
côtelettes que vous découperez les uns sur les autres.

AUX CHAMPS ÉLYSÉES

DIALOGUE DES MORTS

La scène se passe dans un grand et magnifique jardin fait avec tant d'art qu'il a l'air de n'avoir pas été fait.

Il est remarquable que, sous quelque forme et sous quelque nom que les hommes de tous les pays et de tous les siècles aient adoré Dieu, c'est toujours dans un jardin qu'ils ont placé le « lieu de délices » destiné aux bons et aux vertueux. L'éden des chrétiens et des juifs, les champs élysées des Grecs et des Romains, le paradis de Mahomet sont des jardins verts, fleuris, embaumés.

SÉNÈQUE

Eh, mon Dieu ! Aristophane, quel singulier personnage nous amenez-vous là ?

CATTIAUX

Qui est-ce qui a dit : mon Dieu ?

SÉNÈQUE

C'est moi.

CATTIAUX

Il n'y a pas de Dieu, Dieu n'existe pas.

ARISTOPHANE

C'est un espèce de fou que j'ai pensé pouvoir nous amuser un instant, et qui probablement ne restera pas longtemps avec nous; les trois juges Minos, Éaque et Rhadamante sont si occupés par les morts que les Anglais leur envoient pour « pacifier » l'Égypte et « concilier » l'Irlande; par ceux que fournissent le choléra aux Indes et les rues de Paris la nuit, que leurs décisions sont en retard et qu'ils n'ont pas encore prononcé sur celui-ci. Outre que ça me paraît un fou assez drôle, il pourra donner, en sa qualité de dernier mort, des nouvelles de la France et de Paris à Henry IV, à Sully, à Montesquieu, à Rousseau, etc.

MONTESQUIEU

Eh bien, mon ami, qui êtes-vous ? Comment descendez-vous ici encore assez jeune pour un mort?

CATTIAUX

Je suis Cattiaux, conseiller municipal de la ville de Paris. Je suis mort de chagrin et aussi des coups que j'ai reçus dans une réunion privée et fraternelle des républicains avancés, mes amis.

Je m'étais mis tout à fait hors de page, en proclamant que Dieu n'existe pas : c'était très fort ; je n'avais rien dit d'aussi bien. J'étais le premier entre les égaux : *primus inter pares ;* j'excitais l'envie des uns et l'admiration des autres. J'avais des chances de devenir maire de Paris, lorsque un intrigant, se disant anarchiste et blanquiste, est venu faire une proposition qui a été adoptée, grâce à l'appui de Louise Michel. Il veut que chaque année, à une fête précédée d'un banquet, on exhibe sur la place de l'Hôtel-de-Ville une figure représentant le nommé Dieu, et qu'on le guillotine en effigie. Je me suis opposé ; non pas, dis-je, que Dieu, s'il existait, ne fût un grand coupable ; mais il n'existe pas, on ne peut donc le représenter ni le guillotiner. J'ai été interrompu par des cris sauvages : A bas le jésuite ! à bas le clérical ! — A la porte ! Enlevez-le ! Etouffez-le ! — On m'a enlevé et plus d'à moitié étouffé. Le chagrin a fait le reste. C'est lui pourtant qui est clérical, car puisqu'il veut tuer Dieu, c'est qu'il croit qu'il existe.

SAINT FRANÇOIS DE SALES

Et comment, mon ami, êtes-vous si certain que Dieu n'existe pas?

CATTIAUX

— Parce que je ne l'ai jamais vu.

SAINT FRANÇOIS DE SALES

Vous n'avez jamais vu le sultan de Constantinople, et pourtant il existe. Mais permettez-moi, mon ami, de vous faire quelques observations. Si je réussissais, par hasard, à vous persuader, peut-être les juges d'enfer, admettant en votre faveur les « circonstances atténuantes », vous jugeraient plus bête que méchant et ne vous condamneraient qu'à des peines légères.

Vous n'êtes pas, il s'en faut, un des plus parfaits spécimens de l'espèce humaine. Sous le rapport intellectuel surtout, vous êtes un des moindres parmi les hommes, etc. Le plus petit crâne humain mesure 62 pouces cubes, et pèse de 26 à 28 onces, tandis que les plus forts s'étendent jusqu'à 114 pouces et pèsent 32, 34, 36 onces.

Votre crâne se rapproche plutôt de celui du gorille, 30 pouces et 620 grammes.

Eh bien! néanmoins, vous êtes un ouvrage admirable, si parfait, si prodigieux, que vous-même on ne peut vous comprendre sans la pensée d'un être suprême, d'un Dieu. Avec vos 214 os et vos 43 ou 44 paires de nerfs, la vie, le mouvement, même pour aller au club, la pensée même pour rêver et dire des absurdités et des bêtises, vous êtes une machine tellement merveilleuse, tellement admirable, tellement au-dessus de la puissance et même de l'intelligence humaines, que, fussiez-vous encore plus près du gorille, toute petite, tout imparfaite, toute piètre créature que vous êtes, vous êtes vous-même une preuve irréfragable, admirable, évidente de l'existence de Dieu.

CATTIAUX

Celui qui m'a dégommé en proposant de guillotiner Dieu qui n'existe pas, un mauvais souteneur, Alexandre, dit Brin-d'Amour, sera renversé à son tour par quelque autre qui proposera quelque chose de mieux. J'en appelle à la postérité. Déjà un hommage a été rendu à ma « cendre » par la foule des citoyens et citoyennes qui m'ont accompagné directement au cimetière avec des bouquets d'immortelles teintes en rouge, car je vous prie de croire que l'on m'a enterré civilement à la barbe des cléricaux et des mouchards, et Louise Michel a fait un discours.

FRANKLIN

Je suis d'avis que la police n'a rien à faire dans les enterrements, à moins que les enterreurs n'en profitent pour causer du désordre. Il n'y a pas non plus à s'indigner; chacun doit être libre de mourir, comme de vivre à sa guise, en se conformant aux lois. Mais je remarque que vous, les soi-disant athées, vous professez une religion ou contre-religion qui a ses dogmes, ses cérémonies, ses rites et surtout son intolérance; alors ça n'est pas la peine de changer. L'eau bénite et l'encens des catholiques eux-mêmes sont remplacés par des discours prononcés par des « bénisseurs » jurés, toujours les mêmes, encensant les vertus du défunt, que presque jamais ils n'ont vu ni connu, si bien que, le plus souvent, ça dégénère en farce, et ça se dénoue chez le marchand de vin. Ça fait une journée de travail perdue, et le gain de plusieurs journées dépensé à s'empoisonner.

MONTESQUIEU

Permettez-moi, citoyen Cattiaux, de vous demander quel est votre sentiment sur l'immortalité de l'âme. A peu près toutes les nations croient à cette immortalité. Pensez-vous, comme les chrétiens et la plupart des anciens, à l'immortalité pure, ou, comme les Scythes, au changement de demeure, ou, comme les Indiens, à la métempsycose ?

CATTIAUX

Je ne crois pas à l'immortalité de l'âme, ni à l'âme, ni à rien. Qui est-ce qui a vu une âme ?

LUCIEN

On peut juger ce qu'on ne voit pas par ses effets. On n'a jamais vu la bêtise. Mais quand on voit quelqu'un de très bête, citoyen, on conclut que la bêtise l'anime et le conduit et conséquemment qu'elle existe.

FÉNELON

Vous avez sur la terre en ce moment un homme très farce, le citoyen Bert. Il veut que dans l'instruction et l'éducation, on n'enseigne que ce qui peut se prouver scientifiquement. Notez que sa science à lui est courte, ne prouverait pas grand chose, et le trompe souvent assez grossièrement.

La science humaine, la raison humaine, les yeux de l'esprit et de l'intelligence, ont leurs bornes et leurs horizons, comme les yeux et la vue du corps; il est aussi absurde de nier absolument les choses qu'il n'a pas plu à Dieu de nous révéler, du moins dans cette vie, que d'affirmer que le monde finit là où le ciel semble s'arrondir sur la mer et borne nos regards.

Des philosophes ont pensé et pensent qu'après la vie nous redevenons ce que nous étions avant la vie, c'est-à-dire rien, c'est-à-dire matière et âme divisées, rendues aux éléments. C'est peut-être vrai, mais ce n'est peut-être pas vrai ; et, en tous cas, ce n'est pas prouvé. Supposons le doute, que je n'ai pas, mais que j'admets : n'est-il pas plus sûr et plus sage de croire, de laisser croire et même de faire croire à la plus consolante, à la plus riante des deux hypothèses, à celle qui suppose une justice au-dessus de la justice humaine, et une revanche pour les malheureux?

Pour vous, les enterreurs civils, qui ne croyez pas à l'âme, ni à une vie future, vous n'amenez au cimetière qu'un cadavre qui va pourrir, et c'est tout... Les chrétiens et ceux qui pensent autrement que vous croient rendre à la terre seulement la partie matérielle de l'ami perdu, un vêtement, une prison de chair, quelque chose comme le cocon que perce et abandonne sans le regarder le papillon, qui cesse d'être chenille et s'élance dans l'air à la recherche du parfum et du nectar des fleurs aussi brillantes que lui. Vous laissez votre mort au cimetière et vous lui dites adieu; nous, à l'ami qui s'en va, nous disons au revoir.

CATTIAUX

Clérical, va!

SULLY

Parlons un peu, citoyen, de l'état de la France. Est-ce que par hasard vous vous croyez en République? Je vois beaucoup de démolisseurs et pas un maçon, des pioches et pas une truelle; et puis quelle tour de Babel! Sous les noms variés de : union fédérative, fédération des centres, alliance socialiste, blanquistes, intransigeants, anarchistes, indépendants, opportunistes, etc., il n'y a en réalité que deux partis : les affamés et les repus.

DÉMOSTHÈNES

Un orateur à la tête de chaque faction dispose de vos généraux, de vos finances, de vos suffrages.

J. J. ROUSSEAU

Quand il se fait des brigues, des associations partielles, il n'y a plus alors autant de votants que d'hommes, mais seulement autant que d'associations; puis, quand une de ces associations est si grande qu'elle l'emporte sur toutes les autres, vous n'avez plus la volonté générale, mais simplement une volonté particulière, une tyrannie.

DÉMOSTHÈNES

Un homme de Macédoine...

UNE VOIX

De Gênes.

DÉMOSTHÈNES

Asservit les Athéniens.

SULLY

Et ces chefs de factions ne sont pas, tant s'en faut, les premiers de la nation, ils ne sont pas même comptés entre les premiers de leur profession antérieure, avocats sans cause, médecins sans malades, serviettes vides, sonnettes muettes, il leur suffit d'une faconde creuse et sonore et l'habitude de parler à la foule longtemps et sans s'arrêter.

BOBÈCHE

Quel malheur d'être venu au monde trop tôt ou trop tard! quel grand homme politique j'aurais été! Quelle fortune j'aurais faite! Ah! mon ami et confrère Jocrisse, notre vie a été manquée, personne plus que nous ne savait parler à la foule. Le républicain Proudhon raconte que, lors de 1793, tous les escamoteurs et leurs pitres avaient disparu des places publiques en même temps que les dentistes en plein air : tous occupaient des fonctions publiques rétribuées.

M. THIERS

Est-ce assez drôle! votre M. Grévy sollicite et accepte la place et le traitement de président de la République, après s'être prononcé en pleine Assemblée contre l'institution de la présidence, et ce républicain austère se fait chamarrer de croix et de décorations. Et moi-même j'ai été président d'une République que j'avais combattue vingt ans avec acharnement, et après avoir fait tuer en 1832 et même en 1871 des centaines de milliers de républicains, que je traitais de vile multitude.

CHARRON

Et voyez comme le peuple est mûr pour le prétendu suffrage universel, et combien il comprend peu les idées républicaines : sur qui portent les suffrages? Est-ce sur les bienfaiteurs, sur ceux qui l'aiment. Est-ce sur le fils du président Bonjean, qui élève si noblement un Institut pour instruire les fils des assassins de son père et les empêcher de devenir des coquins et des scélérats comme leurs pères à eux? Est-ce sur M. Nadault de Buffon, qui, aveugle, ne veut pas du repos et consacre sa vie à la propagation et à l'action providentielle des Sociétés de sauvetage? Est-ce à ces sauveteurs héroïques eux-mêmes, qui sortent de son sein, ainsi que tant d'autres, paysans et ouvriers, qui, aux champs et dans les rues, dans l'eau et dans le feu, excitent une amélioration attendrie par leur noble dévouement?

LEGOUVÉ

Est-ce sur ces gens obscurément vertueux dont tous les ans nous proclamons à l'Académie les humbles et beaux noms et les actions généreuses?

CHARRON

Non, l'admiration du peuple — pour parler improprement comme les maudits qui les premiers ont donné ce nom à une fraction de la nation — l'admiration, les suffrages, la confiance, l'idolatrie du peuple sont pour les bavards, les fainéants, les hâbleurs, les gaspilleurs, les avides, les vaniteux, les incapables, les déclassés, les fruits secs, les goinfres, etc.

LE PROPHÈTE ISAÏE

Le peuple a toujours été ainsi; j'ai raconté, et on

peut lire dans la Bible, que des Hébreux révoltés avisèrent un passant et lui dirent : Tu as un habit, marche devant, et nous te suivrons.

NAPOLÉON Ier

Et dites-moi, citoyen Cattiaux, qu'est-ce que c'est que cette affaire de Meschino ?

CATTIAUX

Mon empereur, c'est à Tunis, un Italien qui s'était précipité sur un soldat français et l'avait frappé et désarmé...

NAPOLÉON

Il est fusillé ?

CATTIAUX

Non, le président Grévy lui a fait grâce.

NAPOLÉON

Je le veux bien, mais alors il faut fusiller le soldat français qui a été frappé et s'est laissé enlever son arme au lieu de la passer à travers du corps de Meschino. Et qu'est-ce encore que ces décorations de la Légion d'honneur données aux officiers étrangers qui ont assisté aux manœuvres militaires, quelquefois même des croix d'officier, de commandeur, de grand officier à des ministres, à des ambassadeurs étrangers ? Est-ce juste, est-ce honnête, est-ce sage de prodiguer tellement cette monnaie destinée à payer ce que l'argent ne peut payer, qu'il suffit pour obtenir cette distinction à des étrangers, de saluer M. Grévy, ou de regarder manœuvrer nos soldats, quand nos soldats eux-mêmes doivent la payer par des années de fatigues, de dangers affrontés, de privations, de misères endurées, de membres enlevés? Et encore n'est-ce que le petit nombre qui l'obtient, citoyen Cattiaux. Vos républicains d'aujourd'hui sont aussi méchants, quoique moins résolus, mais beaucoup plus bêtes que ceux de 93; et si je revenais au monde, il n'y en a pas un que je consentirais à nommer chambellan, comme je fis pourtant des plus ardents et des plus avancés alors.

KOUN-FOU-TSÉE

La République en France, ça n'est pas une situation, c'est une épidémie, une contagion, la rougeole ou la petite vérole; tout le monde devient rouge pour un temps plus ou moins long, mais cette fois je crains que la pauvre France ne reste grêlée, couturée, défigurée.

UNE GROSSE VOIX

On demande le citoyen Cattiaux au tribunal.

LE CITOYEN CATTIAU

Je ne suis pas trop rassuré. J'avais déjà quelque inquiétude à mes derniers moments; mais... à présent... si je m'étais trompé! s'il y avait une âme, s'il y avait des récompenses et des punitions! si Dieu existait!

LES LILAS SONT EN FLEURS

J'ai eu le bonheur de passer à peu près toute ma vie à la campagne, dans les bois, dans les prairies, au bord de la mer, et du moins dans un jardin. Mon père, Henry Karr, aimait les fleurs. Il avait semé des tulipes en collaboration avec son confrère Méhul, et avait, avec lui, pris parti pour les tulipes à *fond blanc*, lors de la guerre qui s'éleva et divisa les amateurs entre les *fonds blancs* et les *fonds jaunes*.

Depuis plus de trente ans que j'habite les bords de la Méditerranée, j'ai certes vu, planté, cultivé dans mon jardin bien des belles plantes apportées par les voyageurs de toute les parties du monde. Je les ai souvent eues encore nouvelles et rares, et ai pu les voir croître et fleurir dans ces heureuses contrées où nous pouvons cultiver à l'air libre tout ce qui, dans les autres pays, exige l'abri d'une serre.

Certes, ces plantes et ces fleurs excitent bien agréablement mon admiration. J'attends, je surveille leurs progrès et leur épanouissement avec une charmante sollicitude. Mais, cependant, mes préférences, mes tendresses, mes plus douces émotions sont pour des plantes et des fleurs que j'ai toujours vues, que la généreuse Providence a faites « communes », qui viennent tons les ans, en épanouissant leurs corolles, me rappeler, me raconter, faire revivre les jours de mon enfance, les premiers rêves, les premières émotions de l'amour, et dont les parfums, en s'exhalant, rendent par un charme mystérieux à ma pensée, à mon cœur, la jeunesse, les croyances, les rapides bonheurs, les douces tristesses.

Je ne ferai pas ici la liste des richesses acquises par les jardins depuis cinquante ans ; je dirai même que leur introduction, dirigée par la mode, souvent sans autre cause que la nouveauté ou le mauvais désir de posséder ce que les autres n'ont pas et envient, a enlevé pour moi un grand charme à la plupart des jardins.

La foule des « nouveautés », des « parvenues », a chassé des jardins encombrés beaucoup de fleurs qu'elles ne valent pas.

Je donne l'hospitalité, quand elles le méritent, à beaucoup de ces belles étrangères dont les noms barbares font ajouter à beaucoup de jardiniers, même relativement habiles, tant de « cuirs » grecs et latins aux « cuirs » français dont ils s'étaient longtemps contentés.

Mais ce qui m'apporte les plus heureuses, les plus

tendres, les plus enchanteresses émotions, c'est le retour de ces fleurs « communes », de ces fleurs de pauvres, qui reviennent me raconter ma vie, mes joies et mes douleurs,

Le réséda, la giroflée des murailles, l'iris des toits de chaume, l'aubépine des haies, le chèvrefeuille et l'églantine des bois, le muguet de mai, la violette de mars, le vergiss-mein-nicht, le myosotis et le bouton-d'or des rivages, les épis roses du sainfoin et les thyrses bleus des sauges chéries des papillons, les bleuets des blés, les petits liserons roses, à odeur d'amande, des sentiers dans les champs.

En ce moment les lilas sont en fleurs. On en voit assez peu, très peu même à Nice, à Cannes, etc., où on ne cultive volontiers que ce qui fleurit l'hiver et peut se vendre aux étrangers.

A Saint-Raphaël j'en ai planté un petit bois où j'ai réuni toutes les belles espèces et variétés. Oh! la riche récolte, l'heureuse moisson, ou plutôt la féerique vendange que j'y fais tous les ans, car de leurs thyrses embaumés sort une ivresse plus douce et plus honnête que celle que peut donner la vigne.

J'ai atteint un âge qui dépasse de beaucoup la moyenne de la vie humaine ; les années, les mois, les jours ne sont plus que des sursis.

A la joie, aux douces sensations que m'apporte la floraison des lilas, la « fête des lilas », comme je l'appelle, se mêle chaque année, avec plus d'intensité, cette émotion mélancolique mais si douce que donne le coucher du soleil qui va être suivi de la nuit.

Je vois donc encore une fois mes lilas, je respire leurs suaves parfums. Les reverrai-je encore? Est-ce la dernière fois que je m'enivrerai de leurs aromes? Faut-il ne plus dire au revoir, mais adieu à ces thyrses embaumés et à tout ce qui dans mon cœur refleurit avec eux?

Combien de compagnons de ma jeunesse sont partis avant le retour de « la fête des lilas » !

En voici encore un qui s'en va; un homme d'un charmant talent, d'un excellent cœur, d'un esprit doux et vif à la fois, Jules Sandeau. Longtemps il a été heureux: les succès mérités, la gloire, une modeste aisance dont il se contentait, de vieilles amitiés, de nombreuses sympathies. Mais, il y a quelques années, il a eu cette immense et suprême douleur d'enterrer son fils, officier de marine distingué; de ce jour, la mort est entrée dans son cœur. D'après ce que j'ai lu dans un journal, il est mort dans la foi chrétienne. La mort ne doit lui paraître qu'une porte ouverte pour aller revoir son fils.

Je n'ai jamais, et je m'en félicite, attendu la mort de ceux que j'ai connus pour exprimer mes sentiments à leur égard; j'ai toujours été tristement indigné de cette admiration posthume qu'on accorde aux grands esprits, aux grands talents aux grands cœurs, mais seulement après leur mort, c'est-à-dire lorsqu'on est bien sûr que ça ne peut plus leur faire de plaisir. Si j'ai attaqué quelques méchants, quelques sots, quelques faux grands hommes, ç'a été de leur vivant et « parlant à leur personne »; ce qui m'a permis de ne plus parler d'eux à leur départ et lorsqu'ils ne peuvent plus se défendre, ayant dit d'avance tout ce que j'avais à en dire. De même, c'est de leur vivant que j'ai proclamé mon admiration, ma sympathie, mon amitié pour les autres, et je ne les leur ai pas marchandées.

Comme « la presse » et le public eussent donné de bonheur, d'encouragements, de force, en accordant à tant de gens de talent morts à la peine et doutant d'eux-mêmes une faible partie de l'enthousiasme bruyant qu'ils témoignent à leur mémoire! Voyez Balzac, si loué, si prôné aujourd'hui, combien il a été discuté, harcelé, nié pendant sa vie! J'ai été le seul à dire alors, en parlant de lui et du refus aveugle, mesquin, de l'Académie de l'admettre dans son sein :

« L'Académie de notre temps veut avoir aussi son Molière à ne pas nommer. »

On ne marchande aux morts ni les louanges, ni les statues, même à certains qui auraient eu grand besoin d'escompter ces statues, et de dire comme Satan dit au Christ, dans le Nouveau testament: « Dites à ces pierres de se changer en pain » — *Dic ut isti lapides panes fiant.*

> Cette postérité pour qui l'on s'évertue,
> C'est ce gamin qui joue aux billes dans la rue,
> Dont les cris importuns m'empêchent de trouver
> Ces beaux vers qu'à lui seul je prétends réserver.

> Jouez au cerf-volant, jouez à la toupie,
>   Vénérés galopins,
> Un jour vous vengerez ma muse qu'on oublie
>   De mes contemporains ;
> Car je n'écrirai plus, lorsque vous saurez lire.
> Vous pourrez sans danger, moi mort, louer ma lyre,
> Et vous vous servirez de mes défunts talents
> Pour vexer à leur tour les poètes vivants.

Revenons aux fleurs et aux lilas :

A un bal annoncé pour le 18 mai, au bénéfice de cette bonne action de « l'Hospitalité de nuit » à Paris, on raconte que les « dames de la Comédie-Française » sont convenues de se costumer en fleurs, qui en muguet, qui en rose jaune, qui en myosotis, qui en bleuet ou en pâquerettes, etc.

L'idée est jolie et gracieuse, mais n'est pas nouvelle, et me rappelle un vaudeville, *les Fleurs*, dont j'ai lu le récit dans un ouvrage de lady Morgan, — et qui fut représenté à Paris en 1815, dans les premiers jours de la Restauration, alors que le peuple de Paris ressentait du retour des Bourbons une joie qui n'avait d'égale que celle qu'il avait manifestée et qu'il devait manifester plus tard à leur départ, et peut-être à celle qu'il est destiné à montrer encore à leur retour ; ce qui a fait dire des Français, avec au moins une apparence de raison : ce ne sont pas des esclaves qui brisent un joug, ce sont des domestiques capricieux qui aiment à changer de maîtres.

Je n'aime pas voir les fleurs se compromettre et essayer de végéter dans le fumier de la politique. Sans remonter aux fameuses guerres de la rose rouge et de la rose blanche, j'ai encore vu dans mon enfance les lys brisés, arrachés, écrasés dans les parterres des Tuileries, et remplacés par les « couronnes impériales » et les « violettes », un peu plus tard arrachées et foulées aux pieds à leur tour pour être remplacées par les lis, en attendant que ceux-ci fussent proscrits de nouveau. — Je vais essayer de me rappeler le vaudeville *les Fleurs*.

C'est la cour du Lys, le lys est le roi des fleurs, et il y a grande réception; après une absence, le roi veut passer en revue ses charmantes sujettes.

Il commence par leur faire part du choix qu'il a fait de la rose pour sa compagne, toutes les autres fleurs applaudissent tout haut, quelques-unes murmurent tout bas, et risquent quelques critiques sur la nouvelle reine : on lui reproche ses épines et le peu de durée de son éclat.

La rose s'assied à côté de son royal époux et le défilé commence. A chaque fleur quelques lignes de prose et un couplet sur un air alors à la mode.

Flore est la grande maîtresse des cérémonies; elle présente :

La jonquille, la fleur aimée de Louis XIV, pour lequel, selon Voiture, on en faisait paraître pour mille écus dans une seule fête; la jonquille proteste de sa fidélité à la royauté et à la famille des Bourbons.

L'œillet rouge essuie quelques reproches; il se permet de singer la croix d'honneur, invention de la

République et de l'Empire, à la boutonnière des gens qui, à dix pas, font croire qu'ils sont décorés, et, à trois pas, font voir qu'ils sont des imbéciles.

La tubéreuse rappelle que la tendre La Vallière, pour cacher la faute dont le grand roi était complice, avait rempli son appartement, par lequel la reine devait passer, de tubéreuses, qui passaient alors pour mortelles aux femmes en couches.

La fleur d'oranger badine sur le mariage auquel elle préside en couronne sur la tête, en bouquet sur le sein de la jeune vierge qu'on livre à un époux. — Je suis bien, dit-elle, l'emblème de ce lien charmant, et par mes fleurs blanches, et par mes fruits jaunes qui leur succèdent.

La tulipe se présente raide et orgueilleuse, on lui fait un accueil un peu froid, on rappelle les folies dont elle a été la cause pour les amateurs, les « fous tulipiers », on l'admettra à la cour à la condition qu'elle se montrera plus modeste ; que tout en étalant ses riches et harmonieuses couleurs, elle n'oubliera pas qu'elle est sans parfum, c'est-à-dire sans esprit et sans âme.

Une fleur blanche glacée de violet avance avec modestie, c'est le solanum tubéreux — la parmentière, la pomme de terre — elle rappelle qu'elle a passé déjà à la cour à la boutonnière du roi martyr Louis XVI désireux de la mettre à la mode, et d'encourager ses sujets à accepter, malgré leur aveugle répugnance, ce présent de la Providence qui consiste en petits pains tout faits.

On lui fait l'accueil qu'elle mérite, on lui offre des grâces et des faveurs; elle n'en demande qu'une qui, encore, n'est qu'une justice.

C'est qu'on lui rende son nom de parmentière, en souvenir de son introducteur en France. On lui fait à ce sujet une promesse qui ne devait pas être tenue. Voyant une solanée si bien accueillie, un autre membre de cette famille si bien en cour n'attend même pas que Flore le présente, elle se présente elle même et dit : « Je suis la nicotiane, le petum, l'herbe à la reine, le tabac. Il y eut un moment où la médecine m'accueillit à bras ouverts, et en dépit de quelques envieux et de quelques calomniateurs, pendant quinze ans j'ai guéri tous les maux. Aujourd'hui on me dédaigne, on me relègue; je ne guéris plus de rien, tant s'en faut. Je demande à rentrer dans mes droits et privilèges, à reprendre mon nom d'herbe à la reine et mon rang de panacée. »

Le lys et la rose se pincent le nez, les fleurs courtisanes font semblant d'avoir des nausées. Flore s'excuse, elle n'aurait pas présenté cette herbe puante qu'aimait *le Corse*, qui en remplissait jusqu'aux poches de ses gilets et s'en bourrait le nez.

Le tabac offensé déclare la guerre à la nouvelle royauté, il passe à la démocratie, et refera une Révolution et une Terreur.

— La « couronne impériale »? demande la rose.

Flore répond qu'elle n'a pu l'inviter, et que ses émissaires n'ont pu en trouver un seul exemplaire, l'indignation du « peuple fidèle » en ayant fait justice. Du reste, elle n'est pas à regretter, elle sentait l'ail, et avait par deux fois essayé de prendre la place du lys sur son trône.

— Et cette petite fleur qui se cache là-bas derrière les autres, qui est vêtue de couleur sombre de violet mais se trahit par son parfum? dit la rose qui, contente de sa part, est incapable d'aucuns sentiments d'envie.

— Ah! dit Flore, c'est une petite malheureuse qui a été bien coupable; sa modestie proverbiale, un moment oubliée par elle, est augmentée aujourd'hui par le remords et la confusion; enivrée d'une bouffée d'orgueil, elle s'était fait adopter par Buonaparte et sa cour; elle a été un signe de ralliement pour les conspirateurs; une actrice, Mlle Mars, a affecté de s'en parer sur le « théâtre du roi » et a excité la juste indignation des gardes du corps; l'usurpateur lui-même, l'ogre de Corse, a été désigné par ses séides et ses sbires sous le nom de « père la violette; » elle se cache, je le comprends, mais je la crois repentante.

La rose s'incline vers son royal époux, semble lui adresser une prière ou lui donner un conseil.

Le lys prend la parole et dit :

— Dieu fit du repentir la vertu des mortels.

» J'amnistie la violette.

» Je lui pardonne, et bien plus, elle sera reçue à ma cour avec la distinction que méritent ses vertus, son esprit et son cœur, c'est-à-dire son suave parfum.

On applaudit à la clémence du roi, on le chante en chœur sur l'air :

Où peut-on être mieux qu'au sein de sa famille ?

Ainsi finissait le vaudeville. Si on le voulait jouer, aujourd'hui que l'immortelle teinte en rouge, cette fleur sèche, hypocrite et bête, est la... présidente des fleurs, que le tabac est en si grande faveur à la cour, Flore n'oserait présenter ni le lys, ni la violette. La pseudo-République a la conscience de sentir mauvais et en est fière, et naturellement est ennemie de tout ce qui sent bon.

LE GRAND ET VÉRITABLE COMPLOT

DES PRINCES

La France, l'Europe, le monde viennent d'assister à un étrange spectacle. J'étais de ceux qui ne croyaient pas à la conspiration des princes d'Orléans contre la République — à les voir résignés à une vie paisible et retirée, à une patriarcale vie de famille dont ils paraissaient même heureux. Le duc d'Aumale consacrait ses loisirs à ses goûts littéraires et artistiques. Le comte de Paris semait des châtaignes à Eu et plantait à Cannes des orchidées et des fougères dont il était assez fier, et ainsi des autres; il fallait avoir l'esprit bien soupçonneux, bien mal fait... ou bien clairvoyant pour les suspecter.

La génération qui a vécu sous le gouvernement de juillet est presque éteinte, et presque tous les quelques survivants se sont désintéressés de la politique; très peu se souviennent des dix-huit années de prospérité dont on ne trouverait pas facilement une phase analogue dans l'histoire de France ; beaucoup plus nombreux sont ceux qui ont gardé le souvenir de l'apparente prospérité du second Empire, mais il leur était difficile d'en oublier la fin désastreuse. On ne pouvait pas supposer non plus qu'un si grand nombre de soi-disant démocrates proclamant si hautement, si bruyamment leur foi républicaine, étaient sur le point de trahir cette foi et de se laisser corrompre par l'argent et par la « bonne grâce » des princes d'Orléans ; on ne pouvait pas deviner non plus que le reste à peu près entier des soi-disant républicains suivrait si aveuglément ceux qui s'étaient laissé corrompre et donneraient ce coup terrible à la République.

Aujourd'hui les masques sont levés, il n'y a plus moyen de se faire illusion. Il est évident, incontestable, que les princes d'Orléans ont réussi à corrompre trois cent cinquante-cinq soi-disant républicains, et à leur faire voter une loi qui porte un coup, je disais tout à l'heure terrible, j'efface cet adjectif insuffisant et je dis un coup mortel à la République.

Si je n'avais pas prévu, comme je l'avoue, la terrible, la corruptrice adresse des princes d'Orléans, je dois dire, à la défense de mon intelligence politique, que je n'ai jamais cru, mes lecteurs le savent, aux convictions, à la foi des soi-disant républicains d'aujourd'hui, et que j'ai le droit de m'étonner moins que d'autres de la facilité que les trois cent cinquante-cinq ont mise à se laisser corrompre; mais combien doivent être stupéfaits, scandalisés, exaspérés, ceux qui croyaient réellement aux convictions républicaines des traîtres qui viennent de se démasquer. On comprend les gambettistes, les citoyens Spuller, Bert, Labuze, etc., qui, voyant toutes leurs chances personnelles à peu près perdues depuis la mort de leur chef de file, en ont assez d'une République qui n'a plus rien à leur donner.

Le citoyen Cochery a-t-il pensé qu'il ne pouvait plus espérer la perennité de ses fonctions de ministre des postes que du gouvernement qui remplacera la République? M. Boissy d'Anglas a-t-il cru que l'occasion était venue de se rattacher à la glorieuse mémoire de son père ou aïeul? Le jeune Godefroy Cavaignac a-t-il vu que le moment était arrivé de suivre le noble exemple du sien et de combattre la démagogie? Le citoyen poète Clovis Hugues ayant épuisé tous les lieux communs en l'honneur de la République, a-t-il pensé qu'il était temps de rafraîchir sa muse à quelque autre source? Le petit avocat Frédéric Thomas, que j'avais peut-être trop précipitamment jugé et condamné dernièrement, n'est-il entré dans les rangs des soi-disant républicains qu'à l'exemple de Zopire, et n'a-t-il pas oublié, comme je l'en accusais, ce qu'il avait dû au gouvernement de juillet? Et M. Lockroy, le fils adoptif de Victor Hugo, comment avais-je pu croire qu'il ne respecterait pas les membres d'une famille qui avait comblé le grand poète de faveurs si méritées?

Mais Raspail, mais Casse, mais Duportal, mais

Nadaud, mais le bon petit noir Blancsubé, mais Joigneaux, mais tant d'autres, les incorruptibles, les intransigeants, les purs des purs, les avancés, les faisandés, comment ont-ils pu trahir ainsi la République leur mère?

Et combien peu nombreux, ceux qui ont eu du flair, qui ont regardé avec défiance le « bloc enfariné »?

Il y a bien mon vieil, et brave, et honnête ami Anatole de la Forge, conduisant à la défense de la République, comme à la défense de la France, à Saint-Quentin, une peu nombreuse mais fidèle cohorte, huit soldats et neuf en comptant le chef, qui ont intelligemment voté contre les traîtres et les corrompus.

Mais Fabre, avec quelle adresse, quelle astuce, quelle perfidie il a joué son rôle! Aller jusqu'à parler de guillotine, pour exaspérer l'indignation publique en faveur des princes qu'il faisait semblant d'attaquer! Comme il a bien joué la haine, l'animosité qui étaient si loin de son cœur!

O Fabre! ce n'est plus Duportal, c'est toi qui es tout un monde, car dans cette comédie tu as joué un premier rôle, et Duportal n'a été qu'un comparse parmi les corrompus.

Je viens de parler des deux effets si habilement produits par le vote de cette loi si inique, si absurde, si bête. L'un, disais-je, a été de dissiper l'illusion de ceux qui croyaient à une République honnête, modérée, athénienne, régnant au nom de la justice et de la liberté.

L'autre effet a été pour la génération actuelle de se demander : mais quels sont donc en réalité ces princes si violemment attaqués qui n'ont jamais paru dans rien qui pût effaroucher la République, qui, en 1848, à la tête d'une armée dont ils avaient partagé les dangers et la gloire, se sont soumis à ce qui paraissait être la volonté nationale et sont allés rejoindre le chef de la famille en exil ?

Et alors on a cherché. Et ce qu'on a trouvé, le voici :

Le roi Louis-Philippe, non content d'avoir fait élever ses fils dans les collèges de Paris avec leurs jeunes contemporains, de leur avoir fait subir les mêmes examens qu'aux enfants des bourgeois pour les écoles militaires, les envoie gagner leurs grades sur les champs de bataille, à Anvers et en Afrique. Et la reine Marie-Amélie, qui de ses cinq fils en voit toujours au moins un exposé au canon et à la mitraille, avoue cependant qu'elle a moins peur pour eux en les sachant combattant contre les Arabes que se promenant dans les rues de Paris où on tente huit fois d'assassiner leur père.

L'aîné, le duc d'Orléans, a fait ses études au collège Henri IV, à Paris. En 1832, lors de l'épouvantable invasion du choléra, il allait intrépidement visiter les hôpitaux. En 1833, il commande une brigade d'avant-garde au siège d'Anvers. En 1835, en Afrique, il est blessé au combat d'Habrah. En 1839, il retourne en Afrique, et, à la tête d'une division, franchit les

« Portes de Fer » réputées infranchissables. En 1840, ayant avec lui son jeune frère, le duc d'Aumale, il commande en personne la colonne d'attaque et prend Médéah.

Le duc de Nemours, second fils de Louis Philippe, fait, comme tous ses frères, ses études au collège Henri IV et accompagne son frère au siège d'Anvers. Son père refuse successivement les couronnes de Belgique et de Grèce qu'on lui offrait pour son second fils.

Le duc de Nemours va deux fois en Afrique, commande une brigade d'avant-garde au siège de Constantine. Le général Damrémont est tué entre le duc de Nemours et le général Rulhières, tandis qu'à quelques pas tombe le général Perregaut.

Le duc d'Aumale sort du collège Henri IV à dix-sept sept ans et va en Afrique. C'est lui qui prend la smala d'Abd-el-Kader, et plus tard Abd-el-Kader lui-même. Le rude Bugeaud, qui se connaisait en bravoure et en capacité et n'était pas flatteur, demande à être remplacé par lui comme gouverneur général.

Le duc d'Aumale écrit à son père une lettre qui lui fait autant d'honneur que ses faits d'armes. Le roi Louis-Philippe en était, je crois, à son sixième assassin, et Godefroy Cavaignac, père d'Eugène, était un des chefs de tous les complots contre la royauté de juillet.

« Je n'ai connu en Afrique, dit le duc d'Aumale dans cette lettre, hors Bedeau et Lamoricière, qu'un seul homme présentant l'ensemble des qualités de bravoure et d'intelligence qui conviennent á un gouverneur, c'est Eugène Cavaignac, colonel des zouaves. Cavaignac, très justement populaire dans l'armée, a une conduite parfaitement régulière et honorable ; il serait difficile de ne pas le nommer promptement maréchal de camp, il faut lui donner de bonne grâce des grades qu'il a gagnés. »

Voilà comment, en ce temps là, on comprenait l'armée, l'intérêt et l'honneur de la France.

Passons au prince de Joinville.

Lorsque l'amiral prince de Joinville fut envoyé en Afrique, la presse de l'opposition déclara que c'était « une vaine démonstration ». A l'entendre, le seul moyen de punir l'empereur du Maroc, c'était de bombarder Tanger. Mais on ne s'en aviserait pas, l'*Angleterre l'avait défendu*..... Sur ces entrefaites, on apprend la nouvelle de la prise de Tanger et de la victoire d'Isly. Les mêmes journaux changent aussitôt de langage : « La canonnade de Tanger est une démonstration sans importance, et sans résultats, un vain simulacre de force et de résolution. Tanger n'est plus qu'une ville inoffensive, mal défendue, sans importance. Ce qui serait glorieux, ce serait de bombarder Mogador, mais l'Angleterre ne le permet pas. » Et, pendant que les estimables carrés de papier pérorent sur ce nouveau thème, le prince de Joinville bombarde et prend Magador. Alors, MM. Foucher, Chambolle et autres sont, vous croyez, embarrassés ? pas du tout ;

Mogador n'est plus qu'une bicoque, et ils envoient un nouveau plan de campagne au maréchal Bugeaud et au prince de Joinville. Ils vont plus loin au sujet des drapeaux envoyés à Paris par l'armée d'Afrique. Eh quoi! s'écrie l'un, voilà donc ces drapeaux dont on fait tant de bruit! Ils sont tous déchirés! Eh quoi! dit l'autre, mais ils sont tout petits; ce sont de belles loques!

Il reste le cinquième et dernier fils de Louis-Philippe et de Marie-Amélie, le duc de Montpensier. A peine sorti du collège Henri IV, comme ses frères, il va comme eux en Afrique, et en 1844, prenant part aux combats contre Biskra, il reçoit une blessure.

On a vu en 1870 tous les princes d'Orléans demander en vain au gouvernement affublé du titre de gouvernement de la Défense nationale à venir prendre leur part des périls comme généraux ou comme soldats, Robert le Fort réussit, grâce à un faux nom, à se battre contre les Prussiens, le prince de Joinville est arrêté et expulsé par M. Ranc. Quand, en pareille situation, on prive la France d'un général qui a fait ses preuves, le moins qu'on puisse faire, c'est d'essayer de le remplacer personnellement devant l'ennemi; M. Ranc n'y pense même pas, et se tient à l'abri.

On comprend ce qu'il y avait d'habile et de perfide à la fois contre la prétendue République, au moment où elle est réduite à Farre, à Labordère, etc., où elle ne peut pas éviter de nommer ministre de la guerre un homme brave, il est vrai, mais dont la position, comme celle de la femme de César, exige qu'il ne soit même pas soupçonné, et il l'est au moment où aucun marin, aucun homme d'État honnête et sérieux ne consent à descendre au pouvoir et au ministère; on comprend combien c'était le vrai point de faire attaquer avec violence une famille de généraux français ayant tous fait noblement leurs preuves au service de la patrie, de demander qu'ils fussent dégradés et expulsés : le résultat était certain; rappeler à la nation et leur existence et les services rendus, et ceux qu'ils pourraient rendre, et démasquer la prétendue République et les soi-disant républicains.

M. Rochefort, moins corruptible que les uns, moins bête que les autres, les a avertis du piège, il a imité Laocoon qui veut empêcher les Troyens d'introduire dans leurs murs le fameux cheval de bois.

Arrêtez, s'écriait le grand prêtre, ce cheval est plein d'ennemis, c'est une machine qui détruira nos murailles :

> Aut hoc inclusi ligno occultantur Achivi,
> Aut hæc in nostros fabricata est machina muros.

L'Assemblée n'a pas plus écouté Rochefort que les Troyens Laocoon.

POST-SCRIPTUM

LES ACROBATES

C'est à dessein que j'ai laissé incomplète, l'autre jour, la liste des officiers français de terre et de mer que les soi-disant républicains voulaient expulser en les remplaçant par les citoyens Farre, Labordère, Freycinet, Comagny, Gougeard et Lagingeole; un hasard m'avait fait rencontrer un Américain qui occupe dans son pays une grande situation, M. Bennet, et il m'avait parlé du comte de Paris et de son frère le duc de Chartres dont il s'était trouvé le compagnon d'armes en Amérique, où les deux jeunes princes avaient été chercher une occasion qui leur avait manqué, à cause de leur âge, de gagner leurs éperons.

Je savais que M. Bennet, croisait avec son yacht *Namouna* dans nos parages, et j'espérais le rencontrer de nouveau et lui demander des détails plus circonstanciés. Le plaisir de revoir M. Bennet est ajourné et je vais en quelques lignes, écrire un post-scriptum à mon chapitre du *grand complot* des princes et de la trahison des 355.

P. S. — Les jeunes princes, me dit M. Bennet, ne cessèrent de montrer non-seulement une extrême bravoure, mais aussi une modestie, une affabilité, une bonne grâce incroyables; ils refusèrent toute distinction, tout avantage, toute « douceur »; ils voulurent coucher sous la tente, et sous la même tente que tous les autres; ils n'acceptèrent que « l'ordinaire » des autres officiers, et, s'apercevant qu'ils étaient les objets de certains ménagements, ils s'adressèrent au général qui commandait le corps d'armée et lui exprimèrent leur résolution formelle de partager entièrement, sans aucune exception, la vie et les dangers de leurs compagnons.

« Nous voulons absolument, dirent-ils, aller au feu à notre tour, aussi souvent et aussi avant que ceux qui y vont le plus. Notre nationalité, notre naissance, nos traditions nous en font une loi toujours respectée. Il ne peut convenir à des Français, à des officiers français, à des princes français qu'il en soit autrement. » Cela était dit si sincèrement, si résolûment, ajouta M. Bennet, qu'il fallut les contenter.

Résumé : ç'aurait été une grande perte, une grande

honte, un réel danger pour la France de se priver de cette pépinière de généraux, d'officiers et de soldats aussi éprouvés, si la République n'avait le moyen de s'en passer, possédant Labordère, Freycinet Farre, Comagny, Gougeard, Lagingeole. Oh! si elle n'avait pas Gougeard, Lagingeole, Comagny, Farre, Freycinet et Labordère!... mais... elle les a.

LES ACROBATES

Ces saltimbanques sont, à vrai dire, des danseurs de corde, mais quels danseurs de corde ! des émules de Blondin. Que dis-je, des émules ? Il s'agit bien de franchir le Niagara sur la corde raide... Ils ont annoncé qu'ils iraient de la monarchie à la république en passant au-dessus d'un gouffre sans fond sur une corde, avec et sans balancier, avec une brouette, comme Blondin, mais pas une brouette portant un simple et vulgaire comparse, une brouette dans laquelle ils espèrent décider la France à monter et à se faire pousser d'un bout à l'autre; et puis ce n'était pas un seul virtuose, un seul Blondin, c'étaient des centaines d'intrépides qui se faisaient inscrire pour tenter le passage.

On comprend la foule accourue de partout pour assister à cet attrayant et effrayant spectacle.

Des artistes célèbres, d'autres connus, quelques inconnus, mais pleins d'assurance, s'étaient réunis, pressés, entassés sur la plate-forme d'où on devait partir.

Rien ne manquait au spectacle, ni les « étoiles », ni les premiers rôles, ni les doublures, ni les débutants, ni les clowns, ni les comparses, ni les pitres.

On commença par tendre la corde. C'était une forte corde, un câble composé de cent brins tressés, nattés, etc., et ces brins ont chacun leur nom :

Le respect de la loi, la liberté, le désintéressement, le patriotisme, l'amour du travail, la simplicité, la pauvreté volontaire et honorée, la justice, la fraternité, la sincérité, l'abnégation, la tolérance, la croyance en Dieu, l'égalité, la suppression des gros traitements, la diminution des impôts, la vie à bon marché, la discipline, l'humilité, la sobriété, le respect de la propriété, etc.

Le tout rassemblé, tordu, tressé, natté, etc., formait un câble fort, solide et capable de supporter, sans se rompre, n'importe quel poids. La corde fut longtemps à se tendre. Tout le monde s'y mit, depuis les premiers sujets jusqu'aux clowns et aux pitres; quelques spectateurs même, qui n'étaient nullement de l'affaire et n'avaient aucun intérêt à ce que l'opération réussît, vinrent assez sottement et ridiculement s'atteler à la corde avec les saltimbanques. L'opération terminée, la corde jugée suffisamment raide, on vit réunis sur la plate-forme les virtuoses qui allaient faire assaut d'audace, d'équilibre et de sang-froid. Arlequin avec son habit de toutes les couleurs, loques prises à tous les drapeaux qu'il avait suivis; Mangin, le casque en tête, ne voulant pour balancier qu'un crayon de chaque main ; Cassandre, en gilet à la Robespierre ; Giandua, le polichinelle génois, et Pulcinella, le polichinelle de Naples ; Floquet, l'ennemi des rois ; Pyrgopolinice de Plaute, le destructeur de citadelles ; Pierrot, Ferry, Devès, Scapin, Tartuffe en carmagnole et en bonnet rouge, Freycinet, Blondin fils, Louise Michel, Triste-à-patte, Judas Iscariotte, Cattiaux, Marcou, Tirard, Brisson, Fabre et tant d'autres, et des comparses habillés en Robespierre, en Fouquier-Tinville, en Marat, en Couthon, en Collot-d'Herbois, en père Duchêne, etc.

Le public commençait à trouver les préparatifs un peu longs ; mais il murmura quand il s'aperçut que les comparses tendaient frauduleusement un filet au-dessous de la corde, pendant que les clowns s'efforçaient par des culbutes, des cabrioles et des lazzi, de faire patienter et de distraire l'assemblée.

Or, ce genre de spectacle, sauts, cordes, ballons, ménageries, etc., consiste en ceci : le saltimbanque ou l'artiste montre le danger auquel il va s'exposer et parie dix sous ou dix francs contre chaque spectateur qu'il ne se tuera pas ; les spectateurs parient qu'il se tuera et mettent au jeu la somme convenue, lui met la vie, mais le public se blase assez promptement, et si le même danseur de corde, ou aéronaute, ou dompteur de bêtes féroces, gagne plusieurs parties de suite, le public ne veut plus jouer et reste chez lui. Il faut donc que « l'artiste » rende des points au public en augmentant la somme des dangers auxquels il

7.

s'expose. Donc le public murmure en voyant le filet tendu pour recevoir ceux qui tomberaient : c'est tricher, c'est filer la carte. On le calme en lui faisant remarquer que ce filet ne s'étend pas sur tout le parcours, qu'il s'arrête à l'endroit le plus dangereux, au commencement du gouffre, par la raison bien simple et qu'on ne dit pas que ceux qui le tendent ne pensent pas un instant à aller plus loin.

Naturellement, on ne commence pas par les « étoiles », par les premiers sujets, par les illustres, ceux qui jouent ce qu'on appelle le lever du rideau. Le premier est un clown, déguisé en père Duchêne; il saute allègrement sur la corde en jurant des b... et des f... et l'éprouve du pied pour voir si elle est assez tendue et assez élastique. Il n'en est pas content. C'est b... ment mou; f... moi une corde mieux tendue que ça. Les comparses tirent et s'efforcent de tendre encore le câble. On sait que tous les danseurs de corde ont l'habitude de se faire mettre du blanc d'Espagne sous les pieds ainsi que sur la corde pour diminuer les chances de glisser. Le public voit avec plaisir une innovation. Ce qu'on met sous les pieds du père Duchêne et ce qu'on étend sur la corde est du « blanc » d'Espagne teint de rouge, couleur du vin, du feu et du sang.

On applaudit par trois fois. L'artiste recommence en jurant à se plaindre que la corde n'est pas assez tendue, assez raide. Nouveaux efforts des pîtres et des hommes de peine. Il l'essaye encore du pied et dit : C'est bien ! et en redescend tranquillement. Le public rit de bon cœur. Quelques autres des casse-cous succèdent au père Duchesne, font seulement quelques pas et tombent dans le filet, on les siffle. Ah ! voici Louise Michel. Elle est vêtue d'un jupon extrêmement court, tout couvert de paillettes. Elle s'avance résolûment, mais s'arrête non moins résolûment à l'endroit où est le filet. Là elle lève tantôt la jambe gauche, tantôt la jambe droite, avec une telle crânerie, avec une telle désinvolture, avec un tel abandon, avec une telle franchise que le très peu de jupon se relève froissé jusqu'à la ceinture et n'est plus qu'un étroit ruban. Les uns applaudissent, les autres sifflent; elle se retourne et revient à la plate-forme avec des mines aussi intrépides qu'elle en était partie.

Freycinet, Mangin, Ferry et plusieurs autres tombent après quelques pas ou sautent volontairement dans le filet, si bien qu'un peu plus tard ils peuvent rentrer en scène et remonter sur la corde.

Mais on applaudit, on acclame : c'est le premier sujet Gianduia, le polichinelle génois ; on est un peu désappointé de lui voir prendre un long balancier. Il s'avance lentement mais assez sûrement sur la corde, grâce à ce balancier qu'il fait pencher tantôt à droite, tantôt à gauche, selon qu'il craint de tomber du côté opposé. En politique ça s'appelle de l'opportunisme. Le public n'est pas content, ce balancier le contrarie; mais voici Gianduia qui dépasse un peu le filet et qui marche au-dessus du gouffre : on l'applaudit violemment, on crie : Bravo. Il franchira ! il ne franchira pas ! Mais le *blanc* d'Espagne *rouge* — vin, feu et sang — est plus glissant que celui dont se servaient les anciens acrobates. Gianduia a moins d'aplomb, moins d'assurance ; le balancier passe plus fréquemment de droite à gauche et de gauche à droite. Cependant il fait encore quelques pas ; il ne veut pas traverser, mais seulement aller plus loin que les autres. Mais ses compagnons, ses complices s'indignent et s'effrayent et s'occupent à scier la corde, brin à brin : ils ne veulent pas qu'il aille plus loin qu'eux, ils savent bien qu'ils ne traverseront pas non plus ; mais du côté où ils sont, ils expulseront, ils emprisonneront, au besoin ils guillotineront, ne fût-ce que pour se trouver et se maintenir en majorité. Ils dresseront ensuite un poteau sur lequel ils écriront République, et ils diront : Ce n'est pas la peine d'aller à la République, puisque la République vient à nous. Le public le prendra comme il voudra, mais ils sont décidés à ne pas rendre l'argent.

Ils ont scié déjà plusieurs brins du câble : la liberté, le désintéressement, l'amour de la patrie, la justice, etc. ; la corde moins grosse est pour cela seul moins tendue ; elle cède un peu sous le poids de Gianduia. Son balancier s'agite, s'abaisse, s'élève convulsivement, mais sa vue se trouble, ses jambes flageollent, il est pris de vertige, chancelle, tombe et disparaît dans le gouffre.

Mais bientôt la représentation continue, d'autres artistes se succèdent sur la corde, tous regrettent non pas leur compagnon qui les opprimait, mais son balancier tombé et disparut avec lui ; tous tombent ou sautent avant de quitter le filet.

On annonce cependant que le plus fort, le plus beau du spectacle ne va pas tarder à paraître : la France portée sur une brouette, les uns disent par Brisson ou Sganarelle, les autres par Ferry, d'autres disent par Clémenceau, ou par Joffrin, ou Freycinet, ou Mangin, ou Labordère, ou Fabre, ou Marcou ; la France franchissant le gouffre et parvenant sur l'autre rive, la France, ça n'est pas la France, elle est représentée par un gros monsieur chauve, vêtu d'une jupe et d'un casaquin tricolore, avec une cocarde à son bonnet, de coton rouge ; tous ceux qui briguent la gloire de le porter sur la brouette lui font des agaceries et des mines, tandis que les autres continuent à scier, à couper la corde brin à brin. M. Grévy, car c'est lui qui représente la France, tantôt hésite, tantôt promet, tantôt refuse, il fait remarquer qu'il est gros et pesant, que le câble qui n'était qu'étroit devient à chaque instant plus mince et moins solide ; on insiste, on le prie, on le menace, il a comme une idée que les uns veulent le jeter dans le trou, et que les autres y tomberont avec lui sans le faire exprès.

Enfin, il prend une résolution, et il dit aux candidats : Passez d'abord, touchez terre à l'autre extrémité de la corde, et celui qui le premier ne sera pas tombé et reviendra encore sans tomber me chercher ici, celui-là me portera.

Plusieurs reculent, certains veulent couper le câble tout à fait et brûler l'écriteau : « République ». Pourquoi passer sur cette corde ? pourquoi aller là-bas ? On est très bien ici ; en démolissant, en brûlant un peu, en expropriant, en expulsant, on déblayera et on fera de la place pour nous et pour notre République.

Cependant Duclerc s'aventure ; mais à peine a-t-il fait quelques pas, qu'il perd l'équilibre et tombe si malheureusement, que, quoique dans le filet, il se casse quelque chose. Fallières lui succède, mais il ne s'était jamais vu si haut, il fait trois pas, la tête lui tourne, il tombe et on l'emporte sans connaissance. Au moment où nous sommes, la représentation continue ; les acrobates hésitent, la plupart refusent de tenter l'aventure, le public s'impatiente, commence à siffler, et va bientôt réclamer son argent.

TÊTES DE PAVOT

Si j'étais à Paris, ce dont Dieu me garde, et à même d'examiner de près les divers individus qui composent le parti ou les partis soi-disant républicains, ça m'amuserait de les prendre un à un, de tenir compte des intérêts, des prétentions, des antécédents, des cupidités, du caractère, du tempérament de chacun, et de voir combien petit serait le nombre de ceux qui ont ressenti de la mort de M. Gambetta une douleur égale à celle qui les aurait frappés s'il était subitement revenu à la vie : car le nombre est également peu élevé de ceux qui se rendent justice et savent reconnaître leurs qualités de zéros ne comptant que derrière un chiffre, en rendant cependant ce chiffre puissant, fût-ce le moindre des chiffres, disons le numéro 1.

Tandis qu' « une partie du parti soi-disant républicain » s'évertuait à rendre des hommages plus ou moins hypocrites au mort, il leur était réservé de lui en rendre un, involontaire, mais sincère et éclatant, bien autrement que les funérailles royales et l'empressement à appeler toutes les rues, non plus seulement de Paris et de Nice, mais de toute la France, rue Gambetta, ce qui, au commencement, sera un peu embarrassant pour les facteurs de la poste aux lettres.

Le numéro 1 disparu, on n'a plus vu que des zéros alignés, et encore n'ont-ils pas conservé leur alignement, qui leur donnait comme un air de colonnes de chiffres, pendant vingt-quatre heures, chacun d'eux s'essoufflant à se glisser devant les autres, pensant prendre la place du numéro 1 et passer chiffre. Mais que le second, le troisième, le dixième zéro soit devant ou derrière, quel que soit le nombre des zéros et quels que soient l'ordre et le rang qu'ils prennent, ça forme toujours inexorablement le même total, à savoir: zéro. Il est amusant de voir quelques-uns s'essayant à s'adapter une queue postiche qui donnerait de loin au 0 l'aspect d'un 9.

On essaye toutes les combinaisons :

Ferry, Freycinet, Brisson, Bert, Clémenceau, Floquet ;

Clémenceau, Bert, Floquet, Brisson, Freycinet, Ferry ;

Freycinet, Ferry, Bert, Clémenceau, Floquet, Brisson ;

Brisson, Clémenceau, Ferry, Floquet, Bert ;

Floquet, Bert, Brisson, Ferry, Clémenceau, Freycinet.

Ajoutez si vous voulez, pour augmenter les combinaisons : Dusollier, Marion, Jules Roche, Rouvier et Duportal.

Toujours le même total : rien du tout — zéro.

Cela rappelle Rossini qu'on trouva un jour à son piano sur le pupitre duquel était de la musique de Wagner, mais le cahier, placé à l'envers, et présentant les lignes sans dessus dessous.

On lui fit remarquer ce qu'on prenait pour une distraction. « Non, dit-il, je le fais exprès; j'ai essayé de l'autre manière, et je n'y ai rien compris, j'essaye de celle-ci pour voir si j'y trouverai de la musique. »

Je ne sais s'il y a un fabuliste à l'Académie. A la vérité, je ne sais pas, à mon grand regret, et je ne suis pas le seul, les quarante noms des quarante académiciens; de même que j'ignore, mais avec intention, ce qui est différent, parce que j'ai une assez bonne mémoire et ne voudrais pas l'encombrer de pareilles misères, les noms des gens qui, depuis douze ans, occupent les ministères et les grandes et petites « dignités ». Je dis simplement un académicien ou un ministre.

Ressemblant en cela à ce très ancien pope russe qui, dans je ne sais plus quelle Russie récemment ajoutée aux autres Russies, baptisa, bon gré, mal gré, toute une horde de Cosaques, je crois : il les fit tous descendre nus dans la rivière, hommes, femmes et enfants, au nombre de 600, prononça les prières d'usage, et finit par ces mots : les mâles s'appelleront Jean et les femelles Jeanne, Ivan et Ivanovna.

S'il y a un fabuliste, je lui donne un assez joli sujet de fable, et ce sujet, le voici :

Il y avait une fois un berger fils de berger et père de berger. Ce berger avait un troupeau; ce troupeau, il le menait paître dans des pâturages choisis, sous la garde de gros et braves molosses. Les moutons, comme les peuples, ont besoin d'être conduits, parce qu'ils s'aventurent au bord des précipices sans être avertis par un sentiment de vertige protecteur et providentiel.

Le berger dut s'absenter; ses molosses voulurent le suivre, et le troupeau resta sous la garde d'un jeune chien d'une espèce inférieure, quelque peu ce qu'on appelle mâtinée, mais, à un certain point, suffisant dans un pays où les gros molosses avaient tué à peu près tous les loups, et où ceux qui restaient étaient devenus respectueux.

Au commencement, comme il y avait des habitudes, des traditions, ça alla passablement. Le jeune mâtin plaisait aux moutons, auxquels il permettait ce qui était sévèrement défendu par le berger et les molosses; à savoir : donner, en passant, un coup de dents à droite et à gauche à même les blés et les orges; et puis il leur promettait de les mener un jour dans des champs d'herbe bleue ayant le parfum des truffes. Mais bientôt les moutons devinrent gourmands, et voulurent entrer à même les moissons et manifestèrent un goût violent pour les vrilles et les pampres aigrelets de la vigne.

Le jeune mâtin les laissa pénétrer un peu plus avant, parce que pendant ce temps-là, livré aux délices de l'herbe défendue, les moutons ne s'apercevaient pas qu'il disparaissait de temps en temps un agneau, dont le jeune mâtin faisait la nuit de savoureuses lippées.

Un loup plus affamé ou plus aventureux surprit une nuit le jeune chien qui s'était écarté en emportant son souper, et mangea le chien et le souper.

Le lendemain, stupéfaction, plus de chien! Les moutons se réjouirent, parce que depuis quelques jours le jeune mâtin essayait de borner et de rationner leur goinfrerie, il pensait au retour probable du berger, à sa propre responsabilité et aux coups déjà éprouvés de la houlette; il leur parlait de ne plus manger que le bord des blés et des vignes, et, comme on ne l'écoutait pas, il avait essayé de mordiller quelques jarrets.

Donc les moutons bêlèrent une sorte de *Marseillaise*, se ruèrent à même les vignes, le blé et l'orge, sautant et gambadant à l'envi.

Mais, comme le soleil baissait à l'horizon, il leur vint comme une inquiétude, ils se rapprochèrent les uns des autres; deux ou trois moutons plus hardis, plus ambitieux, leur dirent : Auriez-vous peur? et de quoi? Les loups n'oseraient attaquer des moutons libre-paissant, et en république ; d'ailleurs, nous vous servirons de chiens, vous laissant faire tout ce que vous voudrez, vous conduisant à l'herbe bleue à odeur de truffes, que le dernier tyran vous promettait en vain, et nous vous protègerons contre les loups ; qu'ils montrent leur nez, nous leur ferons montrer leur queue.

Et les orateurs s'exercèrent à bêler ouap, ouap, pour imiter les aboiements du chien.

Mais la nuit devenait plus obscure ; les moutons se pressèrent les uns contre les autres en tremblant, les orateurs leur dirent d'une voix mal assurée : Ne craignez rien, nous sommes là ; mais bientôt, comme il faisait tout à fait nuit, on entendit un bruit dans la grande herbe ; ce bruit se rapprochait ; à la vérité, c'était un lièvre qui profitait de la nuit pour dîner en sûreté et prendre ses ébats, et qui serait aussi effrayé qu'étonné d'avoir fait peur à quelqu'un.

Les moutons, épouvantés, tremblants, affolés, tantôt se serrent, se pressent en tas à s'étouffer, tantôt courent au hasard à travers champs, collines, ravins et fondrières.

Quant aux orateurs, ils criaient de leur vraie voix : Au loup ! au loup ! au secours ! et couraient plus fort que les autres, tous regrettant, implorant non plus le petit mâtin, mais le berger et ses molosses.

Moralité :

Finissons comme finissait Ésope : Cette fable prouve que... ὅ μυθος δηλοι οτι... prouve que ce que je disais plus haut est tout à fait exact.

Un papier blanc collé sur un mur par un homme sans popularité, sans appui, sans aucun moyen d'action, a effarouché, terrifié, anéanti, affolé le troupeau, les faux chiens, en proie à toutes les peurs, et même à ce degré de peur qui rend les moutons, comme les hommes, fous, imbéciles, enragés et très méchants.

Il est à remarquer que nos pseudo-républicains, quand ils veulent chercher des exemples et des modèles, se gardent bien de les emprunter aux vrais républicains, à Caton, à Horatius Coclès, à Mucius Scœvola, à Fabius : patriotisme, simplicité, dévouement, austérité, pauvreté volontaire, etc., mais aux tyrans qui ont opprimé les peuples sous divers titres, sans dédaigner même les exemples et les armes du dernier Empire, qui était plus fantaisiste que tyrannique, et auquel on n'a guère à reprocher, mais sévèrement, que son commencement et sa fin.

Les lettrés d'entre eux se rappellent avoir lu que Tarquin le Superbe, voulant faire comprendre à son fils un ordre qu'il ne voulait pas donner verbalement au messager, abattit avec sa canne les plus hautes têtes de pavots du jardin où il se promenait, et lui dit : « Rapportez à mon fils ce que vous m'avez vu faire. » Et le fils se défit des plus puissants citoyens des Gabiens, et ici nous rentrons dans notre titre, dont nous n'étions sortis qu'en apparence.

Les moutons enragés ont commencé par emprisonner et menacent de proscrire le lièvre qui leur a fait peur en leur faisant croire qu'il était un loup.

Puis le ridicule Floquet a émis le conseil de se défaire de tous ceux qui pouvaient les effrayer, les humilier par la comparaison, — et le nombre en est grand — car en ce moment on pourrait leur appliquer ce vers de Racine parodié :

Je crains tout, cher Abner, et n'ai pas d'autre crainte.

Abattre les têtes des plus hauts pavots ! mais leur petits bras sont trop courts, et ils s'occupent de trouver des bâtons assez longs à la fois pour y atteindre et, en même temps, se tenir à une respectueuse et prudente distance.

Floquet qu'on a appelé jusqu'ici Floquet le grotesque et qu'on appellera désormais Floquet le superbe, a donc commencé par proposer de proscrire tous les membres des familles ayant régné sur la France, c'est-à-dire rappelant des époques de prospérité et de gloire. Puis chacun ensuite ferait la petite liste de suspects et de gêneurs. Déjà on a accusé les princes d'Orléans de séduire l'armée et la magistrature par « leur bonne grâce »; cette accusation s'est produite en pleine Chambre des représentants. O France ! tu es bien mal ou bien faussement représentée par ce mensonge grossier du suffrage dit universel, puisqu'un éclat de rire formidable n'a pas ébranlé les voûtes de l'édifice, et fait crever de rire les portes et les fenêtres.

Ainsi on proscrira tous ceux qui ont meilleure grâce et sont mieux élevés que Floquet le superbe.

On enlèvera leurs grades dans l'armée à tous ceux qui sont plus habiles stratèges et plus braves que Freycinet.

On chassera ceux qui parlent mieux que Duportal et Jules Roche.

Tous ceux dont les favoris de garçon de café seront plus longs que ceux de M. Ferry.

M. Grévy réclamera l'exil de Slosson qui est étranger, et de Vignaux qui sera assimilé à l'étranger Slosson, lesquels jouent mieux au billard que lui.

M. Rochefort a pris peur et s'est prononcé vivement contre la proposition Floquet, parce qu'il voit bien, lui, qu'on arriverait à renvoyer à Noukahiva tous ceux qui ont plus d'esprit que ledit Floquet, que Bert, que Ferry, et *tutti quanti*.

On supprimera les journaux qui auront plus d'abonnés et de lecteurs que les journaux rouges.

Louise Michel exigera l'expulsion des femmes plus jolies, plus sensées, plus réservées, plus décentes qu'elle.

L'avocat Laguerre — le nouveau venu, l'avocat *aggravant* des anarchistes de Montceau et de Lyon — qui cherche son Baudin, et sacrifie si facilement, selon d'illustres exemples, le succès de sa cause au succès de sa plaidoirie, dénoncera tous ceux qui ont un vrai talent et une légitime popularité.

On proscrira donc la gloire militaire, la renommée

littéraire, la réputation de probité, la distinction, « la bonne grâce », la bienfaisance, la générosité, la vraie éloquence, la bravoure, etc., et aussi l'histoire et le bon sens, et la logique, toutes choses qui ne peuvent que nuire à la prétendue République.

Et on continuera l'éviction toujours en descendant jusqu'à ce qu'il ne reste plus qu'un cercle de badauds autour d'une douzaine de charlatans ou d'escamoteurs et de pitres.

Je viens de parler des anarchistes de Montceau-les-Mines et de Lyon, et j'ai trois choses à dire à ce sujet :

La première, c'est qu'un certain nombre des condamnés m'inspirent une vraie pitié, parce que ce sont des dupes, parce que je ne vois auprès d'eux, sur le banc des accusés où figure si justement le Russe Kropotkine, aucun des empoisonneurs publics, avocats de bec et de plume, en y comprenant l'homme aux simili-gendres, qui rendent les ouvriers complètement fous au bénéfice de leur ambition, de leur vanité et de leur avidité.

L'assurance, l'arrogance même de quelques-uns de ces pauvres diables sont dues en grande partie à la demande qu'a faite et obtenue, de la faiblesse du ministère public, leur avocat aggravant, qu'on leur donnât à lire les journaux qui racontent chaque jour la séance du tribunal : ils se voient loués, encouragés, flattés, glorifiés ; on reproduit leurs réponses, on vante leur attitude, leur courage, leur éloquence de la veille, et naturellement ils posent pour donner des prétextes à l'ovation du lendemin, ovation bien creuse et dérisoire, qui coûte bien cher aux pauvres dupes et à leurs familles.

La seconde chose que j'ai à dire, c'est que les pleutres et les farceurs qui sont censés nous gouverner ont moins peur du pétrole, de la dynamite et des couteaux, qui ne menacent, croient-ils, que les autres, et auxquels ils croient à tort échapper, que de la « bonne grâce » si criminelle des princes.

En effet, en même temps que, à Lyon, on condamne les anarchistes, — quelques coquins et pas mal de dupes, qui n'ont fait que mettre en pratique des théories préconisées par ceux qui les emprisonnent aujourd'hui, — on permet à cette vieille harpie de Louise Michel de donner, dans cette même ville de Lyon, des « conférences » où elle tricote des discours absurdes, mais incendiaires, où elle glorifie et encourage les condamnés, professe et préconise hautement les doctrines qui les font condamner, et fait appel à la violence et à la guerre civile.

Je comprends, je l'ai déjà dit, la répugnance qu'on éprouverait à la fouetter publiquement, comme on fit pour la belle Théroigne de Méricourt; mais ne devrait-elle pas depuis longtemps être occupée à tricoter des bas entre quatre murs?

La troisième chose que j'ai à dire est que cette pétroleuse, qui aspire au progrès et à passer à la dynamite, annonce audacieusement que dans ses conférences on fera des quêtes au bénéfice des familles des condamnés. Il y a, je crois, une loi qui défend ce genre de souscription, mais loi bien inutile, car on sait combien sont peu productives ces quêtes dans les assemblées politiques rouges, — quand encore le produit en arrive à destination, ce qui n'a pas toujours lieu.

Mais ici je m'adresse à nos maîtres du moment.

Je ne vous aime pas, mais j'aime la justice, l'humanité et leurs devoirs à la fois sévères et doux.

Eh bien, dans une circonstance semblable, pendant que des chefs de famille, pour la plupart surtout, expient leur aveuglement et le crime de ceux qui les ont poussés et se tiennent à l'abri, le devoir rigoureux d'un gouvernement est de prendre la charge des femmes et des enfants des condamnés, de pourvoir à leurs besoins, surtout en leur donnant du travail, et, par une éducation pas trop laïque, les préserver de tomber plus tard dans les pièges et dans les précipices où sont tombés leurs pères.

Je finis en répétant le conseil que j'ai déjà donné aux chefs d'usines et de manufactures, d'inscrire dans leurs ateliers, bien en vue, cette phrase du vrai républicain Franklin :

« Tout homme qui vous dit que vous pouvez devenir riches autrement que par le travail et l'économie est un coquin qui veut vous exploiter. »

Inscription qui devait être ordonnée dans tous les

locaux qu'on loue pour les réunions publiques et privées.

Voilà à peu près tout ce que j'avais à dire sur ce sujet.

CANCANS, POTINS ET RAMAGES

LE PARFAIT CANDIDAT

Il y a bien longtemps déjà que je ne lis plus ni une profession de foi, ni une proclamation, ni un programme, ni un discours de ministre, ni une « lettre » de prétendant, etc., ni rien de ce qui se dit ou s'écrit ou se promet au public jobard.

Tout dernièrement, un journal a relevé les votes de cent cinquante députés environ, qui tous, dans leur profession de foi, leurs ramages ou leurs papiers à leurs électeurs, avaient annoncé, et tous à peu près avec les mêmes phrases et les mêmes mots, que, « s'ils étaient élus, ils montreraient un dévouement sans bornes aux intérêts de l'agriculture ».

Est arrivé le vote sur la « conversion », c'est-à-dire

sur l'argent subtilisé aux petits rentiers. Quelques membres de l'Assemblée avaient proposé de consacrer cet argent au dégrèvement de l'agriculture. Eh bien, de ces cent cinquante « Triptolème » et amis des champs — cent ont voté contre l'agriculture et cinquante se sont abstenus.

C'est que le candidat récite un programme tout fait que l'on pourrait ajouter au « secrétaire des amants, au modèle des lettres adressées à une maîtresse, à un amant, à des parents, à des amis, protecteurs », etc.

Ce programme du candidat est toujours le même, il le récite comme un perroquet qui a peur et qui débite tous les mots qu'il sait, ou comme une petite fille dont un vieux curé m'a raconté autrefois l'histoire.

Elle était à l'âge de la première communion, quelque chose comme onze ans, et devait aller pour la première fois à confesse. On l'avait très prêchée sur la nécessité de ne dissimuler aucun péché, de « dire tout » au confesseur, et de scruter et fouiller sa conscience et sa mémoire pour ne rien oublier; elle entra au confessionnal, récita un *Confiteor* jusqu'au moment où on doit dire : Mon père, je m'accuse... et réciter la liste de ses péchés. Elle commença ainsi : Mon père, je m'accuse d'être gourmande et d'avoir volé des confitures; je mens quelquefois; je..., etc. Le prêtre, tout à coup, dressa l'oreille, la petite pénitente venait d'avouer un péché non seulement très gros, mais dont, vu son âge, elle ne devait même pas savoir le nom. A ce péché succéda la confession de « désobéissance et

8.

de paresse; mais après la désobéissance et la paresse, elle s'accusa d'adultère et de meurtre. Le curé l'arrêta et lui demanda ce qu'elle entendait par ces paroles; alors elle lui expliqua qu'elle avait trouvé dans un livre, sous le nom de « Examen de conscience », une longue liste de crimes et péchés qu'elle avait copiée, pour être certaine de n'en oublier aucun. — Et, ajouta-t-elle, je ne suis pas la seule — trois de mes compagnes auxquelles j'ai communiqué cette liste l'ont, comme moi, copiée tout entière.

C'est ainsi que procèdent — en temps de suffrage dit universel — les candidats à n'importe quoi. Ils promettent les plus grandes et les plus magnifiques dépenses et en même temps la plus stricte économie, ainsi que la diminution des impôts, la liberté absolue et la plus exacte soumission aux lois, l'indépendance du représentant et son activité pour solliciter les croix et les bureaux de tabac, aux vignerons la destruction du phylloxéra et des grappes dont parle la Bible faisant la charge de deux hommes, aux jardiniers la rose bleue, aux ouvriers la diminution du travail, l'augmentation du salaire. Que dis-je? plus de salaire, la distribution du « capital ».

Un « parfait candidat », c'était Clément Laurier; je l'ai vu venir dans le Var, au commencement de mon séjour à Saint-Raphaël; il s'était fait donner une carte spéciale du département, avec indications précises sur les endroits où il devait faire des discours. Draguignan, Toulon, Brignoles, etc., étaient teintées de diverses couleurs ; telle ville était teintée d'écarlate, feu et sang ; telle autre n'avait que la couleur rouge, mais mêlée de bleuâtre, comme le vin ; celle-ci était d'un violet où il entrait plus de bleu que de rouge ; celle-là à peine rose, pour signifier que la majorité était légitimiste, émaillée de quelques rares soi-disant républicains, quelques fraises écrasées dans une jatte de lait, etc. ; et Clément Laurier allait faire dans chaque ville, avec une égale faconde, un discours exactement de la couleur et de la nuance indiquées.

Il se fit amener chez moi. On l'avait, je ne sais ni pourquoi ni comment, trompé, en lui disant que je pouvais exercer quelque influence sur les élections. C'était encore sous l'empire. Je le désabusai en lui disant que je ne me mêlais en rien de la politique de ce temps-là. Et, comme on m'avait dit qu'il avait beaucoup d'esprit, je crus pouvoir m'expliquer franchement.

Et si je m'occupais des élections, lui dis-je, puisque vous avez eu la bonté de me dire que vous lisez ce que j'écris, vous ne pouvez ignorer que, pour beaucoup de raisons que j'ai plus d'une fois exprimées, je suis opiniâtrement opposé à l'immixtion des avocats dans le gouvernement du pays. Si bien que, invité par une jeune femme à remplir à mon tour une page de ces albums, alors à la mode, renfermant un certain nombre de questions sur les goûts, les sentiments, les appréciations, etc., à celle-ci : Quel est l'arbre que vous aimez le mieux? j'ai répondu : Le second arbre dans mes préférences est le châtaignier. Mais le premier est l'arbre aux branches duquel on pendra le dernier des avocats politiques.

Je n'ai plus revu Clément Laurier.

ÇA LUI A ÉCHAPPÉ

A la séance où on a voté contre l'agriculture, M. Clémenceau a eu un accès de naïveté auquel on aurait pu ne pas s'attendre. Interrompant un orateur qui parlait en faveur de l'agriculture, il s'est écrié : *Les ruraux!*

Les ruraux, c'est la dénomination sous laquelle on désignait, en essayant de la rendre injurieuse, les habitants des campagnes et les agriculteurs, lorsque fut nommée en 1871 une Chambre qui, si elle eût eu de l'énergie, eût put rendre un immense service à la France.

Les ruraux! c'est avouer que ces 25 millions d'hommes, les agriculteurs, les paysans, c est-à-dire le pays dont on néglige et dédaigne si injustement et si bêtement les intérêts, avaient conservé quelque bon sens dans l'affolement de la France et qu'on ne leur pardonne pas.

LE PROGRÈS. — QUELQUES HOMMES POLITIQUES

Derrière Saint-Raphaël, et sur une colline assez élevée, on voit de loin deux vieux cyprès auxquels les habitants du pays qui les ont toujours vus grands et très vieux attribuent un âge de plus de trois cents ans. Le cyprès a de tout temps été vénéré ; on considérait son bois comme incorruptible. Horace désire que ses vers soient enfermés dans un coffre de bois de cyprès :

Speramus carmina servanda cupresso.

Les portes de Saint-Pierre de Rome faites de ce bois durèrent, dit-on, près de 1,200 ans, et elles ne furent enlevées que pour être remplacées par des portes d'airain.

Le cyprès, dans les cimetières, représente l'immortalité par sa durée indéfinie et son feuillage toujours vert, et l'aspiration au ciel par son élévation et sa forme.

Auprès des deux vieux cyprès de Saint-Raphaël est une chapelle qui ne peut pas être moins vieille qu'eux, car ils ont, on le voit, été plantés des deux côtés de la porte. Cette chapelle, consacrée à Notre-Dame, n'est guère fréquentée ; on y va une fois par an, quelquefois deux, lorsque quelques marins échappés au naufrage vont y apprendre un *ex-voto*, un petit tableau, ou le portrait de leur navire. Aucun autre ornement ne décore la chapelle ; ni or, ni argent. Or, une de ces nuits dernières, on s'est introduit dans la chapelle, on a coupé le cou à une statue de la Vierge et on a écrasé la tête de l'enfant Jésus, puis on a brisé tous ceux des *ex-voto* que leur hauteur a permis d'atteindre.

Il est évident que le vol n'a pas été le but des jolis messieurs qui ont accompli ce haut fait : il n'y avait absolument rien à prendre. Ce sont nécessairement des hommes politiques, des truands et des fripouilles, disciples des citoyens Ferry, Cattiaux, Tristapatte, Jules Roche, Bert et autres grands hommes; ils ont voulu mettre en pratique les principes de l'instruction laïque et obligatoire. Si on les prend (les cherche-t-on?) je les recommande au jury. Mais quel est l'organe du ministère public qui osera requérir contre eux comme ils le méritent; toutefois s'ils tombent entre les mains de nos pêcheurs, et si ceux-ci les jettent à la mer avec une pierre au col, je déclare que je ne m'y opposerai pas : des destructeurs bêtes et insolents, il en restera toujours assez. Ces immondes crapules sont précisément ce qu'étaient nos maîtres avant d'être juchés au pouvoir par l'imbécillité publique. Ceux-ci ne font que prêcher et conseiller; mais s'ils n'ont pu pratiquer, c'est qu'alors ils n'avaient pas le gouvernement comme complice.

EN ATTENDANT LA FIN DU MONDE

Du reste, au milieu d'une armée de terrassiers et de maçons occupés à Saint-Raphaël en ce moment, on remarquait depuis quelque temps quelques individus, habillés avec une sorte de coquetterie ridicule, buvant, mangeant, fumant, faisant les beaux parleurs, mais ne travaillant jamais, — signes auxquels on avait reconnu des « travailleurs ».

En attendant la fin du monde, qui sera bientôt peut

être pour le souverain Maître la seule façon d'en finir avec les sociétés actuelles en délire et l'humanité enragée, il est évident que le régiment dont j'ai fait partie est fort engagé et que c'est sur lui que l'on tire. Il vient d'en tomber tout un rang. Le bon, l'excellent Sandeau, le moins bon Veuillot, dont je ne dirai rien aujourd'hui, ayant dit de son vivant, et « parlant à sa personne » tout ce que j'avais à en dire, Louis Viardot et Michel Masson, — ce dernier avait été mon compagnon d'armes au *Figaro* en 1829. — Je me souviens de deux lignes de lui qui firent beaucoup d'effet en 1830, au moins autant que la fameuse ligne des *Débats* :

« Malheureux roi! malheureuse France! »

Je ne sais ce qu'on payait la ligne au *Journal des Débats*. Mais je sais qu'on la payait un sou au *Figaro*, à Jules Janin, à Léon Gozlan, à Vaulabelle, à Blanqui l'économiste, à Romieu, à Sandeau, à madame Sand, à Michel Masson et à votre serviteur. Les deux lignes de Masson lui rapportèrent donc dix centimes et contribuèrent peut-être beaucoup à la chute de la branche aînée.

« Il n'y a, disait-il, qu'une réponse à un coup d'État, c'est des tas de coups. »

Michel Masson avait été ouvrier éventailliste avec Raymond Brücker; ils firent en 1831 un roman en collaboration : *les Intimes* sous le nom de Michel Raymond, on a lu avec intérêt les *Contes de l'atelier*, souvenirs du commencement de sa vie; puis il s'était consacré au drame du boulevard. Michel Masson devait avoir 86 ou 87 ans. Raymond Brücker avait gardé pour lui le pseudonyme *Michel Raymond*, comme madame du Devant celui de *Sand*.

Quant au sénateur Elzéar Pin, il avait été mon élève au collège Bourbon, où j'étais, en 1829, professeur suppléant, et à la pension Labbé.

En 1852, lorsque je me retirai à Nice, alors ville italienne, après le coup d'État, j'y retrouvai Pin député expulsé, et je le voyais beaucoup chez moi. C'était un esprit et un caractère doux et bienveillants, il faisait facilement d'assez jolis petits vers et ne dédaignait pas la fable.

J'avais repris mon rôle de professeur et commencé à lui donner le goût des jardins, et il s'était fait bâtir, à Nice, une petite maison dans un assez grand terrain planté d'oliviers et d'orangers, lorsque l'amnistie le rendit à sa ville de Gap et à la vie politique, où il ne jouait aucun rôle personnel, mais faisait honnêtement, loyalement, sincèrement, naïvement et sans malice partie d'un groupe certainement plus avancé qu'il ne l'eut été marchant seul.

IL Y AVAIT UNE SOTTISE A FAIRE

En face de Saint-Raphaël et à trois heures de chemin en canot, par un vent favorable, est située, au fond d'une baie, la ville de Saint-Tropez.

Comme Saint-Raphaël, Saint-Tropez a son histoire, et une histoire des plus accidentées. Détruite deux fois par les Sarrasins et rebâtie, elle brava et repoussa, en 1456, les attaques des Maures, et en 1592 celles du duc de Savoie; en 1813 les marins de Saint-Tropez se défendirent avec succès contre une petite escadre anglaise. Aujourd'hui c'est une paisible bourgade de pêcheurs, et, quant à la terre, qui y est fertile, on y récolte de très bon vin.

De même que les habitants de Fréjus célébraient l'autre jour par une « bravade » bruyante le souvenir de la peste dont les délivra, dit-on, saint François, Saint-Tropez célèbre tous les ans, le 17 mai, l'anniversaire de je ne sais pas bien quelle victoire contre des envahisseurs. Cette solennité est des plus en crédit ; il faut qu'un marin de Saint-Tropez soit bien éloigné pour ne pas venir y assister. Il faut plus que du mauvais temps pour empêcher d'y rentrer, la veille de la fête, les pêcheurs qui vont tendre leurs filets et leurs palangres à d'assez grandes distances.

Dès l'année précédente, on a élu par acclamation le « capitaine de ville » ; c'est ordinairement un habitant notable et riche qui doit « défrayer » et montrer une certaine magnificence ; on a désigné également le « gros major » qui a le commandement des troupes.

La veille de la fête, le « capitaine de ville » va chercher en grande pompe, à la mairie, la pique qui y est conservée et est l'emblème de sa dignité ; on va également chercher les deux « saint Tropez », l'un, l'ancien, le vrai, le seul vraiment révéré, est une vieille figure de bois trouvée à la mer, il y a bien longtemps, et consacrée par les prières, les vœux, la vénération de bien des générations ; l'autre a été donnée par un jeune curé ; c'est une figure peinte et dorée avec un certain luxe, mais qui n'est que tolérée et est considérée comme un saint douteux, un intrus et un parvenu. Ce n'est pas le sculpteur, dit un ancien, qui d'un bloc de marbre fait un Dieu, c'est la première femme qui s'agenouille devant la statue et murmure une prière.

Toute la ville et beaucoup de gens attirés par la solennité de la fête prennent part à la procession ; les uns sont habillés en Sarrasins, en Mamelucks, en

Espagnols, etc., et tous très proprement. Dans chaque maison sont conservés et entretenus avec soin deux tromblons, qui ne sortent que le jour de Saint-Tropez. De là un terrible bruit de mousqueterie qu'on entend distinctement de Saint-Raphaël. Chaque tireur est suivi d'un enfant, qui porte et charge un second mousquet, pour qu'on puisse tirer sans intervalle et sans trop échauffer les armes.

La fête est terminée par une procession à la vieille chapelle de Sainte-Anne, située en haut d'une colline sur un plateau couvert de magnifiques pins-parasols et d'antiques cyprès. Là a lieu un joyeux banquet. La chapelle est tapissée d'ex-voto offerts par des marins sauvés d'un péril.

Non seulement cette fête est une honnête distraction et une grande joie pour la population, mais encore un produit d'une certaine importance pour le petit commerce local, à cause de l'affluence qu'elle attire.

C'est alors que le « Gouvernement » a découvert qu'il y avait une sottise à faire : le maire de Saint-Tropez, à l'instigation de la préfecture du Var, a annoncé que toutes processions seraient désormais interdites, y compris celle de la fête de Saint-Tropez ; on répondit à cette déclaration par une indignation qui alla jusqu'au tumulte, le préfet envoya son secrétaire général. Est-ce le préfet qui s'en va ? est-ce le préfet qui arrive ? Car le Var en change aussi souvent que tout autre chef-lieu. Peu importe, j'ai annoncé déjà que depuis longtemps je n'encombre pas ma mémoire des noms des fonctionnaires trop variés de la prétendue République.

Le secrétaire général se montra bon prince. Il proposa un accommodement. Il maintenait sévèrement la prohibition des processions, mais permettrait, au moins pour cette fois, celle de Saint-Tropex.

Cette transaction a été repoussée à l'unanimité; la population exige le maintien de toutes les fêtes et de toutes les processions, et a décidé de ne pas célébrer celle de Saint-Tropez si on ne cède à ses réclamations; et en même temps tout le conseil municipal a donné sa démission. Il est peu probable que les élections qui s'ensuivront amènent des choix bien favorables à la République.

Cette opiniâtre et imbécile persécution de l'Église, des pratiques et des coutumes religieuses, ne peut avoir pour résultat que de hâter l'agonie de la République.

Un gouvernement qui serait un gouvernement et qui serait intelligent, protègerait, au contraire, et provoquerait les fêtes communales. Une des causes qui tendent à dépeupler les campagnes et à encombrer dangereusement les villes est l'attrait de certains plaisirs, de certains amusements qu'offrent celles-ci. Des fêtes honnêtement joyeuses donneraient aux populations des champs la somme de gaieté et de distraction nécessaires à la santé du corps et de l'esprit : et l'idée religieuse qui préside à la plupart de ces fêtes, souvent remontant à d'antiques légendes, contribue à peu près toujours à en faire des plaisirs sains et honnêtes.

Et, ignorants, bélîtres que vous êtes, quand vous aurez détruit le sentiment religieux, par quoi le remplacerez-vous ?

Nous voyons aujourd'hui les soi-disant libres penseurs dont l'incrédulité n'est fondée ni sur des études, ni sur des méditations, mais seulement sur une ridicule et folle vanité, s'imposer sévèrement, on pourrait dire religieusement, les dogmes et les rites de l'irréligion; par exemple, on a vu plus d'une fois M. Gambetta et ses amis, obligés par quelques raisons de convenance, ou d'amitié, ou de servilisme, d'assister à une cérémonie funèbre ou à un mariage ; à la porte de l'église, ils se détachent des autres assistants, et restent dehors à attendre la fin du service, sous le porche ou sur la place, à fumer qui un cigare, qui une pipe, croyant montrer beaucoup de courage et beaucoup d'esprit. En quoi ils se trompent lourdement et ne font voir qu'une vanité bête et impertinente et un mauvais cœur, et ayant l'air de dire aux gens qui entrent à l'église : Nous sommes des hommes éclairés, savants, très supérieurs à vous autres; nous bravons le Dieu que vous venez prier ; il n'y a pas de Dieu.

Notez que si ces gens étaient aussi certains qu'ils le disent qu'il n'y a pas de Dieu, ils ne songeraient pas à le braver en à s'en faire une gloire, il entreraient à l'église sans plus de scrupule qu'au cabaret. Ils ne chantent si haut que parce qu'il leur reste un peu de peur.

Quant au mauvais cœur, quel est le plus magnifique résultat qu'ils puissent obtenir? Que les gens qui sont dans l'église, que les gens qui pleurent un ami ou un parent mort se disent : « Ces messieurs qui sont dehors, des avocats, des médecins, des « sa-« vants » pensent que nos prières sont inutiles, qu'il n'y a pas un Dieu père tout-puissant qui puisse les entendre et les exaucer. Nous pensions qu'elles accompagnaient avec notre amour notre père, notre ami, notre enfant, notre époux, jusqu'au trône du juge souverain et qu'elles contribuaient à lui assurer une vie éternelle et bien heureuse. Eh bien! il paraît que nous nous trompions. De même, cette jeune fille et son fiancé qui viennent jurer de s'aimer toujours, et qui sont heureux de consacrer leur union par la prière, c'est une mômerie, le Dieu qu'ils prennent à témoin et qu'ils conjurent de les bénir n'existe pas. Nos prières ne servent de rien ni à ceux qui sortent de la vie, ni à ceux qui y entrent. »

Et il se fait dans les esprits et dans les âmes comme un sentiment de triste et effrayant isolement, semblable à celui qu'éprouvent des enfants abandonnés dans les bois par leurs parents.

Si un homme venait dire : Je n'ai pas de père, je suis né de moi-même, je me suis créé moi-même, on hausserait dédaigneusement les épaules; et un

Bert, un Cattiaux, un Jules Roche et une foule d'imbéciles à la suite disent qu'il n'y a pas de Dieu, que les mondes, la terre, les mers, les forêts se sont créés eux-mêmes; quelques-uns font une concession et disent : ce n'est pas Dieu, c'est « la nature », c'est « le hasard » qui a tout fait. C'est alors un grand Dieu que le hasard, une souveraine et adorable puissance que la nature. Appelez Dieu hasard, appelez-le nature, comme on l'a appelé ζευς, ou Jéhovah, ou Jupiter, peu importe; mais ne soyez pas assez bêtes pour nier l'existence d'un créateur.

Dernièrement, dans un club, un disciple de Bert, Ferry, Bobèche et Cattiaux, disait : Il n'y a pas de Dieu, il n'y a que l'homme; puis, un peu après, il proclamait l'excellence du « travailleur »; il n'y a que l'homme, et dans l'homme il n'y a que l'ouvrier, et comme l'orateur était délégué des menuisiers alors en grève, il laissait percer qu'entre les ouvriers les menuisiers tenaient le premier rang, et entre les menuisiers, non pas les feignants qui continuaient à travailler, mais les menuisiers en grève, les travailleurs qui ne travaillent pas, et entre les menusisiers en grève celui dont leurs suffrages avaient constaté la supériorité, en le proclamant leurs délégués, lui seul était Dieu.

Et en effet on peut croire quelquefois qu'ils s'adorent entre eux, que Cattiaux adore Ferry, que Ferry adorait Gambetta; c'est une erreur, chacun est son propre Dieu, pas trop propre. Que Bert adore Bert, que Ferry adore Ferry, mais qu'ils n'exigent pas que nous les adorions et nous laissent porter ailleurs nos hommages et adresser nos prières.

Certains savants doux et philosophes, qui veulent bien croire à l'existence d'un Être suprême, pensent que Dieu est trop grand pour s'occuper des menus détails et des individus, qu'il ne veille qu'aux grandes lignes et aux espèces. Qu'en sait-on? Pourquoi ne le trouverait-on pas encore plus grand en admettant, comme une secte indienne, qu'il sait le compte de nos cheveux, ou, comme le disent les mahométans : Dieu voit la fourmi qui marche sur un marbre noir et entend le bruit de ses pas.

Mais revenons à Saint-Tropez, ou plutôt aux marins.

J'ai eu le bonheur de passer la plus grande partie de mes jours au milieu de ces hommes si forts, si intrépides, si dévoués. Et le plus grand et le plus avouable orgueil de ma vie a été la première fois que j'ai été compté pour un homme sur les bateaux de pêche de mes amis les bons géants d'Étretat, et que le capitaine a dit : Jean Fournel, malade, peut rester à terre, M. Alphonse vient avec nous.

Quel aurait été, avant l'avènement de nos soi-disant républicains au pouvoir, l'être assez absurde, assez méchant, assez bête pour essayer de leur enlever des croyances auxquelles ils doivent en partie leur intrépidité, leur confiance, leur dévouement souvent héroïque ?

Quand le navire ou le bateau, en pleine mer ou sur les écueils, est le jouet du vent et des flots, quand chaque instant peut le faire sombrer ou le mettre en pièces, quand tous les hommes de la terre réunissant leurs efforts ne peuvent rien pour sauver les marins, est-ce Paul Bert, est-ce Ferry, est-ce Cattiaux ou Jules Roche, ou Galimafré, qu'ils invoqueront?

Une seule fois, je me suis trouvé avec eux dans cette situation. C'était la nuit, il vint un moment où le capitaine suspendit tout commandement de manœuvre, et d'une voix qui, un moment, domina la tempête : « Enfants, dit-il, c'est le moment de prier Dieu et la Sainte-Vierge »; il ôta son bonnet de laine, nous fîmes tous comme lui; la prière consista en peu de mots : « Dieu tout-puissant, bonne Sainte-Vierge, ayez pitié de nous. »

Puis il remit son bonnet, et dit : « Maintenant, aux avirons », et le lendemain matin nous étions échoués en sécurité sur le galet d'Étretat, entre la porte d'amont et la porte d'aval.

Et quand, à la Coudraie, au repos du soir, ces vieux marins disaient : « Nous ne savions plus que faire. Nous étions perdus. La prière nous a sauvés. »

Qui aurait pu, qui aurait voulu diminuer leur confiance? Et les plus incrédules ne sont-ils pas forcés d'avouer que, en tout cas, et pour le moins, cette confiance avait inspiré une nouvelle vigueur à nos bras fatigués?

9.

Il vint une année où beaucoup de bateaux d'Étretat périrent à la mer, corps et biens, c'est-à-dire qu'on ne revit jamais ni les embarcations ni les marins. Cette année-là, je fis parmi mes amis une souscription pour les veuves et les orphelins, à laquelle voulurent prendre part le roi Louis-Philippe et tous ses enfants.

Un prêtre, fils d'un pêcheur, jeune alors, qui plus tard devint un antiquaire distingué, l'abbé Cochet, vint à Étretat et monta en chaire dans l'église pleine d'enfants et de femmes en deuil : « Mes chers parents, dit-il, mes chers amis, je reviens à notre Étretat pleurer et prier avec vous pour nos chers morts, car cette année la mer a été le cimetière de la paroisse », etc.

A la suite de cette prédication, on acheta un grand crucifix et un Christ, et on alla en procession le planter sur la falaise ; il était porté sur les robustes épaules des deux frères Jean et Pierre Coquain, d'un Vatinel, d'un Valin ; j'aurais voulu voir là, un Bert, un Ferry, un Cattiaux, un Jules Roche se permettre une mine ironique ; un de ces géants l'eût pris entre le pouce et l'index, et mis sous le pied, et écrasé comme une punaise.

Il y eut un moment d'hésitation sur la place à choisir, mais un des marins s'écria : « Enfants, face à la mer, qu'il nous voie ! » Et eux aussi, depuis, le voient et le regardent en quittant la terre et leur famille, et le voient encore en rentrant au pays — espérance et actions de grâces.

Otez-leur donc cela, mauvaises et immondes bêtes que vous êtes !

Dans une des visites que je fis à Étretat, assez longtemps après mon premier séjour de 1833, mes amis les pêcheurs m'invitèrent à être parrain d'un bateau neuf. Comme nous entrions dans l'église et prenions nos places, un d'eux me dit :

— Vous souvenez-vous du *Cantique des Pêcheurs?*

— Si je m'en souviens, lui dis-je, je demande à le chanter. Et d'une voix qui résonna franchement dans la vieille petite église, j'entonnai :

> Claire étoile de la mer,
> Sauvez-nous dans le danger;
> Soyez notre ancre maîtresse,
> Si l'ancre vient à chasser, etc.

Tous reprirent en chœur, et jamais ils ne m'ont tant aimé que ce jour-là, ces bons et chers amis et compagnons d'une des époques de ma vie que je me rappelle avec le plus de bonheur.

Il y avait pour nos grotesques maîtres une nouvelle sottise à faire ; elle est faite.

LA GUERRE

DES FOURCHETTES EN DÉLIRE

Politique, principes, écoles, sectes, ou républicains, démocrates, opportunistes, babouvistes, collectivistes, égalitaires, possibilistes, intransigeants, anarchistes, nihilistes, athéistes, etc., tout ça des bêtises et des masques. Heureux, écrivait le prince de Ligne en 1794, le temps où on ne connaissait en *istes* que les ébénistes. Toutes ces dénominations ne désignent en réalité que divers régiments d'une même armée, comme la troupe de ligne, l'infanterie, la cavalerie, l'artillerie, les chasseurs, les hussards, les dragons, les cuirassiers. La guerre n'est pas entre le peuple et les « bourgeois » et les « riches, » elle est aujourd'hui rentre les affamés et les repus, et les bourgeois et les riches sont la proie qu'on se dispute et qu'on s'arrache par lambeaux. C'est la guerre des fourchettes.

Et les affamés ne sont plus affamés de pain, ils sont affamés de ce que leur ont promis tant de fois, vie sans travail, dindes truffées, château-yquem, champagne, robes de soie, etc., les ex-affamés, affamés alors comme eux, aujourd'hui repus, autrefois racoleurs et chefs de l'armée à laquelle ils disaient dans leurs proclamations : Ah ! mes enfants, quel festin, quelle bombance, quelle ripaille ! préparez fourchettes, croisez fourchettes, amorcez fourchettes ; et qui aujourd'hui veulent la licencier et la renvoyer dans « ses foyers », pour ceux qui en ont, ou leurs « repaires », comme dit maître Gambetta, au « chenil », « à c'te paille », comme disent les autres repus, menaçant de coups de fouet ceux qui veulent que la chasse se termine correctement par la curée.

Mais ça n'est plus ça. Ce coup, ce « truc », comme on dit aujourd'hui, qui réussit périodiquement depuis bientôt un siècle, me semble à peu près manqué. A crier et à mâcher à vide, les dents de la meute se sont allongées, et aussi les fourchettes qui sont devenues des fourches. Voilà, messieurs les avocats de bec et de plume, douze ans, disent les nihilistes, athéistes, possibilistes, etc., que vous mangez du bourgeois et du riche à bouche que veux-tu, et vous ne nous jetez que des os complètement rongés, ratissés et nettoyés, et vous nous dites « à c'te niche, à c'te paille » ; nous voulons qu'on exécute cette fois le programme, le « boniment » et l'affiche. Nous voulons manger du bourgeois et du riche, et surtout vous, qui êtes devenus les bourgeois et les riches et êtes aujourd'hui gras et appétissants.

Maître Gambetta voit qu'il est au moins temps de faire le coup que M. Thiers avait imité de ses prédécesseurs, les soi-disant amis du peuple. Jeter la nuit des pierres dans les vitres, les mettre en pièces, et, le lendemain matin, une hotte sur le dos, parcourir les rues en criant de sa voix aigre et térébrante : « V'là vtrrrrier! verre de bohême! mastic supérieur! »

Vous voyez, voudrait dire l'avocat génois aux bourgeois affolés, les menaces de cette armée dont je suis le chef et qui n'obéira plus qu'à moi. Partagez avec moi tout ce qu'on veut, tout ce qu'on va vous prendre, et j'arrête les assaillants, et je les renvoie à leurs « repaires ».

Mais j'estime qu'il est trop tard; maître Gambetta n'est plus assez leur chef et leur maître pour pouvoir les trahir utilement. Comme Actéon, pour avoir vu Marianne toute nue, de chasseur il est devenu gibier, et, comme lui, il sera dévoré par ses propres chiens. Les cornes lui poussent, *cornua cervi*, ainsi que le raconte Ovide, qui donne la liste des anciens complices de l'avocat génois, aujourd'hui prêts à le dévorer. Je n'ai pas besoin d'énumérer les noms assez connus de ceux qu'Ovide, le *vates*, le voyant, désigne par des noms de molosses :

« Mélampe et le subtil Ichnobate donnent les premiers le signal par leurs abois, *latratu signa dedere*. A leur suite, s'élancent Pamphagus, Dorcée,

Oribase, tous trois de l'Arcadie, le vigoureux Hebrophon et le féroce Théron, avec Lelaps, Harpale, Lachné au poil hérissé, Hélacton à la voix perçante. Il voudrait leur dire : Je suis Actéon, votre maître ; mais la voix lui manque, *verba animo desunt.* »

Agriode (Freycinet) lui fait la première blessure ; la dent d'Oresitrophe s'attache à son épaule, *Oresitrophos hærit in armo,* etc.

C'est qu'il y a trop longtemps qu'on excite les appétits, les fringales, les boulimies de la foule, la faim canine, qu'on lui peint les joies, les bombances, les ripailles des seigneurs et des nobles en 1793, des bourgeois aujourd'hui, et surtout des riches, en 1793 comme aujourd'hui. Il n'est plus temps d'ordonner à l'armée de mettre la fourchette au repos et de s'en laisser désarmer en lui disant d'une bouche pleine : Retournez au pain sec et aux oignons crus, ça se mange avec les doigts ; il n'y a pas besoin de fourchette.

Pour ne pas remonter plus haut que le temps où nous vivons, se rappelle-t-on un malfaiteur qui eut un moment de célébrité sous le gouvernement de juillet, le vicomte de Cormenin ? Cet homme instruit, auteur d'ouvrages de droit d'une certaine valeur, ayant le bagout qu'on appelle trop facilement de l'esprit, s'était fait créer vicomte par la Restauration. Cette noblesse sans ancienneté, sans illustration, ne lui donnant pas de rang dans la classe où il avait cru monter, il était justement assez « noble » pour faire croire aux « gens du parti populaire » qu'il lui sacrifiait quelque chose ; il publiait des pamphlets pastiches de Paul-Louis Courier, auxquels les journaux du parti faisaient un succès de « claque » ; ces pamphlets, publiés d'abord en une première édition chère, ensuite pour quelques sous, disaient au peuple :

« Le budget est un livre qui pétrit les larmes et les sueurs du peuple pour en tirer de l'or. » (Textuel, *Almanach populaire*, 1840).

« Un livre qui chamarre d'or et de soie les manteaux des ministres, qui nourrit leurs coursiers fringants, et tapisse de coussins soyeux leurs boudoirs. »

C'était du temps où Casimir Perier se montrait longtemps avec le même habit noir boutonné, Laffitte en habit bleu à boutons de cuivre, M. Schneider avec une redingote vert russe, etc.

« Ah! disais-je à cette époque, qui a vu le « boudoir » de M. Perier, et les « coursiers fringants » de M. Duchâtel — deux bêtes percheronnes communes à faire peur ?

» M. de Cormenin sait bien que les ministres n'ont pas qu'habits chamarrés d'or et de soie, qu'ils n'ont pas de « boudoirs ». Que signifie alors sa phrase ? A-t-elle pour but de faire croire que, dans son incorruptibilité sauvage, il n'a jamais vu ni ministres ni ministères ? — Pardon, monsieur, vous avez au moins vu ceux de la Restauration, quand vous leur demandiez avec tant d'instances qu'on érigeât en vicomté certain pigeonnier qui vous appartenait, et les ministres de la

Restauration n'avaient pas non plus d'habits chamarrés d'or et de soie. »

Ce qu'il y a de pire et de plus dangereux, c'est d'inventer pour des classes nécessairement plus ou moins ignorantes des noms qui ont l'air honnête pour des vices et des actions criminelles. — Ainsi, aujourd'hui vous voyez suivre avec ardeur un drapeau sur lequel sont inscrits ces mots : « Revendication du capital », des ouvriers braves gens qui reculeraient effrayés et indignés si on leur proposait de s'associer à un vol : voler, c'est affreux, déshonorant ; revendiquer, c'est différent ; aussi certains revendiquent sans scrupule des montres et des porte-monnaie.

Grâce aux mensonges que lui servent quotidiennement certains orateurs et certains journaux, grâce aussi à la vanité de beaucoup de gens, le « peuple » se figure que les « riches » et les bourgeois sont bien plus heureux et bien plus riches qu'ils ne le sont.

Il croit surtout qu'il y a énormément plus de riches qu'il n'y en a.

Posons d'abord pour principe qu'il n'y a pas eu, du moins qu'il n'y a plus de riches en France et qu'il ne peut plus y en avoir depuis la suppression du droit d'aînesse, qui avait beaucoup de tristes inconvénients, mais conservait les fortunes dans les familles.

En effet, aujourd'hui supposez un homme ayant 25,000 francs de rente et quatre enfants ; chacun de ces enfants aura peu de chose pendant la vie des parents, et, à leur mort, 6,250 francs de revenu ; chacun des quatre enfants de ceux-ci héritera de 1,562 francs par an ; à la cinquième génération chaque membre de cette famille « riche » possédera 24 francs 41 centimes de rente, et à la quatorzième, 5 centimes à dépenser par an.

Donc, dès la seconde, ou au plus tard à la troisième génération, il a fallu que les membres de cette famille « riche » soient revenus au travail prendre rang parmi les ouvriers d'une classe quelconque ;

En supposant que cette fortune soit conservée, maintenue et qu'il se trouve dans ces quatorze générations ni un prodigue, ni un joueur, ni un volé.

Ce qui entretient cette erreur sur le nombre des riches et sur leur richesse, c'est que, grâce à la vanité, à « l'égalité des dépenses » ou du moins à l'apparence de cette égalité, chacun se déguise en quelqu'un de beaucoup plus riche qu'il n'est. Dubois et Durand se sont appelés du Bois et du Ran, et disent : « notre monde ». Le « peuple » ne sait pas combien de travail ingrat, d'anxiétés, de combats, de misères poignantes coûte cette mascarade à ceux qui s'y consacrent. On voit l'endroit des beaux habits, on n'en voit pas l'envers et la doublure. Combien de belles robes sur pas de chemises ! Combien de ventres creux et murmurants sous des gilets à la mode et en cœur, dont les tristes porteurs ayant dîné à dix-sept sous, ou grignoté clandestinement sur les quais un petit pain et un cervelas, ou pas dîné du tout, vont se promener et se faire voir devant un restaurant à la mode avec un curedent qui n'a aucune besogne à faire entre des dents sans ouvrage depuis la veille !

Pour ne citer qu'une classe de ces indigents qui s'efforcent de se donner l'air riche, parlons de ces pauvres diables qui, ayant épuisé leur famille de paysans à faire de coûteuses études pour les professions dites libérales, ont échoué aux examens, ou même, ayant réussi aux examens, échouent à la clientèle, et qui, devenus messieurs, incapables par leur énervement anémique, leurs habitudes nouvelles, les appétits acquis, de retourner aux champs, sont condamnés à perpétuité à la « capitale », à l'habit, au chapeau et au « monsieurat » si exigeant.

.

Parlons d'autre chose :
Un homme qui vient de franchir d'un saut le fameux mur de la vie privée et en est sorti avec fanfare, c'est M. Reclus. Cet homme savant, distingué, ayant acquis précédemment une certaine notoriété par des ouvrages estimables, a eu, depuis longtemps déjà, la spéculation de s'attirer une renommée plus bruyante en se proclamant démocrate. Il avait obtenu un grade dans l'armée démocratique, où ne sont pas communs ceux qui, par leur patrimoine ou d'utiles travaux, jouissent d'une certaine aisance; mais la concurrence est devenue menaçante et même victorieuse depuis qu'une partie de la « bourgeoisie », adoptant le rêve bête

d'une « république modérée, athénienne et aimable », s'est rangée à la suite des farceurs qui la proclament. M. Reclus, dont je ne parlerais pas s'il n'avait lui-même, par une lettre imprimée, donné à ses derniers actes toute la publicité possible et ne s'était fait « *reporter* de soi-même », M. Reclus a vu son grade dans l'armée démocratique perdu, son rôle effacé, et il a mélancoliquement « entendu le silence » sur son nom. Il a imaginé, pour réveiller l'attention, d'attacher quelques grelots au bonnet rouge et de les faire sonner en exécutant quelque chose d'énorme, de nouveau surtout. Nous avions le baptême civil, l'enterrement civil, le mariage civil : il a inventé le mariage pas même civil, l'union non-seulement sans prêtre, mais encore sans magistrat et sans loi ; à la vérité, ça existait déjà, mais ça ne s'appelait pas mariage.

C'est, je n'hésite pas à le dire, une grande simplification et une grande facilité. On évite les délais, les calomnies, les cancans, potins et lettres anonymes qui font avorter tant de projets d'union, les bans publiés, la production de papiers constatant que vous n'êtes pas déjà marié, l'affichage dans les boîtes grillées de la mairie qui avertit les dames de la halle de vous porter un bouquet, et vos créanciers de flairer une dot et d'en réclamer leur part, etc. A table, le soir, un monsieur, dit au père de famille : « Votre vin blanc m'a émoustillé, je trouve votre fille Agathe très gentille, je l'emmènerais volontiers. — Comment donc, répond le père de famille, mais ça va de soi-même. Allez

« dans la plénitude de votre liberté. » (Textuel.)

Cela simplifie ainsi beaucoup la question du divorce et coupe bien rase l'herbe sous le pied à M. Naquet, apôtre du divorce et de la dynamite, qui désapprouve cette seconde institution qu'il a prêchée jadis, depuis qu'il est à peu près arrivé. En effet, pour le divorce, quand l'un des deux conjoints a assez de l'autre, madame ou monsieur, un beau matin, dans la « plénitude de sa liberté », sort et ne rentre pas, et peut, dans cette même plénitude qui n'est peut-être pas la seule pour madame, se remarier le soir même à une autre personne.

Les avantages exposés, je demanderai à M. Reclus la permission de lui exposer certains inconvénients auxquels je veux croire qu'il n'a pas pensé, dussé-je être traité par lui d'« immonde », comme il appelle ceux qui se sont montrés scandalisés, ou au moins étonnés de l'innovation.

Ses filles se sont « mariées » dans la plénitude de leur volonté « elles sont dans la vérité, comme le dit M. Reclus dans sa lettre adressée à un journal, en demandant la sanction de leur conduite, non aux articles du Code, mais à leur conscience : à elles en revient l'honneur. » (Textuel.)

Je le veux bien, mais tout cela n'empêchera pas neuf sur dix des femmes de leur connaissance, ennemies, ou indifférentes, ou amies, de se croire plus mariées qu'elles, et ne les pas croire mariées du tout. Ça n'empêchera pas leur portier de dire d'elles : C'est des femmes qui vivent chacune avec un homme.

Et qu'elles soient citées seulement en témoignage devant la justice, par le ministère public, par le président des assises, elles ne seront pas madame A*** ou madame B***, mais mademoiselle Reclus, dite femme A*** ou femme B***. Ce n'est encore rien, ce que je vais dire est plus grave et constitue un acte d'étourderie criminelle.

Les filles de M. Reclus, « dans la plénitude de leur volonté », auront des enfants et probablement s'occuperont d'en avoir.

Quel sera le sort de ces enfants? Comment échapperont-ils au Code civil et au Code pénal, dont M. Reclus fait si peu de cas? Comment empêcheront-ils des *collatéraux*, auxquels il est d'usage d'accoler l'épithète « avides », de leur disputer, de leur enlever l'héritage de leurs parents et de les laisser sans pain et sur la paille?

Selon le Code — et ses décisions seraient au besoin appuyées par la gendarmerie — les enfants dont les parents ne sont pas mariés au moins civilement, sont des enfants « naturels ». Or, voici ce que dit le Code à ce sujet :

Chap. IV. — 756. « Les enfants naturels ne sont pas héritiers. La loi ne leur accorde de droits sur les biens de leur père et mère décédés que lorsqu'ils ont été légalement reconnus. »

Or il y aurait une grande et puérile inconséquence à obéir au Code en « reconnaissant *légalement* » des enfants issus d'un mariage pour lequel on a refusé d'admettre ses décisions.

Mais supposez que dans la plénitude d'une liberté modifiée et ayant un peu moins de plénitude, on se soit humblement soumis à reconnaître les enfants : ils n'ont droit, selon les circonstances, qu'au tiers ou à la moitié de ce qui leur reviendrait de l'héritage de leurs parents, si ceux-ci étaient légalement mariés. (Même chapitre, art. 257.) Le cas où ils auraient les trois quarts ou la totalité est tout à fait rare et peu présumable.

Il me semble que cette considération doit suffire aux filles de M. Reclus et à ceux qui les ont emmenées de chez leur père, s'ils ont autant de cœur et d'entrailles que de pleine liberté, pour rendre à M. Reclus sa bénédiction insuffisante et pour contracter, après coup, un mariage légal et sérieux.

La même considération doit suffire à M. Reclus, pour peu qu'il ait pour deux liards d'entrailles de grand'père, et je peux lui attester qu'elles sont fort sensibles, pour qu'il découse le grelot de son bonnet rouge, ou plutôt, le jette avec les sonnettes par la fenêtre. Il y aura encore quelqu'un pour le ramasser. Cependant il ne faudrait pas trop attendre, car la République commence furieusement à n'être plus à la mode.

Après quoi, M. Reclus se remettra à écrire de ces estimables livres qui avaient fait sa notoriété et pourront peut-être le porter plus haut.

BONS CONSEILS

Parmi les nombreux *agavé* de diverses espèces qui s'élèvent sous mes fenêtres pêle-mêle avec des palmiers, il en est un qui a fleuri ces jours derniers.

L'*agavé*, que beaucoup de personnes appellent improprement *aloès* et confondent avec l'aloès, a été l'objet d'une légende que l'on retrouve encore dans un certain nombre d'ouvrages; il ne fleurit que tous les cent ans, disait-on, et la fleur en s'ouvrant fait entendre une explosion semblable à celle d'une arme à feu, puis aussitôt il meurt.

La vérité est qu'il fleurit aussitôt qu'il est arrivé à un certain point de grosseur et de maturité, et que son épanouissement ne produit aucun bruit; mais la légende a raison en cela qu'il meurt presque aussitôt.

Il faut ajouter que déjà, depuis assez longtemps, la plante est entourée d'une multitude de jeunes rejetons, sortis de sa souche. Quand il va fleurir, du centre de la plante, de ses longues et larges et épaisses feuilles armées de redoutables épines, s'élance sous la forme d'une énorme asperge, et croît encore plus vite que l'asperge, une tige qui en quelques jours atteint une hauteur de vingt, vingt-cinq et trente pieds; là, le bourgeon terminal se divise et montre une multitude de petites fleurs d'un jaune verdâtre et sale, qui exsudent une sorte de liqueur, laquelle attire un nombre infini de mouches de toutes sortes.

J'avais déjà été frappé d'une similitude de cette plante, de sa façon de croître, de sa floraison qui étonne en portant si haut son insignifiant et insipide épanouissement, de sa disparition aussi prompte que sa croissance, et de ses nombreux rejetons qui, trop serrés, trop pressés, s'étouffant les uns les autres, ne permettent souvent à pas un seul d'arriver à l'état adulte, avec l'apparition des champignons politiques qui s'élèvent presque subitement sur les fumiers et les détritus de la civilisation, et, malheureusement pas seulement tous les cent ans, montent avec une si étrange rapidité, s'épanouissent inutilement et laidement au seul bénéfice d'insectes inutiles et incommodes, et disparaissent comme ils sont venus.

Cette fois, cette similitude m'a frappé plus vivement, coïncidant avec la disparition de M. Gambetta, aussi subite, aussi incompréhensible que son élévation, et je regarde le tas confus de rejetons sortant de la souche, se pressant, s'étouffant, se disputant le terrain à la place qu'il occupait.

10

Au moment où j'écris, le parti grouille et s'agite pour se défaire de tout ce qu'il y a en France d'élevé, de grand, de noble, de juste, d'honnête, de brave, et qui le gêne, ne fût-ce que par la comparaison.

Et je constaterai aujourd'hui une fois de plus que nos soi-disant républicains ont les mêmes appétits, les mêmes voracités que leurs maîtres et modèles de 1793, mais qu'ils n'ont pas le « tempérament » du rôle où ils se font siffler.

Exemple :

Ils veulent expulser les descendants et les familles de tous ceux qui ont régné sur la France, ainsi que tous les prétendants, ou pouvant plus tard devenir prétendants. Eh! les ignares! ils ne pensent qu'aux princes d'Orléans et aux Bonapartes et encore ils en oublient, car ils ne parlent pas des Walewski, ni de la descendance probable d'un certain comte Léon, ni d'un Bonaparte Wyse, qui, pour le moment, se contente d'être félibre, ni de madame de Solms, etc. ; mais les princes d'Orléans et les Bonaparte sont les moindres des prétendants et leur expulsion ne vous sauvera pas. Il faut nécessairement expulser de France non seulement tous ceux qui ont régné en France, mais tous ceux qui y ont exercé le pouvoir à n'importe quel titre et à quel degré, et leurs descendants. Il faut expulser mademoiselle Dosne et la nièce de Lamartine, le fils de Cavaignac, et Emmanuel Arago et son frère, Alfred, fils du grand Arago, membre du gouvernement en 1848, et le bon vieux Sénard, et Albert « ouvrier », et le docteur Trélat, et bien d'autres.

Puis tous ceux qui aujourd'hui tombent du pouvoir et qui s'efforcent d'y regrimper. Par exemple, M. Grévy, aussitôt sa magistrature expirée, et dès à présent, ses deux frères et son gendre, et tous ceux que nous avons déjà subis une fois, deux fois, trois fois, et que nous voyons user encore leur culotte au mât au sommet duquel brille la timbale : Ferry, Freycinet, Bert, Farre, Waldeck-Rousseau, Gougeard. N'oublions pas le ministère d'aujourd'hui, et surtout Floquet.

Et oublierez-vous, parmi les prétendants, les citoyens Brisson, Clémenceau, Naquet, Ballue, Cattiaux, Wilson et tant d'autres ?

Et croyez-vous qu'on puisse négliger le fretin ? — les citoyens Jules Roche, Hugues, Lockroy, etc. — Petit poisson deviendra grand. Et croyez-vous que Coquelin aîné, M. Deroulède et madame Juliette Lamber ne prétendent à rien ?

N'oubliez pas non plus les vibrions et les infusoires, qui échappent presque à l'œil, mais grouillent dans les bas-fonds et s'occupent de leur petite besogne.

Tous prétendants !

Et Marcou, donc ! le prétendant Marcou qui, n'ayant qu'un œil et demi, se croit des droits particuliers à l'héritage de Gambetta.

Et... *tu quoque, Brute* — l'avocat Frédéric Thomas, un prétendant qui me navre le cœur. En 1838, je l'accueillis en même temps qu'Auguste Maquet, au

Figaro que je faisais alors avec Gérard de Nerval, Théophile Gautier et Ourliac. Frédéric Thomas, mon élève! à cette époque était petit et fluet, et tenait peu de place, et se trouvait très à l'aise en France en même temps que les d'Orléans, plus nombreux cependant qu'aujourd'hui. Comment un homme peut-il grossir à ce point? Voici que les princes d'Orléans le gênent, et qu'il trouve la France trop étroite pour lui et pour eux; il faut qu'on les expulse, si on veut conserver l'avocat Thomas. Le petit malheureux n'a manqué que d'une voix pour être le rapporteur des inepties impudentes de la proposition Floquet-Ballue.

Et voici apparaître un autre prétendant, un M. Fabre, nommé rapporteur de la Commission; il manquait un Fabre au carnaval sinistre, où on se déguise en Robespierre, en Danton, en Marat, en Carrier, en Collot-d'Herbois, etc.

Le nouveau Fabre fait des vers comme Fabre d'Églantine, l'auteur du *Philinte de Molière* et de la jolie chanson : « Il pleut, bergère », ce qui ne l'empêcha pas de voter l'assassinat de Louis XVI et d'être guillotiné par ses complices.

Mais pourquoi Fabre, auteur de l'amendement qui porte son nom — l'amendement Fabre — ne le met-il pas en vers et en chanson sur l'air si connu : « Il pleut, bergère, » au lieu de dire en vile prose et tout bêtement : O peuple souverain, écoute tes élus, tes esclaves, tes chiens fidèles et soumis; nous te défendons de donner jamais ta voix à ceux que nous n'aimons pas, à ceux qui nous gênent et qui nous font peur.

Finissons aujourd'hui sur ce sujet grotesque et haineux, car on pourra, on peut déjà peut-être prendre nos soi-disant républicains au tragique, mais il est impossible de les prendre au sérieux. Finissons par un mot prophétique : — Mes bons citoyens, depuis que le monde existe, il y a eu beaucoup de tyrans avant vous. La plupart n'avaient pas plus de scrupules que vous. Ils expulsaient, ils tuaient, etc. Mais pas un seul n'a tué son successeur.

Comment prendre au sérieux l'homme qui dit et l'Assemblée qui laisse dire ce que le prétendant Clémenceau a dit l'autre jour à la tribune avec indignation :

« Le cabinet permet que les juges résistent impunément au gouvernement de la République ; il courbe la tête, nous la courbons nous-mêmes devant ces magistrats. »

Eh quoi ! est-ce la justice, est-ce la magistrature, organe de la justice, qui doivent courber la tête devant le gouvernement de la République? La justice n'est-elle plus une éternelle émanation de Dieu? La justice n'est-elle pas antérieure à tout gouvernement et à toutes ses formes possibles, et ne doit-elle pas les regarder passer et leur survivre, sans être ébranlée et sans sourciller ; et qu'est-ce, je vous prie, que le gouvernement de la République? C'était avant-hier, M. Ferry, M. Farre ; hier M. Freycinet et M. Gougeard ; aujourd'hui M. Devès et deux ou trois autres.

je ne sais qui. (Comme ça me met à mon aise que ce brave et honnête amiral Jauréguiberry se soit en allé et soit remonté amiral!)

Le gouvernement de la République, ce sera vous, demain, M. Clémenceau, avec Floquet et Ballue.

Après-demain, ce sera Cattiaux, Bert, et Bilboquet, et Labordère et Lagingeolle ; le jour d'après, ce sera Polyte, et Gugusse et Farfouillard, et vous voulez que ce soit la justice qui courbe la tête et les magistrats qui renoncent à défendre le droit, la liberté, la propriété, la pudeur publique contre vos attentats, ô Clémenceau, ô Cattiaux, ô Bert, ô Farfouillard, ô Lagringeolle et Tristapatte!

Ici, je le répéterai encore, vrai, vous manquez de tempérament. Vous voulez des « magistrats élus par le peuple », et un autre membre de l'Assemblée, le prétendant..... comment diable s'appelle ce nouveau prétendant?..... enfin un prétendant fait l'éloge des magistrats élus par le peuple en 1792 — nous allons y revenir tout à l'heure.

Parlez-moi de Mitouflet, du prétendant Mitouflet. Il n'est encore d'aucune assemblée, il ne parle encore que dans certains cabarets; mais comme il parle! comme il est logique, radical! En voilà un prétendant dont vous ferez bien de vous défier ! Tenez, voici ce qu'il disait l'autre jour le matin, en buvant le petit blanc, « pour tuer le ver » :

—Des juges élus par le peuple, je le veux bien, mais encore faut-il distinguer le vrai peuple ; le Gouvernement c'est pas du peuple, les bourgeois c'est pas du peuple; j'irai plus loin, les feignants d'ouvriers qui travaillent toute la semaine, courbent la tête sous l'infâme capital, ne se mettent jamais en grève et ne se montrent dans aucun cabaret, c'est pas du peuple : le peuple c'est vous, c'est moi, c'est les braves sans-culottes, les « travailleurs » comme vous et moi.

» Qui est-ce que ça regarde, la justice? c'est pas les bourgeois qu'on ne met pas en prison, qu'on ne juge pas, dit-il : c'est nous qui sommes sans cesse les victimes de la justice actuelle; si on les laisse voter, ils nommeront encore des... « magistrats », des gens qui ont étudié les lois : c'est pas ça; on doit être jugé par ses pairs, c'est dans la loi, je ne connais que ça, je veux être jugé par mes pairs.

— Supposez, ajoutait Mitouflet, qu'ayant demandé l'heure la nuit à un bourgeois, et le bourgeois m'ayant fait la sottise de ne vouloir pas tirer sa montre devant moi peur que je la lui prenne; supposez que je pense devoir la lui ôter en effet pour lui apprendre la politesse; supposez même qu'il se rebiffe, qu'il menace un citoyen et que ce citoyen, que je suis, se trouvant en cas de légitime défense, tappe un peu fort et le tue.

» Vous m'amenez devant un magistrat, ça c'est pas mon pair, il ne me comprendra pas, lui, il a eu une montre dès sa première communion, il en a dans sa poche, sous sa jupe, une en or à remontoir qu'il n'a eu qu'à acheter en plein jour chez un horloger, il ne comprendra jamais les charmes entraînants de la montre d'autrui et la provocation du bourgeois qui étale insolemment une chaîne ou un cordon de montre sur sa bedaine. Il est donc incapable d'apprécier la situation et de me juger.

» De même, lui qui a pour état de parler et de faire parler les autres, il ne comprendra pas non plus l'intérêt que j'ai à empêcher de parler le bourgeois qui n'a pas voulu me dire l'heure; ça c'est forcé, c'est logique, je ne pouvais pas faire autrement que de le tuer.

» Pour avoir de la justice, il faut être jugé par ses pairs; pour être jugé par ses pairs, il faut qu'un voleur soit jugé par des voleurs et un assassin par des assassins; je ne sors pas de là, et les représentants qui ne parlent pas comme moi ne sont pas à la hauteur, et je leur refuse mon vote désormais.

Voilà qui est parler.

Pour revenir à la matière du prétendant, nous allons, comme échantillon, assister à une séance textuellement reproduite d'un « tribunal élu par le peuple » en 1792.

Disons en passant et sérieusement que des « juges élus par le peuple » ne peuvent l'être que par un peuple neuf, comme qui dirait des naufragés dans une île déserte, quand personne encore n'est criminel et ne pense à l'être, et que tous songent également à se défendre et se préserver contre ceux qui pourraient plus tard le devenir.

Le 2 septembre 1792, on proposa l'érection d'un tribunal populaire qui jugera les prisonniers de l'Abbaye. Quelques assistants crient : « M. Maillard! le citoyen Maillard président! C'est un bon! le citoyen Maillard président! » Maillard, qui attendait dans la foule la fin de la scène arrangée avec ses affidés, s'avance et déclare qu'il va « travailler en bon citoyen »; il propose et on accepte douze hommes de sa bande pour l'aider dans les jugements qu'il va rendre « au nom du peuple souverain ».

On convient qu'afin d'épargner aux juges des émotions et des récriminations, et aux détenus toute idée de résistance désespérée, le président, en condamnant, aura l'air de ne prononcer qu'un simple transfèrement d'une prison à l'autre. « A la Force », dira-t-il, et les tueurs, sortant avec le condamné, sauront ce que ça veut dire.

On massacre d'abord les prisonniers suisses et vingt-cinq gardes du roi renfermés avec eux. Ça ne compte pas, il n'y a pas de formes judiciaires. Mais Maillard et ses hommes déclarent la séance ouverte. On amène les prisonniers un à un, Maillard leur demande leurs noms et prénoms; il lit l'écrou, et faisant semblant de consulter ses assesseurs, il les envoie « à la Force ».

On amène M. de Montmorin, qui avait été ministre des affaires étrangères; sa qualité d'ami de Louis XVI suffisait pour le désigner aux fureurs de ce que Maillard et ses acolytes appelaient « le peuple ».

Amené devant Maillard, il répond avec sang-froid, et même avec une certaine hauteur; il ne reconnaît pas la compétence du tribunal « élu par le peuple » devant lequel on le fait comparaître : — C'est juste, dit Maillard, et puisque l'affaire de Monsieur ne nous regarde pas, je propose de l'envoyer « à la Force ».

— Oui, « à la Force », disent les autres juges.

— Monsieur le président, puisqu'on vous appelle ainsi, dit M. de Montmorin, je vous prie de me faire avoir une voiture.

— Vous allez l'avoir, répond froidement le juge élu par le peuple.

Un instant après, on vient annoncer que la voiture est à la porte. M. de Montmorin réclame ses effets, un nécessaire, une montre. On répond qu'ils lui seront envoyés à la Force... Il sort tranquillement, et au moment où il paraît dans la rue, il tombe percé de coups.

Après M. de Montmorin, vient le tour de Thierry, fidèle et courageux valet de chambre de Louis XVI. — Tel maître, tel valet, dit un des juges élus en ricanant. — A la Force! A la Force! disent les autres. On pousse Thierry dehors, il trébuche sur le cadavre de M. de Montmorin, pousse le cri de : Vive le roi, et meurt en le murmurant encore.

Entre autres exécutions ordonnées par ce tribunal élu, celle de M. Laleu, officier, fut particulièrement féroce; un des exécuteurs des ordres du tribunal, appelé Damiens, se précipite sur lui, l'abat à ses pieds, lui ouvre la poitrine, plonge ses mains dans la plaie, arrache le cœur encore palpitant et le porte à sa bouche comme pour le dévorer, et le jette en l'air en s'écriant : Vive la nation ! (Déposition de Roussel, témoin oculaire.)

Pendant ce temps « les juges élus » fumaient, mangeaient, buvaient, etc. La table sur laquelle était accoudé Maillard, et où était placé le registre des écrous, était couverte de bouteilles, de verres, de pipes, de pain, de charcuterie.

Dans la cour les égorgeurs faisaient couler à la fois le vin et le sang. Chacun des assassins reçut 24 francs. On a retrouvé les reçus signés par 24 d'entre eux du salaire donné aux « travailleurs » ; c'est alors que ce synonyme d'ouvriers parut pour la première fois ; aujourd'hui il ne signifie, jusqu'à présent, que « l'ouvrier qui ne travaille pas.

P.S.—On assure qu'un député va demander l'expulsion des bossus parce qu'ils passent pour avoir de l'esprit, un esprit agressif surtout ; donc une supériorité, une sorte d'aristocratie et conséquemment un danger pour la République. Il donnera pour exemple M. Naquet parcourant la France, faisant des conférences avec succès, se popularisant, se faisant un parti sous prétexte du divorce ; mais M. Naquet, qui a encore plus d'esprit que de bosse, va demander par contre, et, par analogie aux expulsions demandées contre la bravoure, la naissance, la distinction et les bonnes manières, que l'on expulse tous ceux qui ne sont pas bossus.

*_**

L'Académie française a proposé pour sujet du prix de poésie : Lamartine.

Je me décide à me mettre sur les rangs et à publier ici même un poème que j'avais inscrit en 1851 sur le socle d'un buste du poète fait par Adam Salomon :

> Lamartine et la France auront fait un Homère;
> L'un fournit le génie, et l'autre la misère.

*_**

Rien n'est si grotesque que l'indignation que cause à certains députés la pensée qu'on appelle quelquefois les princes d'Orléans « Monseigneur »; personne ne les force d'en faire autant, ce n'est d'obligation que pour les gens bien élevés. M. Floquet a une fois appelé l'empereur de Russie « monsieur ». Ça l'a classé du coup grand politique et grossier personnage.

Il est à remarquer, cependant, qu'on appelle M. Floquet « monsieur ». C'est un titre qui pour les bourgeois correspond à celui de « Monseigneur » pour les princes. C'est une certaine aristocratie. M. Tirard n'a pas dû toujours être appelé « Monsieur », et le citoyen Nadaud n'a peut-être pas oublié le temps où on lui criait : — « Hé ! Larose, une demi-truellée au sas. » Et aujourd'hui non-seulement on les appelle tous les trois « Monsieur », mais quelquefois même l'honorable M. Floquet, l'honorable M. Nadaud, l'honorable M. Tirard. C'est une formule de simple politesse qui ne prouve rien et n'engage à rien. Mais quand on les appelle « Monsieur » et « honorable », il me semble que ce n'est guère d'appeler « Monseigneur » les descendants de nos rois qui ont ajouté en combattant pour la France une illustration personnelle à celle qu'ils tenaient de leurs ancêtres.

PETITS GRANDS HOMMES

Beaucoup d'étrangers aiment la France, quand elle ne les inquiète pas ou ne les offense pas, et s'intéressent à son sort. Paris surtout appartient au monde entier. On comprendrait à la rigueur l'Europe et le monde sans Vienne, sans Berlin, sans Turin, même sans Rome et Londres. On ne comprend pas l'Europe ni même le monde sans Paris. En ce moment un grand nombre d'étrangers des plus distingués suivent avec une certaine sollicitude ce qui se passe chez nous, et questionnent, sur l'avenir probable ou possible de la France, les Français qu'ils supposent au courant de nos affaires.

Ce qui me paraît surtout alarmant pour vous, me disait l'autre jour un de ces étrangers amis de la France, c'est de ne voir surgir chez vous aucun homme supérieur, c'est de voir votre pays gouverné ou plutôt mené au hasard par des hommes dont les plus forts et les meilleurs sont tout au plus médiocres, formant une petite et misérable coterie, dont les membres se disputent avec acharnement le pouvoir; ceux qui tombent, après avoir donné de tristes preuves de leur suffisance et de leur insuffisance dans les places usurpées, n'en reviennent pas moins au pouvoir, quand ils ont réussi à en faire tomber, en les tirant par les pieds, leurs successeurs qui ne valent pas mieux qu'eux, et qui les remplaceront bientôt à leur tour.

Eh quoi! la France, dans la crise qui l'agite depuis si longtemps, ne produit-elle plus que de pauvres hères, sans caractère, sans talents, sans études, sans valeur d'aucun genre! Ne pouvez-vous remplacer Ferry que par Freycinet, Freycinet par Ferry, et Ferry par Freycinet, et toujours comme cela? N'y a-t-il pas en France des hommes supérieurs à ces deux gaillards et à leurs acolytes? D'où vient cette stérilité d'une terre qui a, de tout temps, produit en quantité des hommes d'un esprit puissant et distingué dans tous les genres?

Il faut bien répondre alors que la France, en ce moment, est semblable à un lac agité, bouleversé par une tempête, que la vase et la fange remuées jusque dans les bas-fonds montent à la surface sous forme d'écume qui, espérons-le, retombera par son propre poids, redeviendra vase et fange et redescendra dans les fonds.

L'autre jour, au hasard d'une lecture, j'ai trouvé cette même pensée, cette même appréciation exprimée d'une façon peut-être plus sévère, plus violente, mais non moins juste, par Shakespeare; si je la cite, c'est « sous toutes réserves », comme on dit aujourd'hui dans les journaux, et en laissant à Shakespeare la responsabilité de la chose, que le respect que m'inspirent nos gouvernants m'interdit de prendre à ma charge.

« La perle reste au fond, dit le poète, et la charogne surnage. »

Je dois avoir déjà rappelé à mes lecteurs un aveu du célèbre acteur Lekain, qui a laissé des mémoires : « J'ai, dit-il, rendu par mes talents des services à la Comédie-Française, mais je dois confesser un tort : j'étais de petite taille, et je n'ai jamais, autant que je l'ai pu, laissé entrer dans la troupe un homme plus grand que moi. Défiez-vous, ajoute-t-il, des hommes de petite taille. »

Gambetta, comme tous ceux qui depuis douze ans se disputent et s'arrachent le pouvoir, était un démolisseur, et n'avait de facultés natives ou acquises que celles du démolisseur. Cette espèce n'est que trop répandue en France aujourd'hui, tandis que les architectes et les maçons y sont plus rares tous les jours. Gambetta était complètement incapable de rien édifier, ni même de rien restaurer. Ce métier de « démolisseur » frappe la foule, le *vulgus*. Ça fait du bruit et ça fait une mauvaise et désastreuse besogne, ça la fait vite et ça en fait beaucoup.

Gambetta était, au fond, plus médiocre qu'on ne le

sait encore aujourd'hui ; il n'aurait à aucun prix laissé arriver et se placer sur un tréteau à côté de lui un homme d'une taille supérieure à la sienne. Mais Gambetta, tout médiocre qu'il était, était cependant supérieur à sa coterie. Il faut maintenant que Ferry descende quelques crans, et cherche pour collaborateurs des noms plus petits que Ferry, qui cependant finiront par le renverser et chercheront à leur tour des hommes plus petits qu'eux-mêmes.

Il faut donc s'attendre à les voir continuer leur œuvre de démolition et de destruction. Le plus haut point auquel s'élève leur génie, c'est tout au plus de ramasser les morceaux de ce qu'ils ont brisé et d'en réunir tant bien que mal quelques-uns; ainsi vous les voyez, quand ils sont trop acculés, s'armer des lois de la Restauration, du gouvernement de Juillet et même du second Empire, contre lesquelles ils se sont insurgés avec tant de fureur et tant de bruit.

Toute supériorité leur porte ombrage, et leur fait même suspendre un moment leur lutte intestine et admettre une suspension d'armes, pour se réunir contre elle.

Le caractère élevé, l'illustration, la gloire, les services rendus, les connaissances supérieures, la bravoure, l'honnêteté, les talents exceptionnels, la naissance, la distinction la « bonne grâce », etc., sont déclarés suspects et deviennent des titres à la proscription.

Puis, aussitôt qu'un de ces vulgaires farceurs, par

des « boniments » de charlatan ou des « blagues » de racoleur, en donnant un os à ronger à la meute de ses complices, obtient huit jours de tranquillité, vous le voyez ramasser les débris de sceptre et de couronne et s'efforcer de les recoller à son usage.

Voyez M. Grévy. M. Grévy est loin encore d'être apprécié à sa valeur. On lui a passé, on lui passe encore des énormités parce qu'il est « bonhomme ». Ah! vous croyez? Mais admettons-le un moment et disons : ce bon M. Grévy. Mais Cadet-Roussel aussi était « bon enfant », et ça n'a pas suffi pour que, en son temps, on l'ait choisi pour le chef d'un gouvernement. M. Grévy est « bon enfant », oui, pour les assassins ; il vient encore de gracier un parricide. Mais il ne gracie pas les crimes que j'ai signalés plus haut, à savoir : le caractère élevé, l'illustration, la gloire, les services rendus, les connaissances supérieures, la bravoure, l'honnêteté, les talents exceptionnels, la naissance, la distinction, la « bonne grâce »; et, de la même main, dans la même semaine, il a signé et la grâce du parricide Cadichon Lacoste, qui a assommé sa mère et l'a jetée dans un puits pour l'achever, et la condamnation des princes d'Orléans.

Mais voilà, Cadichon était d'une naissance obscure, il ne s'était fait auparavant connaître par aucune action d'éclat, on ne parlait ni de sa bravoure, ni de son amour pour la patrie, ni de rien, il n'avait surtout pas de « bonne grâce ».

M. Grévy, le bonhomme, ce bon M. Grévy est au

fond un... monsieur des plus audacieux. Le roi Louis-Philippe n'avait songé à nommer son fils gouverneur de l'Algérie qu'après que le jeune duc d'Aumale avait pris la smala d'Abd-el-Kader et Abd-el-Kader lui-même, et encore ne le nomma-t-il qu'à la demande de Bugeaud, qui n'était ni courtisan ni flatteur.

M. Grévy a nommé son frère gouverneur de l'Algérie pour l'unique raison qu'Albert était le frère de Jules, question de dynastie, de même qu'il a fait nommer son autre frère sénateur, comme Albert est frère de Jules.

J'ai déjà constaté que chaque fois qu'on veut chercher dans l'histoire quelque fait analogue aux faits et gestes des maîtres que nous subissons, il faut le demander non aux célèbres républicains, mais aux fameux tyrans.

Je ne vois d'un peu plus hardi, d'un peu plus insolent dans l'histoire à mettre en face de la nomination de M. Albert Grévy que la fantaisie qu'eut Caligula de nommer son cheval consul, et encore le cheval *Incitatus*, qui était de la « faction rouge », a compromis notre situation en Afrique et a coûté à la France beaucoup de sang et d'argent. Martial parle de cette faction rouge avec un grand dédain.

En vain, vous zébrerez de coups de fouet un cheval de la « faction rouge », vous n'en tirerez rien de bon.

« Incitatus » n'avait qu'un titre honorifique, il était consul comme M. Albert Grévy est sénateur, mais il n'avait aucune part à l'exercice du pouvoir, et son avoine, quoique servie dans une auge d'or, était loin de coûter ce qu'a coûté celle de M. Albert.

Le gouvernement monarchique a, entre autres, cette supériorité, sur le tohubohu improprement appelé gouvernement républicain, et qui n'est ni républicain ni gouvernement, que le roi, que sa naissance et sa situation placent au-dessus et en dehors de toute compétition, de toute comparaison même, n'a aucune raison de redouter et d'écarter les supériorités. Loin de là : comme la vraie science d'un roi est la science des choix, il les aime, les recherche, les attire, parce qu'il les absorbe et leur fait faire partie de la gloire et de la splendeur de son règne.

Mais puisque j'ai ouvert Suétone, et que je suis à l'article de Caligula, voyons encore un peu les exemples dont profitent les soi-disant républicains.

Revenons à l'horreur et à la peur des illustrations.

« Caligula, dit Suétone, interdit aux plus nobles Romains les antiques distinctions de leur race, *vetera familiarum insignia* : à Torquatus le collier, à Cincinnatus la chevelure bouclée, à Pompée le surnom de grand ; sa méchanceté envieuse s'attaquait à tout le genre humain et à tous les siècles ; il abattit les statues des grands hommes qu'Auguste avait fait transporter du Capitole au Champ de Mars, et les brisa en tant de morceaux épars qu'il n'y avait pas moyen de les restaurer, et il défendit qu'à l'avenir on fît sans son ordre et sa permission la statue ni le portrait d'aucun homme vivant. Il fit tuer inopinément le roi Ptolémée, qu'il avait appelé à Rome, parce que Ptolémée avait, en entrant au théâtre, attiré l'attention par un riche manteau de pourpre.

Il fit venir de la Grèce les statues des dieux les plus fameuses par le génie des artistes et la vénération dont elles étaient l'objet, leur enleva leur tête et y substitua la sienne. Cela ne ressemble-t-il pas à M. Grévy remplaçant les rois de France, et à MM. Ferry, de Freycinet, Waldeck-Rousseau et les autres essayant de succéder à Sully, à Colbert, à Turgot, et ne retrouve-t-on pas la guerre à la religion dans ce détail que donne l'histoire romaine qu'un jour Caligula, montrant le poing à la statue de Jupiter, lui dit en grec : « Détruis-moi, ou je te brise ! »

Seulement Caligula, plus clément, annonça le lendemain qu'il avait pardonné à Jupiter, et qu'il avait accepté l'invitation de partager le temple des Dieux.

Tous les dix jours il faisait la liste de ceux qu'il voulait qu'on exécutât, il appelait cela « apurer ses comptes »; on dit aujourd'hui épurer. On épure l'armée, on épure la magistrature, etc. Il « épura » aussi la justice en supprimant les tribunaux et en se déclarant seul arbitre et seul juge. L'histoire ne parle pas du retrait d'emploi aux officiers; s'il revenait au monde, en échange des exemples qu'il donne, il pourrait peut-être recueillir quelques bonnes petites idées dont il ne s'était pas avisé.

TROP BÊTES

OU LA STATUE DE ROUSSEAU

A J.-J. Rousseau le conseil municipal de Paris veut infliger l'injure d'une statue.

Je voudrais savoir quel est le nombre des membres de ce cocasse aréopage qui ont lu le philosophe de Genève, et, entre ceux qui l'ont lu, combien le comprennent.

S'ils l'avaient lu et s'ils le comprenaient, ils sauraient que, s'il eût vécu de leur temps, il eût été leur adversaire le plus indigné, le plus dédaigneux, le plus implacable.

« Si vous voulez fonder une République, disait-il, commencez par ne pas la remplir de mécontents ».

Or, on croirait, à les voir agir, qu'ils prennent soigneusement le contre-pied de ce sage enseignement, — ce qui s'explique par cela qu'ils ne veulent pas fonder une république, ne savent absolument pas ce que c'est qu'une république, ne s'en soucient pas.

La République, je l'ai dit bien des fois depuis 1848, n'est nullement pour eux un but, mais une échelle. De temps en temps, ils s'effrayent, ils rêvent des complots, des conspirations contre leur république avec cette terreur d'un peintre qui, au haut d'une échelle, occupé à peindre en rouge la boutique et l'entresol d'un marchand de vin, regarde avec inquiétude chaque voiture qui passe dans la rue et pourrait accrocher l'échelle et la faire tomber. — Cependant aucun de ceux qu'ils accusent de conspirer ne pourrait lui faire autant de tort qu'ils s'en font eux-mêmes — il n'y a à peu près plus une seule place sur la pauvre Marianne où les « ennemis » de la république puissent placer un coup sans qu'il entre dans une blessure déjà faite par ses « amis ».

Moins bêtes, ils se seraient contentés de dire à ceux qu'ils voulaient embaucher pour la bataille qu'on mettrait une ou deux rallonges à la table, qu'ils auraient leur place comme les autres et avec les autres, et que, en se serrant à peine quelque peu, il y aurait place pour tout le monde. Mais ils ont promis le dîner entier de ceux qui étaient déjà assis et qu'on jetterait par les fenêtres.

Moins bêtes, ils se seraient conciliés au moins la tolérance ou la neutralité des ministres de la religion, qui, par principe, ont coutume d'accepter le gouvernement établi. Ils auraient dit : Nous voulons la liberté pour tous. Notre liberté aura pour limites respectées la liberté des autres. — Ils auraient dit : Au festin de la liberté, où nous convions les « nouvelles couches », quand il y a pour dix, il y a pour cent, d'abord parce que la liberté est un flambeau qui, comme le soleil, éclaire tout le monde, aussi bien les nouveaux arrivés que les premiers, sans diminuer la part de ceux-ci.

Mais au lieu d'un flambeau qui éclaire, ils ont allumé une torche qui brûle.

Bonaparte Ier, qui était au moins un usurpateur intelligent, et dont les coquins et les imbéciles d'aujourd'hui atténuent, justifient presque l'usurpation, en en démontrant, sinon la nécessité, au moins la fatalité, Bonaparte Ier, en Égypte, annonça qu'il respecterait, et respecta, en effet, la religion des mahométans, et même, disent quelques historiens, se fit lui-même momentanément mahométan.

Qu'ont-ils gagné à cette énorme sottise d'attaquer les prêtres et la religion non seulement catholique, mais la religion chrétienne et même toute religion ? Rien autre que de susciter un mouvement religieux, d'alarmer, d'indigner les croyants et les pratiquants, et pour les autres, je parle ici des indifférents, des déistes, etc., de remettre la religion, ses cérémonies et ses pratiques à la mode.

En même temps que la religion, ils ont attaqué la

magistrature, la justice et la propriété ; ils ont volé les propriétés des congrégations et vilipendé, déplacé, persécuté les magistrats qui ont cru leur honneur engagé à faire respecter les lois. Beaucoup indignés, dégoûtés, ont abandonné leurs fonctions. On les a, pour la plupart, remplacés par des sujets, les uns indignes, les autres pour le moins incapables et médiocres, mais obéissants, dont le voisinage répugnant a entraîné d'autres démissions. Le tribunal des conflits et ses monstrueuses opérations ne leur ont pas suffi, ils ont proclamé une « autorité supérieure » à la loi, et préconisent une magistrature élue qui nous donnerait, pour les augustes fonctions d'organes de la justice et du droit, des hommes tarés, des chenapans, des fripouilles, comme on l'a vu en 1793, par le même procédé.

Ils ont alors attaqué la famille, l'autorité, respectée, même par les plus odieux tyrans, du père de famille. Ils ont, au prix d'énormes dépenses, ouvert des écoles obligatoires d'athéisme, des pépinières d'imbéciles et de coquins dont ils auront besoin plus tard pour se maintenir.

Voici donc détruites, ou du moins battues en brèche, la religion, la liberté, la famille, la justice, et rendus ennemis tous ceux qui aiment la religion, la liberté, la famille et la justice.

Passons à la marine et à l'armée : quant à la marine, ça ne sera ni long ni difficile ; les marins sont des gens sévères, rudes, sincères. Ils ont rechigné assez fortement quand on leur a donné Gougeard pour ministre ; à la moindre petite infamie qu'on leur proposera, ils nous tourneront le dos, même ceux qui sont notoirement républicains. Nous avons non pas seulement une petite, mais une grosse infamie à les prier d'endosser. Jauréguiberry **nous jette son portefeuille au nez**; Cloué donne brutalement des coups de pied en poupe à celui qui va lui proposer le ministère ; tous haussent les épaules et répondent par des propos et des refus salés. Ça n'est pas plus malin que ça, la marine est mécontente, indignée, aliénée, hostile : nous en voilà débarrassés.

Passons à l'armée.

L'armée, nous lui donnons Farre qui lui enlève les tambours, tandis que tout le monde sait qu'au bruit de la charge se sont faits des prodiges dans lesquels elle entrait au moins pour quelque chose. Il s'agit d'enlever les grades aux princes d'Orléans. C'est une menace pour l'armée entière. Le soldat a une vie pauvre, laborieuse, une vie que la patrie peut lui demander demain matin et qu'il donnera de bonne grâce. Il ne possède au monde que la propriété de son grade et les épaulettes qui en sont l'insigne. Enlevons les épaulettes et subtilisons les grades, en prétextant les « retraits d'emploi ». Billot, qui est républicain, nous jette comme Jauréguiberry son portefeuille au nez. Tous les généraux auxquels nous nous sommes adressés pour le remplacer ont refusé dédaigneusement. Heureusement, nous avons trouvé **Thibaudin**,

Thibaudin-Comagny, qui, ayant plus que compromis son premier nom, a dû en adopter un autre, une seconde virginité à compromettre.

Nous avons encore le commerce et l'industrie. L'accroissement monstrueux des impôts qui frappent beaucoup de matières premières, la vie devenue exorbitamment chère, les appétits, les exigences des ouvriers surexcités jusqu'à la folie furieuse, rendent la main-d'œuvre si chère que, depuis le bâtiment jusqu'aux tissus et aux articles de fantaise, les uns n'osent plus entreprendre, les autres ne peuvent continuer; les étrangers, qui ont fait des progrès en nous imitant, fabriquent à meilleur marché, ne nous achètent plus, nous font concurrence sur tous les marchés et même nous fournissent à nous-mêmes, si bien que, au lieu de recevoir de l'argent du dehors, nous en exportons.

Je crois que maintenant la liste des mécontents qu'a faits la République est à peu près complète; restent cependant les ouvriers.

Parlons des ouvriers.

L'agrandissement ou plutôt l'élargissement des villes étant aveuglément encouragé et même provoqué, les autorisations données à toutes celles qui le demandent de s'imposer extraordinairement et de faire des emprunts qui obèrent à l'avance plusieurs générations, amènent l'enchérissement des denrées et de la main-d'œuvre, élargissent autour d'elles la zone pestiférée qui règne autour de toute ville, enlève les paysans à la terre en les alléchant par des prix plus élevés pour un travail moins fatigant et des plaisirs plus ou moins malsains. Je l'ai déjà dit et il me serait bien facile de le prouver par des chiffres. Chaque fois qu'un paysan quitte les champs pour se faire ouvrier dans une ville, ses habitudes changent et admettent des besoins jusque-là inconnus. Ce n'est pas trop de compter qu'il lui faut, pour vivre dans les gargottes et les cabarets, trois fois ce qu'il dépensait aux champs dans sa famille. Résultat : un producteur de moins, trois consommateurs de plus.

Les travaux des villes, multipliés par des besoins souvent momentanés, par des spéculations plus ou moins honnêtes et heureuses, ne durent pas toujours; il y a des moments de stagnation, de chômage. On ne peut pas toujours bâtir des maisons à moins d'en élever qu'on destinerait à rester vides, ce qui commence à avoir lieu.

Il y a trop d'ouvriers et plus assez de paysans. L'attrait de la ville, le nombre insuffisant de ceux qui restent aux champs accroissent nécessairement les prétentions et les exigences de ceux-ci, si bien que le fermier qui cultivait ses terres avec ses enfants et quelques ouvriers de surcroît, se voit abandonné des enfants, ne peut suffire à l'élévation de la main-d'œuvre, et que beaucoup de propriétés rurales se trouvent aujourd'hui abandonnées et stériles. Dans certaines localités, il peut avoir recours à l'étranger, qui travaille à un prix plus modéré : tous les ans entrent en France, à certaines saisons, des armées de faucheurs et de moissonneurs espagnols ; sur toutes les côtes de la Méditerranée se sont installées des armées de Piémontais qui, les uns et les autres, font leur récolte et prélèvent des bénéfices et comme une redevance sur nos terres ; et il faut encore se réjouir de les avoir, pour ne pas laisser les terres en friche.

Est-ce tout ? se demandent ceux qu'on appelle les politiciens ; non, Platon exilait les poètes de la république. Nous faisons mieux, nous avons évincé de la nôtre les prêtres et les croyants, les pratiquants et les esprits religieux, les « libéraux », les amis de la liberté, les gens de bons sens et les honnêtes gens ; nous sommes en train de décourager le commerce et l'industrie, nous avons dégoûté la marine et inquiété l'armée, nous avons entamé la magistrature et irrité les amis de la justice et des lois ; quant aux « ruraux », à l'exception de ceux qui vivent dans la zone des grandes villes et qui s'abreuvent à nos sources empoisonnées, nous les comptons pour rien ; ils votent souvent mal, et plus souvent pas du tout.

Voici bientôt le moment de nous trouver entre nous, en famille, en petit comité pour le partage du butin.

Mais il nous reste encore une élimination à faire : nous avons à licencier cette énorme armée d'ouvriers, cette meute fidèle, aboyante, courageuse, affamée, qui fait pour nous la bonne besogne, et ça, c'est assez difficile. Pour licencier une armée, il faudrait la solder, et ce que nous avons promis pour solde, nous ne l'avons pas, et nous ne pouvons pas l'avoir, par la raison que ça n'existe pas.

Nous avons dit aux ouvriers qu'ils étaient le peuple et le peuple-roi, dont nous n'étions que les serviteurs; nous leur avons persuadé de nous ordonner ce qui nous était utile et agréable et de le faire pour nous. Nous l'avons lancé sur tout ce qui pouvait nous faire obstacle en lui disant que ça nous empêchait de lui donner cette félicité promise. Sans les prêtres et les congrégations, vous auriez déjà touché votre part. Sus aux prêtres et aux congrégations! à bas Dieu, les prêtres et les congrégations! Oh! il y a encore les princes: si nous n'avions plus les princes, vous n'auriez qu'à passer à la caisse. Sus au princes, tayau, tayau! Nous avons encore vos patrons qui nous empêchent de vous rendre heureux et qui boivent votre sueur. Sus aux patrons!

Ah! encore une poussée; il y a les riches... et jusqu'ici les ouvriers, que nous appelions improprement le peuple, ont obéi; mais il est temps de s'arrêter, de ne pas les mettre sur la voie des riches, car les riches ça va être nous.

Nous leur avons promis de les faire rois et rois absolus, nous leur avons promis qu'ils n'auraient plus d'autre besogne que de nous écouter dans les clubs, de voter et de se battre pour nous.

Et qu'ensuite ils seraient riches sans travailler, parce qu'ils se partageaient « le capital, l'infâme capital ».

Les voici qui réclament l'accomplissement de nos promesses, et leur solde depuis douze ans; ils s'assemblent, ils crient, ils menacent; que pouvons-nous faire? leur avouer que le coup est fait, qu'ils aient à retourner qui au rabot, qui à la scie, qui à la truelle, etc., et leur chanter la vieille chanson :

> Allez-vous en, gens de la noce,
> Nous n'avons plus besoin de vous.

Et ils ont l'air de ne pas vouloir; les rassemblements seront bientôt des émeutes, les émeutes peuvent devenir une révolution, il faut les mater, les réduire au silence.

C'est une crise, la crise ordinaire depuis cent ans; après la poudre de perlimpinpin, arrive la poudre à canon.

Notre poudre de perlimpinpin est éventée; il faut avoir recours à l'autre, conformément à la tradition.

Nous avons parlé des ouvriers; parlons aux ouvriers.

Je sais que beaucoup de vous souffrent en ce moment de leur propre misère et, ce qui est plus cruel mille fois, de la misère de leur femme et de leurs enfants. On vous doit l'indulgence, la compassion, la sympathie qu'on doit à des malades empoisonnés par des marchands de vin scélérats : *perfidus caupo*.

Vous avez été dupés, vous l'êtes encore et vous allez l'être davantage, car vos plats courtisans, vos ignobles et criminels adulateurs d'hier, ont peur aujourd'hui, et la peur est le seul sentiment qui puisse leur donner du courage, et cette espèce de courage que donne la peur, on peut, sans hésiter, l'appeler férocité.

Je regrette qu'on n'ait pas adopté une proposition que j'avais faite, d'inscrire dans tous les ateliers ces paroles du républicain Franklin :

« *Tout homme qui vous dira que vous pouvez être heureux et riches autrement que par le travail et l'économie est un coquin qui veut vous exploiter.* »

Non, vous n'êtes pas roi. Pourquoi seriez-vous roi? Le peuple est roi, disent vos charlatans ; mais le peuple, c'est moi autant que vous. Le peuple, c'est l'universalité de la nation, et, si on voulait absolument représenter le peuple par une classe, ce qui serait injuste, mais le serait beaucoup moins que de le représenter par vous,

Ce serait par le paysan. Tous les grands peuples et la grande république romaine honoraient l'agriculture et les agriculteurs, et les plus grands citoyens se faisaient gloire d'appartenir à cette classe. L'agriculture forme la première classe de la société de la Chine, ce vaste empire.

Le grand Frédéric de Prusse passa la seconde moitié de sa vie à protéger, à encourager, à propager l'agriculture, et quand il était attendu dans quelque partie de son royaume agrandi, ce n'était pas par des discours ampoulés qu'on s'efforçait de lui être agréable, c'était, dit le prince de Ligne, par de gros tas de fumier sur les champs et aux portes.

Un gouvernement sage et paternel, comme était celui de Henri IV et de Sully, doit tendre comme lui à repousser la population du centre aux extrémités ; un gouvernement aveugle, ou bête, ou malintentionné, fait le contraire. C'est ce qu'on fait aujourd'hui, en agrandissant les villes, en y appelant le paysan et en le faisant ouvrier.

D'autre part, et à un point de vue à la fois politique et industriel, à l'exception des industries qui ont absolument besoin de la capitale ou dont la capitale a absolument besoin, toutes les usines, tous les grands ateliers devraient être dans les campagnes, où les logements et les denrées alimentaires à bon marché rendraient la vie plus facile et plus heureuse, comme on le voit dans certains établissements où l'ouvrier a sa petite maison et son jardin, et avec sa famille vit à bon marché et en paix ; le jardinage, la pêche, la chasse, la promenade sont, aux dimanches et fêtes, de plus heureuses et de plus saines distractions que le cabaret, le café et les clubs.

Le paysan a, comme vous, ouvriers, et comme toutes les professions, ses mauvaises chances ; mais il ne se croit pas, comme on vous l'a persuadé, le droit de réclamer du travail qu'il n'y a pas ou un salaire pour le travail qu'il ne fait pas.

Les pluies prolongées ou la sécheresse, le froid, le chaud, les chenilles, les hannetons, les épizooties, etc., sont des ennemis contre lesquels il se contente de lutter avec courage et persévérance. Si la récolte est mauvaise, il s'impose des privations et d'ailleurs s'est préparé des ressources par l'économie et par la simplicité de ses habitudes et de ses besoins. Notez qu'aujourd'hui il n'est guère d'ouvrier qui, en dehors des grèves et des chômages, ne gagne et ne dépense en un jour plus qu'un paysan en une semaine.

Et les petits employés de l'État, et la plupart de ceux qui se sont adonnés aux professions libérales, et les petits bourgeois qui vivent d'un mince revenu, fruit de leur travail et de leur économie, ou du travail et de l'économie de leurs pères......

Le nombre est bien petit de ceux qui ont ou gagnent, comme vous aujourd'hui, sept francs, huit francs, dix francs et jusqu'à quinze et vingt francs par jour.

Pourquoi l'État ne viendrait-il pas à leur aide, comme vous voulez qu'il vienne à la vôtre ? Ils sont le peuple ou une partie du peuple comme vous.

Quant aux avides, aux incapables, aux faquins et aux coquins qui vous ont empoisonnés, je vais vous dire une fois de plus le rôle qu'ils jouent et celui qu'ils vous font jouer, en vous racontant ce que Naudé raconte de Mahomet (*Des coups d'État*, chap. III) :

Mahomet fit descendre un de ses séides dans un puits à sec pour crier : « Mahomet est le bien-aimé de Dieu ; » le prophète remercia la bonté divine, et pria le peuple dont il était environné de combler ce puits de pierres, et d'élever dessus une petite mosquée comme monument consacrant ce prodige.

LA COMÉDIE POLITIQUE

M. Ponet recevait la semaine dernière la lettre suivante d'Alphonse Karr :

Mon courageux confrère,

Réservez-moi, dans votre prochain numéro, la place pour une lettre que vous recevrez demain.
Et ferez justice.
Salut cordial.
ALPHONSE KARR.

Saint-Raphaël (Var).
Maison close.

M. Ponet répondit aussitôt :

Mon cher maître,

J'apprends avec grand plaisir que vous allez m'envoyer une lettre à insérer, et je vous remercie. Un écrit quelconque de vous sera toujours une bonne fortune, et pour moi et pour les lecteurs de la *Comédie politique*.

• • • • • • • • • • • • • •

A. PONET.

La lettre annoncée est arrivée. Elle est quelque peu en contradiction avec la ligne politique de notre journal. Mais nous n'en persistons pas moins, avec notre directeur, à la considérer comme une bonne fortune pour nos lecteurs et pour nous.

Et nous nous empressons de l'insérer :

Monsieur,

Un de vos collaborateurs a eu la fantaisie de faire dans votre journal une citation des *Guêpes* de 1841.

Je suis flatté, et je le remercie de la preuve qu'il me donne qu'on lit encore mes vieilles *Guêpes*.

Mais je ne puis laisser passer sans protestation la façon dont, à la faveur d'une citation tronquée, quoique longue, et d'une interprétation erronée, il dénature ma pensée et me fait dire précisément le contraire de ce que j'ai dit.

Il tire contre la royauté de Juillet une arme chargée, pointée, dirigée par moi, non contre elle, mais, bien au contraire, contre ceux qui l'ont minée et renversée.

Les critiques des *Guêpes*, loin de s'appliquer au roi Louis-Philippe, s'appliquaient aux ambitieux, tantôt au pouvoir, tantôt dans l'opposition, qui, avec l'appui d'une partie inconsciente de la bourgeoisie, qui prenait part à cette guerre sans savoir pourquoi, tout ensemble traîtreusement, lâchement et surtout bêtement, ont fini par en venir à bout.

C'est ce qu'il va m'être facile de prouver, en vous demandant l'autorisation de compléter la citation. On y verra que j'attribuais, avec preuves irréfragables à l'appui, la plus grande partie et peut-être la totalité du mal à la mauvaise foi et à l'obstination acharnée qu'on mettait à chicaner, à entraver, à restreindre, à annuler les droits nécessaires qui étaient au roi attribués par la Charte de 1830.

Je n'emprunterai mes citations qu'à ce même numéro d'octobre 1841 que votre collaborateur a choisi.

C'est ce petit malfaiteur de M. Thiers qui avait imaginé, soutenait et faisait croire aux ignorants et aux jobards que, « d'après la Charte, le roi devait régner, et non gouverner ».

Cela dit, je ne fais plus que copier et citer textuellement :

GUÊPES D'OCTOBRE 1841

« C'est-à-dire que le roi joue le rôle que joue son buste de plâtre derrière le dos des maires ; c'est-à-dire qu'il règne comme une corniche règne autour d'un plafond.

» Les Français n'ont pas pensé à regarder dans la Charte si cela était vrai. Ils auraient trouvé :

» Article 12. — La personne du roi est inviolable et sacrée. Ses ministres sont responsables. Au roi seul appartient la puissance exécutive.

» Article 13. — Le roi est le chef suprême de l'État, commande les forces de terre et de mer, déclare la guerre, fait les traités de paix, d'alliance et de commerce, nomme à tous les emplois d'administration publique, etc., etc.

. . . .

» En résumé, la couronne royale est devenue une couronne d'épines...

» Le roi est comme un chevreuil dans une broussaille : tant mieux pour lui si on ne le voit pas. Mais, si les ministres (la broussaille) le *découvrent* et laissent voir la tête ou la patte, on a le droit de tirer dessus.

» Vous avez vu qu'on ne s'en tient pas en ce genre au sens métaphorique. Je n'ai pas besoin de rappeler combien de fois on a essayé d'assassiner le roi Louis-Philippe. Voici qu'un monsieur, membre, dit-on, d'une de ces sociétés qu'il serait temps de ne plus appeler secrètes après que, depuis dix ans, on n'a pas parlé d'autre chose, a tiré sur le duc d'Aumale. On tirera bientôt sur les princesses.

» *Le Courrier français* dit qu'« on a été imprudent
» de décerner une sorte d'ovation à un jeune prince.
» C'est là ce qui a éveillé la pensé du crime[1]. »

1. L'ovation avait pour cause la brillante bravoure montrée en Afrique par le jeune prince, alors âgé de dix-neuf ans, à côté

» La reine, assure-t-on, n'est jamais si heureuse que lorsque ses fils sont en Afrique, exposés aux maladies du pays et au fer et au feu des Arabes. Alors ils sont à l'abri des dangers plus grands des rues de Paris.

» ... Les bourgeois, qui sont aujourd'hui presque tout, ressemblent à la chatte métamorphosée en femme, qui, voyant une souris, se jeta à quatre pattes et la poursuivit sous son lit.

» Ils se sont accoutumés pendant longtemps[1] à attaquer la royauté. Aussi ils ne peuvent s'empêcher, un peu par air et par habitude, de se mêler aux nouvelles attaques dont elle est l'objet. Ce n'est pas que, au fond, ces gens lui en veulent beaucoup, car, pensez-y, le roi n'a pas le pouvoir de faire quoi que ce soit à n'importe qui. Mais c'est que ça a l'air intrépide, et ça n'est pas dangereux.

» Les bourgeois devraient se relayer autour du roi Louis-Philippe pour défendre de tout ce qu'ils ont de courage et de sang chacun des poils de sa barbe, car s'ils le laissent **renverser**, que dis-je! s'ils aident à le renverser, ils sont perdus à jamais... »

Et, un peu plus bas, je m'accuse d'avoir cédé moi-même à l'entraînement, et j'exprime, à demi plaisamment, le regret d'avoir critiqué les chevaux du roi. Je

de son frère, le duc d'Orléans, dont il s'était montré le digne émule, d'après le rapport de Bugeaud, qui s'y connaissait.

1. Pendant la Restauration.

(*Notes de l'auteur.*)

constate cependant que jamais je n'ai parlé au roi ni du roi qu'avec les égards et la réserve dus au seul homme de France qui ne puisse demander raison d'une injure.

Ici s'arrêtent mes citations complémentaires, qui suffisent à prouver ce que j'ai avancé au commencement de cette lettre. Votre collaborateur a raison de dire que la royauté de Juillet m'était sympathique : elle me l'a été et me l'est encore. Je n'ai pas oublié que la France lui a dû dix-huit années de paix féconde, avec une dose brillante de gloire militaire en Afrique, devenue une pépinière d'illustre généraux et d'excellents soldats; que, pendant, ces dix-huit années, la France a été heureuse, riche, aimée, respectée; que les sciences, les industries, les arts et la littérature ont resplendi du plus vif éclat; qu'il serait bien difficile de trouver dans l'histoire de France dix-huit autres années aussi prospères, aussi belles, aussi fertiles.

Je crois que ce n'est pas ainsi que parle et pense votre journal, mais je ne suis pas plus forcé de partager vos opinions que vous de partager les miennes. Je n'avais pas frappé à votre porte, vous m'avez pris par la main et vous m'avez fait entrer chez vous.

Vous avez à mon égard des devoirs d'hospitalité. Vous m'avez fait parler, et me couper la parole au milieu d'une phrase, sur un sens suspendu formant amphibologie, serait manquer à ces devoirs et aussi manquer à la loyauté, ce que je ne suppose pas un moment de la part d'un homme dont l'énergie m'intéresse souvent dans la guerre qu'il fait comme moi, à la prétendue République et au soi-disant républicains d'aujourd'hui.

Je compte tellement sur votre justice et votre obligeance, monsieur, que je vous prie de corriger vous-même à ma place les *épreuves* de cette lettre. Vos *compositeurs* ne sont pas accoutumés à mon écriture et pourraient, à leur tour, me faire dire autre chose que ce que je dis.

Salut cordial.

FEUILLES VOLANTES

Une *partie* du *parti* soi-disant républicain vient de faire semblant de rendre des honneurs funèbres à Louis Blanc; d'autres fractions du même parti ont insulté, injurié, vilipendé, *engueulé* sa mémoire.

Il est heureux pour le repos de ce cadavre qu'on n'ait pas songé à le mettre au Panthéon, où Mirabeau ne resta pas tout à fait deux ans, et qui ne fut pour Marat qu'une courte étape en attendant l'égout de la rue Montmartre. Le décret de la Convention qui ordonna l'inhumation et l'apothéose de Marat est du 5 frimaire an II (21 septembre 1793), et la translation à l'égout Montmartre est de la même année, 9 thermidor (28 juillet 1793).

La vérité est que les soi-disant républicains d'aujourd'hui ne veulent à aucun prix des « vieilles barbes » de 1830 et de 1848. Il y avait alors encore quelques vrais républicains, et on peut citer un certain nombre de personnages qui ne se sont pas enrichis à la république; Louis Blanc était de ce nombre, soit dit à son honneur.

Ceux d'aujourd'hui ont fait mourir Ledru-Rollin de chagrin et d'ennui.

Madier-Montjau, entrant partout, se mêlant à tout sans y être invité, sans y avoir de rôle, sans y être compté pour quelqu'un, me fait l'effet, malgré son âge, d'un gamin qui accompagne les soldats et surtout les tambours, et s'efforce, en sautillant, de marquer le pas, — *non passibus æquis*.

Pour se débarrasser de Louis Blanc, on l'avait déjà mis au Sénat comme un saint dans une niche.

Quant à Victor Hugo, jeune républicain, mais vieille et incontestable illustration, gloire sérieuse de la France, qui aurait si bien pu se passer de l'appui des passions politiques si rarement vraies et sincères, on lui devait plus qu'une « niche », on l'a mis dans un « tabernacle », d'où on le sort aux grands jours, aux jours difficiles, pour exploiter la légitime popularité qui entoure son grand nom, comme on « sortait » autrefois la « châsse » de sainte Geneviève, en temps de sécheresse, pour obtenir de la pluie; lui a-t-on offert, lui donne-t-on une part dans le gouvernement du pays? l'a-t-on supplié d'accepter le ministère de l'instruction publique, que lui avait promis l'Empire?

Le républicain Prud'homme, dans son « Miroir de Paris », avoue que, en 1793, disparurent les diamants, les rubis, les saphyrs, les émeraudes, les topazes, les améthystes et les perles, etc., qui décoraient si richement la châsse de sainte Geneviève.

Ne serait-ce pas un vrai chagrin, un deuil public, si les citoyens successeurs des citoyens de 1793, traitaient de même la « châsse » de Victor Hugo et lui filoutaient une partie de sa splendeur?

Toujours est-il que, lors de l'enterrement civil de Louis Blanc, Hugo a bravement, résolument affirmé ses croyances religieuses, et une croyance à une autre vie qui lui a permis, comme il me l'a plus d'une fois affirmé à moi-même, de supporter la perte de tant d'objets chéris, qu'il compte bien retrouver.

Cette profession de foi, très indépendante, très noble, à l'occasion d'un enterrement « civil », a fait faire de laides grimaces aux soi-disant républicains, et s'il arrivait encore au grand poète de sortir ainsi du rôle que la République lui assigne, on ne manquerait pas de lui crier : A c'tabernacle, à c'te châsse, à c'te niche!

*
* *

Louis Blanc était un rhéteur, il n'avait pas le tempérament du conspirateur et du révolutionnaire; personne, du reste, ne l'a plus aujourd'hui, et Flourens a été le dernier; personne ne veut plus mourir pour une idée, mais tous veulent vivre et bien vivre en exploitant cette idée, ou toute autre, fût-elle contraire, qui représenterait des chances plus fructueuses. Il y avait, sous la Restauration et sous la monarchie de Juillet, tout une école de « conspirateurs » qui n'avaient nulle envie de renverser les gouvernements qu'ils attaquaient. On prenait comme un rôle la position de conspirateur, ça rendait populaire, on comptait vivre comme cela, et, à la mort, avoir un bel enterrement. Le type de ce conspirateur était un M. A....., qui était vivant, député et président de cour royale, lorsque, en 1840, je racontai son histoire, contre laquelle il n'éleva aucune réclamation.

La conjuration de M. A..... pour faire suite à la conjuration de Fiesque.

M. A..... conspirait, comme tout le monde sous la Restauration; il allait tous les soirs conspirer après son dîner, cela aidait sa digestion; il arrivait en fiacre dans une rue déserte, donnait un mot d'ordre en entrant dans une maison à volets rigoureusement fermés, faisait sa partie de whist, et s'en allait régulièrement à minuit moins un quart pour ne pas mécontenter son portier : cela dura dix ans, sans que M. A..... manquât une seule fois, sans qu'il se commît la moindre indiscrétion. Un jour, au bout de dix ans, un des conjurés demanda la parole, on la lui accorda d'assez mauvaise grâce, cela dérangeait les parties.

— Messieurs, dit-il, il est temps d'agir.

— Comment? agir? dit M. A..... en se levant, agir! Qu'entendez-vous par ces paroles? pour qui me prenez-vous? Apprenez, monsieur, que je suis un honnête homme, incapable de rien faire contre les lois de son pays.

Cela dit, M. A..... prit son chapeau et sa canne, s'en alla et ne revint plus.

Ce sont cependant ces conspirateurs platoniques et leurs successeurs, obligés pour réveiller l'attention publique d'aller un peu plus loin qu'eux, qui nous ont amenés où nous en sommes, parce qu'ils ont servi de « moutons » pour entraîner un tas d'honnêtes naïfs dans la billevesée, dans la « bêtise » d'une République modérée.

M. Thiers, hors du pouvoir, voulait la République, juste jusqu'au point où on le nommerait ministre pour l'arrêter. — M. Odilon Barrot, promoteur ardent en 1848 des banquets, où il n'osa pas assister, a été justement désappointé et désespéré de l'avènement de la République par lui et malgré lui.

En 1848, Louis Blanc, les jours d'émeute, plus ou moins suscitée par ses discours, se trouvait mal et tombait en pamoison sur les marches de la Chambre des députés envahie par « le peuple », et j'ai, de son vivant et sans qu'il réclamât, cité une parole de Lamartine me racontant le soir cet incident. Les belles dames qui se sont, avec raison, délectées à la lecture des *Méditations* et *Harmonies* seront étonnées d'entendre Lamartine jurer; mais c'était comme cela. Lamartine, malgré une extrême distinction et sévérité de tenue, d'attitude et de langage, jurait à l'occasion. « Ce sacré... Louis Blanc, me disait-il, il a fallu l'emporter ; ça m'a fait manquer ma péroraison. »

A cette époque déjà, le nombre des républicains de conviction et de résolution avait notablement diminué. Au mois de juin, il eût fallu voir Lamartine et Ledru-Rollin quitter la Chambre des députés pour aller à l'Hôtel-de-Ville : « Il ne s'agit plus de tribune, s'écria Lamartine, un cheval et un fusil ! » Il descendit, prit le premier cheval venu de soldat de garde à la Chambre, s'élança dessus, enfonça son chapeau d'un coup de poing, et traversa Paris en tumulte, droit, fier, imposant. Arrivé à l'Hôtel-de-Ville, de cette voix qui fut alors pendant quelque temps la seule force armée et la seule protection de Paris, il fit retomber le drapeau rouge dans le ruisseau ; rien de si piteux que la mine du pauvre Ledru-Rollin obligé de le suivre.

***

J'ai beaucoup connu Louis Blanc. A cet âge qui conduit de l'enfance à l'adolescence, il fut mis quelque temps, à Paris, comme externe dans une pension de la rue Sainte-Anne, où j'étais moi-même et où je faisais ma « quatrième. » Sa mère venait souvent le chercher le soir, et je me souviens que c'était une belle personne. Plus tard, pendant le très peu de temps que je suis allé dans le monde, je le rencontrais à des dîners, à des soirées, à des bals, où il dansait et valsait avec ardeur.

J'ai raconté, je crois, comment Gérard de Nerval

nous l'annonça plus tard, un jour qu'il venait chez moi, rue de Latour-d'Auvergne, avec Caussidière qui était un géant.

Gérard, debout devant une fenêtre et tambourinant avec les doigts sur une vitre, s'écria : « Tiens! l'ogre et le Petit Poucet! »

***

En 1848, lorsque Louis Blanc, au Luxembourg, distribuait la manne empoisonnée de ses paradoxes aux délégués des ouvriers, mon frère Eugène, ingénieur métallurgique, qui a construit et dirigé plusieurs forges et usines en France et en Espagne et avait présidé à la fonte de la colonne de Juillet, vint me dire : « Je suis effrayé de ce que Louis Blanc débite aux ouvriers. Il ne les connaît absolument pas. Demande-lui pour moi un entretien d'une heure, j'espère l'éclairer. »

J'écrivis à Louis Blanc, l'entretien eut lieu, mais son « siège était fait », et il avait à faire le siège du siège sur lequel il espérait s'asseoir.

***

Il vient de mourir un avocat fameux. Maître Lachaud avait beaucoup d'amis, et le méritait, paraît-il, par son esprit et son caractère. Il s'était fait une spécialité de « petit manteau bleu » des assassins, empoisonneurs, parricides, etc. ; il a escamoté à la juste vengeance des lois un grand nombre de ces têtes intéressantes; par suite de quoi il a été forcément complice des récidives; ses amis de plume n'ont peut-être pas mis assez de circonspection et de réserve dans les souvenirs qu'ils ont publiés à sa gloire, ils nous l'ont, pour la plupart, assez maladroitement, montré — moins grand orateur que grand comédien, entortillant, fascinant les jurés, et faisant par des expédients et des « ficelles » dériver sur les assassins la pitié due à leurs victimes.

Maître Lachaud se mit en vue très jeune par la part ardente qu'il prit dans le procès de Marie Capelle, soi-faisant veuve Lafarge.

Il y eut, à propos de cette « cause célèbre », un singulier vertige, auquel échappèrent alors peu de gens en France. Un journal même, il y a quelque temps, avançait que j'y avais seul échappé.

Je disais :

« Madame Lafarge vient d'être, par le jury, déclarée coupable d'empoisonnement de son mari, avec *circonstances atténuantes*.

» Si madame Lafarge est coupable, et si MM. les jurés limousins ont la conviction de sa culpabilité, où sont les circonstances atténuantes ? Si ce verdict est le résultat d'un doute, les jurés devaient l'absoudre. Dans les deux cas ils ont manqué à leur devoir..... »

Et j'ajoutais :

« Aux amoureux de madame Lafarge.

13

» Il est fort à la mode, parmi certains jeunes gens, de professer une grande admiration, que dis-je? une adoration pour madame Lafarge; ce n'est qu'éloge sur son esprit, sur sa figure, sur sa modestie, sur ses talents.....

» Combien de femmes doivent se dire : Faut-il être danseuse ou accusée d'empoisonnement pour être admirée, pour être aimée? ne reste-t-il donc aucune récompense pour les vertus cachées qui parfument la vie intérieure? vaut-il mieux remplir le monde de bruit et de scandale que de remplir la maison de paix, de joie et d'amour? etc., etc. »

Lachaud n'avait pas vingt-cinq ans; un autre avocat, Bac, du même âge, qui partageait avec Lachaud la défense de Marie Capelle, allait plus loin : si elle était acquittée, il comptait lui demander sa main. Il eût été plus grand, plus complet de la lui demander après sa condamnation.

Raspail, déjà assez vieux, alla à la Cour d'assises pour contredire Orfila qu'il haïssait. Il devint aussi amoureux de madame Lafarge, et, écrivant à un journal sur le plus ou moins d'arsenic trouvé dans feu Lafarge, il disait : Elle est charmante et joue très bien du piano.

Je sais encore un homme qui, comme le fut jusqu'à la fin Lachaud, dont il était l'ami, est aujourd'hui encore sous le charme et proclame l'innocence de la condamnée.

Je respecte son opinion, comme je pense qu'il

respecte la mienne, qui est contraire. C'est un homme très distingué, très instruit, très disert, très justement considéré. Circonstance atténuante : il avait alors vingt-deux ans.

La spécialité de Lachaud était si bien établie que le maréchal Bazaine inspira contre sa cause un préjugé assez raisonnable en confiant sa défense au défenseur subtil, malin, adroit, roué, de tant d'assassins, d'empoisonneurs, de parricides.

Ce n'est pas ainsi qu'agit ce brave et honnête Cavaignac en 1848. On savait qu'il serait accusé à la Chambre des députés, on lui parla de défenseur, au moins de conseil : il haussa les épaules.

— Mais au moins, lui disait Lamoricière, préparez-vous, il y aura contre vous des avocats retors.

— Pas une minute, répondit-il ; je sais que j'ai fait mon devoir, et tous les avocats du monde ne me prouveront pas que je n'ai pas fait mon devoir.

Et seul contre tous, ce soldat, qui n'avait jamais parlé en public, qui causait à peine, tint pendant deux séances, dont une de nuit, toute une assemblée hostile sous le charme triomphant de la vérité noblement, énergiquement, clairement exprimée.

Un avocat de l'école de Lachaud, défendait un jour un client qui avait tué son père et sa mère.

A la fin de sa plaidoirie, il s'adressa aux jurés, et d'une voix pleine de sanglots : « Messieurs les jurés, dit-il, j'implore votre indulgence pour un pauvre orphelin ! »

ÇA Y EST

Comme je lisais l'autre jour dans les journaux du « gouvernement » : « Lyon. La police a arrêté hier les individus nommés Chabrier et Uzer, compromis dans le *mouvement anarchiste*. »

Et dans un journal espagnol : « On a arrêté une trentaine de *meneurs socialistes* ayant des relations avec les anarchistes de Lyon ; le ministère a pris des mesures d'accord avec le ministre français. »

Je me dis : Ah ! ils en sont là, on arrête les *anarchistes*, et ce même gouvernement qui faisait naguère échapper un des assassins de l'empereur de Russie, fait aujourd'hui arrêter, d'accord avec le ministère espagnol, ceux qui, en Espagne, ont des relations avec les *anarchistes* de Lyon.

Et, me rappelant 1830 et 1848, je cherchais le point de maturité correspondant de la seconde et de la troisième République avec le point où en arrive la quatrième. Pour cela, je pris les mémoires de Caussidière, cet anarchiste acharné, farceur et naïf qui fut un moment si à la mode en 1848.

Au commencement de son volume, Caussidière fait l'histoire de la Révolution de 1848. Il laisse déborder son admiration, son enthousiasme pour « le peuple », qui vient de tirer les marrons du feu, et s'y est, comme de coutume, brûlé les doigts.

C'est « le premier peuple du monde », les « phalanges victorieuses », les « magnanimes conspirateurs », les « héroïques enfants de Lutèce », les « cœurs intrépides, sublimes et généreux », etc.

« Il ne doit plus y avoir, il n'y a plus qu'une loi, la volonté du peuple. »

Mais voici Caussidière qui se fait adroitement nommer d'abord « délégué à la police », puis « préfet de police ». On ne pensait pas à lui, lorsqu'il s'écrie : « Je n'occuperai la préfecture de police que si on met avec moi le citoyen Sobrier ». Or, Sobrier était une sorte de fou, en ce moment, et pour un moment, très populaire. C'est le procédé de ce particulier qui entrait gratuitement dans les théâtres, en se faisant accompagner de n'importe qui, et disait, en le précédant au contrôle : « Monsieur est avec moi ! »

Caussidière, délégué à la préfecture de police avec Sobrier, met Sobrier à la porte et se fait nommer préfet.

Il commence, n'étant encore que délégué, par continuer son hommage, son enthousiasme et son obéissance au « premier peuple du monde ».

« Mon premier acte à la préfecture, dit-il, avait été la mise en liberté des citoyens condamnés par la monarchie... Avec quelle joie j'embrassai ces nobles victimes ! »

Mais, une fois nommé préfet de police, Caussidière ne tarde pas à exécuter un triage de jour en jour plus sévère dans ce premier peuple du monde. Dès la page 29, il y discerne des hommes « d'une moralité plus que suspecte » ; à la page 91, il y découvre des « perturbateurs » ; à la page 92, des « malfaiteurs » ; page 93, des « hommes indisciplinés » ; un peu plus loin, des foules égarées » ; page 126, des « vagabonds dangereux » et des « galériens échappés » ; des « souteneurs de filles publiques » qu'il ne craint pas d'appeler « hommes dégradés ».

Il s'aperçoit alors que la « police », contre laquelle il avait tant déblatéré depuis dix-huit ans, a au fond certains avantages.

Page 306 : « Une bonne police est le meilleur instrument de sécurité publique ». Or qu'est-ce qu'une bonne police ? C'est une police dont Caussidière est le préfet, et dont il touche les appointements.

Il est frappé de l'utilité des « brigades de sûreté », il en augmente le nombre et l'effectif, ainsi que des « gardes de Paris », et de « la garde républicaine » ; il donne à ceux-ci un uniforme coquet et galant. « L'aspect en était beau et imposant. » Quant aux brigades de sûreté, il y veut des « hommes forts, rusés, et habiles à tous les travestissements ». « Le premier titre exigé pour en faire partie était un certificat d'écrou d'ancien condamné politique ; le deuxième, un certificat de combattant de Février. »

Mais bientôt il faut procéder à un nouveau triage, et même dans la « garde du peuple », tout en portant l'effectif d'abord à 800, puis à 2,000, et que le citoyen Caussidière veut élever à 6,000 hommes, « des hommes de Blanqui s'y sont glissés ».

« Blanqui fait une guerre haineuse au Gouvernement. »

« Le club Blanqui montre des tendances violentes et des emportements intéressés ».

« Le club Blanqui est une bande de traîtres. »

« La raison et la justice doivent recourir à la force. »

« Il faut élever la garde républicaine à 6,000 hommes. »

Page 208. — Caussidière découvre et signale « l'anarchie ». C'est affreux ; il faut lutter.

Il découvre également « la crédulité et la légèreté du peuple ».

Il s'aperçoit que le « premier peuple du monde » prend ses gouvernants en mépris et songe à la révolte.

Il conseille au peuple de « se défier des flagorneries qu'on lui prodigue ».

« Une bataille est imminente ; je souhaiterais une attaque de vive force. »

Elle ne tarda pas à arriver, mais Caussidière avait un pied dans le camp des assaillants, fut condamné par l'Assemblée nationale et se sauva.

Je ne sais si nos « gouvernants » « souhaitent une attaque de vive force », mais il est visible qu'elle est imminente.

Un incident est venu les éclairer sur leur situation, c'est la seconde représentation du beau drame de Victor Hugo, *le Roi s'amuse*.

A propos de ce titre, je rappellerai qu'en 1849 le journal antirépublicain et bonapartiste rédigé par les deux fils de Victor Hugo, par MM. Vacquerie et Meurice, publiait tous les jours un article si violent contre les républicains sous ce titre : « La République s'amuse », qu'il fallait un jour imprimer des excuses aux rédacteurs du *National*.

La reprise du *Roi s'amuse*, malgré les vers magnifiques, les scènes poignantes, n'a pas eu le succès qu'en attendaient les gens qui ne réfléchissent pas.

Il y a à ce désappointement plusieurs raisons incontestables.

A la première représentation, outre le drame sur la scène, il y avait comédie et bataille dans la salle, de quoi on n'a pu faire une « reprise ».

C'est aux beautés éternelles qu'il faut recourir pour faire une œuvre d'un éternel succès.

Le drame de Victor Hugo renferme un grand nombre de ces beautés éternelles, mais il est cependant vêtu à la mode d'alors, et cette mode a changé, non seulement littérairement, mais politiquement.

En politique, on était libéral et tout au plus républicain ; aujourd'hui, on est intransigeant et nihiliste.

En littérature, on était « romantique »; aujourd'hui on est « naturaliste ».

Intransigeant, nihiliste, naturaliste, tout cela va ensemble, comme allaient ensemble, lorsque parut *le Roi s'amuse*, romantique et « bousingot ».

D'ailleurs on chercherait en vain aujourd'hui cette jeunesse littéraire, ardente, enthousiaste, gaiement et fièrement pauvre; la littérature est devenue un bon métier et ne vise qu'à l'argent.

Au point de vue politique, on faisait du temps d'*Hernani* et de la première représentation du *Roi s'amuse* la guerre à la royauté, on aimait à voir en scène insulter et flétrir un empereur.

Aujourd'hui les assaillants d'alors sont au pouvoir, c'est en vain qu'ils disent au peuple :

La royauté, voilà l'ennemi !

L'Église, voilà l'ennemi !

Comme le voleur qui, poursuivi, fait semblant de poursuivre, et en fuyant crie au voleur, en désignant de la main un passant inoffensif.

« Le peuple » ne prend plus le change, l'ennemi, ce n'est plus la royauté ni l'Église; l'ennemi, c'est ses chefs et complices d'hier qu'il a portés au pouvoir et qui, aujourd'hui « repus », ne veulent pas partager avec lui.

Comme Caussidière en 1848, nos gouvernants découvrent des « gens d'une moralité suspecte », des « malfaiteurs », des « troupes indisciplinées », des « bandes de traîtres »; comme Caussidière, ils pensent que la « raison et la justice, — noms dévoués aujourd'hui comme alors aux intérêts égoïstes, — doivent recourir à la force ».

Une bataille est imminente.

Or, les citoyens Gambetta, Freycinet et consorts, qui, en 1870, se trouvaient d'assez bons, d'assez savants, d'assez expérimentés généraux quand il ne s'agissait que de la fortune et de l'honneur de la France, ont des doutes et même des inquiétudes sur leur capacité aujourd'hui qu'il s'agit de leur fortune à eux et ils songent qu'il leur faudrait un général « pour de vrai ».

M. Grévy vient d'être ou est peut-être encore malade, selon les uns; quoiqu'il se porte très bien selon les familiers de l'Élysée; mais, comme le disait madame de Motteville à propos d'une maladie de Louis XIV officiellement démentie : « Les rois se portent toujours bien dans leur salle des gardes. »

En tous cas son mandat approche de la fin.

Singulier personnage que ce M. Grévy! Il est au plus haut point de ceux qui semblent dignes des places tant qu'ils ne les occupent pas. S'il n'eût jamais parlé, disait-on d'un Grévy de l'antiquité, il serait encore un philosophe et un sage.

Si tacuisset, mansisset philosophus.

Je suis toujours surpris de voir un homme de soixante-quinze ans, à une époque de la vie où on a dépassé de beaucoup la moyenne de l'existence, et où on n'a plus à vivre que des jours de sursis, ne pas consacrer ces jours de sursis, à la vie calme, paisible, retirée, au milieu de sa famille et de son jardin, revenu qu'on est — quand on y est allé surtout — des ambitions, des prétentions, des vanités, des puérilités, etc.

Voilà un homme qui, président d'une République pour laquelle il avait publiquement demandé qu'il n'y eût pas de président, aime encore les joujous, les polichinelles de l'âge mûr, les décorations et les titres, et qui est joyeux et fier de s'attacher au cou un petit mouton.

Enfin, comme je le disais en commençant : « Ça y est, ça ne va plus, ça ne va pas — — ça ne peut pas aller. »

A force de faire des sottises et d'en vivre, vous vous y êtes habitués, comme Mithridate aux poisons, — mais si vous êtes les derniers à vous en apercevoir, vous devez aujourd'hui plus que soupçonner votre incapacité et votre impuissance.

Vous êtes d'opiniâtres et acharnés démolisseurs de palais et de vieilles maisons — mais aucun de vous n'est capable de bâtir, d'élever une cabane à lapins; si opiniâtres et enragés démolisseurs que vous vous démolissez vous-mêmes entre vous.

Vous n'avez aucun des dons naturels ou acquis qui donne droit à conduire un peuple.

Vous êtes ignorants, à ce point qu'une carpe rougirait de l'être autant; vous n'avez ni génie, ni idées, ni principes, ni traditions, ni générosité, ni bravoure, ni énergie, ni enthousiasme, ni conviction, ni dévouement, vous n'avez rien que des appétits et de la présomption; la « République pour vous n'est pas un but, mais une échelle », je l'ai dit cent fois — mais — c'est fini, ça ne va pas, ça ne va plus — « ça y est ». Attendrez-vous « la bataille » à la suite de laquelle, quelle qu'en soit l'issue, vous êtes perdus?

Faites vos paquets, mettez votre butin en sûreté, j'en sais d'entre vous qui espèrent déjà, comme leurs ancêtres et modèles de 1793, devenir chambellans d'une monarchie future, inévitable.

Épargnez-nous, du moins, cette bataille où périront un certain nombre de vos innocentes dupes, vous en avez assez sacrifié.

Un hasard m'avait appris quelles étaient les cachettes que la plupart d'entre vous avaient choisies au 15 mai; je vous promets de ne pas les dénoncer... si vous vous en allez de bonne grâce... et au plus tard... tout de suite.

APOTHÉOSE

Saint-Raphaël.

Je ne comptais plus parler de Gambetta.

Je veux seulement, aujourd'hui, dire ce que le hasard m'a fait voir à Nice l'autre jour.

Le samedi 13 était le premier jour de l'année russe, et j'allais de Saint-Raphaël à Nice féliciter des amis de cette nation, qui y viennent passer les hivers depuis de longues années.

Le passage du train qui devait m'emmener est d'ordinaire très exactement à 9 heures 50 minutes du matin; ce passage n'eut lieu qu'à 11 heures 10 minutes, c'est-à-dire avec une heure vingt minutes de retard, le service du chemin de fer étant désorganisé par le passage du train express qui avait quelques heures auparavant porté le cercueil à Nice. Les trains sur cette ligne d'Italie, desservie avec beaucoup de zèle et d'intelligence, sont si nombreux qu'il est difficile d'en intercaler un.

Avec moi partait le célèbre docteur G. de M., nouvel hôte apprécié de Saint-Raphaël, appelé en consultation à Menton pour un cas grave, et laissant chez lui une fille malade, auprès de laquelle, selon la marche ordinaire des trains, il devait être revenu de bonne heure; les autres jours, le train qui part de Saint-Raphaël à 9 heures 50, arrive à Nice un peu avant midi, et, après un court arrêt, continue sur Menton et sur la frontière d'Italie; mais samedi, pour rétablir la régularité du service, cette continuation était supprimée, et le docteur devait ou renoncer à aller à Menton où il était impatiemment attendu, ou renoncer à rentrer ce jour-là à Saint-Raphaël.

Il y avait dans la gare d'énormes amas de couronnes, si bien que je crus à tort que la cérémonie n'avait pas encore eu lieu; ce n'est que par les journaux locaux que j'appris, le lendemain, que le convoi venant de Paris, montrant en cela une injuste défiance de la population niçoise, avait apporté quatre fourgons de couronnes préventives, qui s'étaient trouvées de trop, et faisaient double emploi avec celles qui, depuis cinq ou six jours, attendaient chez tous les fleuristes de la ville; on les avait donc laissées là; qu'en a-t-on fait? Chacun a pu à un grand rabais acquérir un hommage d'occasion pour ses morts particuliers.

Le retard monstrueusement scandaleux et impudent qu'on avait mis à rendre à ce pauvre père Gambetta le cadavre de son fils, avait amené une circonstance fâcheuse : on avait, depuis près d'une semaine, préparé une sorte de chambre ardente dans le couloir qui sert de sortie et d'issue aux voyageurs arrivant à Nice. Il est incontestable que ce catafalque, ses draperies noires semées de larmes d'argent, devaient produire un triste et fâcheux effet sur les malades qui forment une notable partie des hôtes de l'hiver, et plus triste encore pour ceux qui les amènent ; au lieu de donner à cette arrivée, dans les doux climats méridionaux, une sensation de bien-être, d'espérance, de guérison et de santé, les premiers aspects qu'on trouvait, c'étaient des emblèmes de mort et de funérailles.

Je n'ai donc pas vu la cérémonie, je n'ai vu que les candélabres allumés en plein jour, et entourés de crêpes, effet qu'on avait proposé à Paris et auquel on avait sagement renoncé, parce que c'est un effet complètement manqué et nul.

Dans notre pays de France où l'engouement et le dénigrement également sans mesure, ni repos, ni limites, se succèdent toujours, et obéissent à cette loi physique que « l'angle de réflexion est égal à l'angle d'incidence », on procède dans l'hommage comme dans l'insulte, ainsi que dans la louange et dans... *l'engueulement*, pardonnez le mot, il peint seul ce que j'ai à dire. Il y a l'engueulement louangeur et adulateur, comme l'engueulement hostile et insultant. C'est-à-dire qu'on entasse pêle-mêle, soit les injures, soit les éloges, à tout hasard, sans se soucier de considérer si les uns ou les autres conviennent à la personne à qui on les adresse, à sa figure, à son tempérament, à ses actes.

Que signifient ces deux éditions de funérailles royales faites au chef de l'opportunisme ? où est la mesure ? Qu'eût-on fait de plus si, en 1870, Gambetta eût réussi à organiser une armée, abondamment pourvue d'armes, de munitions, de vêtements et de vivres ; s'il eût chassé les Prussiens et leur eût infligé une indemnité de cinq milliards à payer à la France, et l'élargissement de nos frontières ; si Gambetta se fût montré ardent à partager les misères et les dangers de ceux qu'il envoyait à la bataille, et si la mort avait été due aux suites de glorieuses blessures qu'il eût alors reçues ? Je vous le demande, qu'eût-on pu ajouter à la splendeur de ces funérailles où on n'a rien négligé, je le répète, pour les rendre royales, y compris les tentures *violettes*, couleur exclusivement réservée au deuil des rois, et le canon, qu'il n'aimait pas trop de son vivant ?

D'autre part, pour savoir si réellement la mort du tribun excitait les regrets, la sympathie que proclament les journaux du parti, il eût fallu lui faire des funérailles simples, modestes « républicaines », sans autre splendeur, et c'eût été la vraie, que la douleur publique ; mais cette pompe théâtrale provoque surtout la curiosité, et la foule qui s'y presse ne signifie plus rien, car elle se presserait de même à tout spectacle gratuit, pour lequel on ferait d'aussi grands frais ; il est difficile, impossible même de faire la part de la douleur, des regrets et de la sympathie. J'en citerai un exemple, peut-être deux. Le premier est bouffon ; j'ai pendant l'hiver une petite chambre que je loue à Nice dans un quartier éloigné : le jour de la cérémonie, je n'y pus entrer, et je demandai l'hospitalité à des amis. Mon propriétaire était sorti, emportant les clefs, et un voisin me dit : « Il est allé à la fête. »

Le second exemple, qui m'a été attesté par des étrangers qui avaient assisté à la cérémonie, est que peu de têtes se découvraient au passage du convoi. En effet, l'assistance se composaient d'étrangers et d'habitants du pays ; les premiers n'étaient venus que par la curiosité, et, pour la plupart, l'absence de cérémonie religieuse diminuait singulièrement le respect. Ce dernier sentiment était encore plus fort chez la population niçoise, race plus d'à moitié italienne, très choquée, très offensée, très scandalisée, d'un enterrement inusité dont il prononce la dénomination : d'enterrement *civil.:* enterrement « si vil ».

Pour d'aucuns même, se trouvait diminuée la sympathie si légitimement due au pauvre et intéressant vieillard dont les cruelles et honteuses tentatives des amis de Gambetta pour lui voler son fils abrègeront nécessairement les jours.

C'est qu'on ne savait pas que, d'une part, c'était probablement une condition que les détenteurs du cadavre avaient mise à la restitution.

C'est qu'on ne savait pas non plus que l'Église n'aurait pas consenti à rendre des honneurs à celui qui s'était si hautement et si cruellement déclaré ennemi de la religion, et que l'évêque s'était d'avance sincèrement prononcé pour le refus, si on en eût fait la demande.

Une explication très humaine de l'empressement des foules, c'est, outre la curiosité, qu'il y a des gens en grand nombre, par un sentiment confus où la vanité entre pour beaucoup, qui, lorsqu'il se passe ou arrive quelque chose, veulent en être, fût-ce pour très peu et indirectement. Un incendie, un crime sont signalés; vous entendrez beaucoup de gens vous dire : « C'est tout près de chez moi. » — Ou : « Une heure avant ou la veille, je passais par cette rue-là. » — Ou : « C'est bien par hasard que je ne me trouvais pas là, car c'est le chemin pour aller chez mon oncle, où je vais deux fois par an. »

A Nice, on parlait beaucoup, dans le peuple, d'une circonstance que je n'ai pu vérifier : on disait que, au cimetière, pour faire place à la cérémonie, on avait enlevé et fait disparaître un certain nombre de croix placées sur les corps enterrés sans concessions achetées ou par concessions temporaires périmées et que l'usage laisse néanmoins subsister. La colonie russe était mécontente et scandalisée d'une lettre que la princesse Dolgorowki, épouse morganatique du défunt empereur de Russie, aurait adressé au père de Gambetta et que tous les journaux de Nice et ensuite plusieurs journaux de Paris ont reproduite.

La princesse Dolgorowki habite à Nice une propriété

où a résidé autrefois la grande-duchesse Hélène de Russie, princesse très justement considérée ; la vieille impératrice de Russie a passé un hiver à Nice. Ni l'une ni l'autre ne s'immisçaient dans les affaires de la France, ni même de Nice, si ce n'est pour quelques bienfaits discrètement pratiqués.

Il eût été sage, disaient les Russes à la princesse Dolgorowki, d'imiter la réserve et la modestie de la vieille impératrice qui avait, elle, épousé de la main droite, et dont les enfants étaient plus jeunes que son contrat de mariage.

La forme de la lettre était d'ailleurs des plus malheureuses. « La France et moi, disait-elle, nous sommes également frappés : j'ai perdu l'empereur, et vous, vous perdez votre « titan populaire ! » Il est un peu présomptueux de se mettre sur la même ligne que la France ; il est bien humble pour son époux morganatique de le mettre sur la même ligne que le tribun défunt.

Les Russes disaient encore :

« Son Altesse, comme dit la lettre écrite en son nom par son secrétaire, a le droit et fait peut-être bien d'avoir au nombre de ses gens un secrétaire français, M. Dufour ; mais n'aurait-elle pu, en faisant des recherches plus ou moins minutieuses, trouver pour cet emploi délicat un Français sachant le français ? »

LES HABITS

Quand viendra le temps d'élever une statue à M. Grévy, ne fût-ce que pour contrarier un de ses successeurs, j'aurai évité bien des méditations et des recherches aux sculpteurs qui se disputeront la gloire et le profit de ce monument, en publiant dès à présent un projet que je considère comme le meilleur qui se puisse imaginer, c'est-à-dire racontant à la postérité le rôle qu'aura joué en France le troisième président de la quatrième et dernière république, à savoir : chercher sans cesse des ministères, en essayer et renvoyer, en reprendre même de ceux qu'il avait déjà rejetés, etc.

On représenterait M. Grévy costumé en « belle écaillère », ouvrant opiniâtrement des huîtres par centaines de douzaine pour y trouver une perle.

Mais ce n'est pas de M. Grévy que je compte parler aujourd'hui; laissons-le donc ouvrir et fouiller sa dernière et présente douzaine.

L'aventure du conseiller municipal Joffrin m'inspire la pensée de parler un peu des habits. Ce conseiller, raconte un journaliste, voulant se joindre à ses collègues réunis aux Tuileries, au pavillon de Flore, pour faire une réception à M. Brazza, ne put y rentrer et fut repoussé par un huissier parce qu'il n'était pas en habit noir et en cravate blanche. M. Joffrin nie le fait, mais le journaliste lui répond : C'est vous qui me l'avez raconté ; *sub judice lis est*.

Le premier costume qu'aient porté les hommes était une feuille de figuier. Je sais bien qu'on dit et je sais que c'est une feuille de vigne ; qu'on écrit souvent que c'est une feuille de vigne qu'on adapte aux statues dans certains musées et dans les jardins publics.

Mais c'est une erreur ; la Bible dit formellement feuille de figuier. Je sais bien, il est vrai, que la feuille de vigne est plus finement et plus élégamment découpée que celle du figuier. Néanmoins cette modification du costume féminin, la mode de la feuille de la vigne, ne peut être attribuée qu'aux filles de Noé, qui, selon la même Bible, planta la première vigne. Depuis ce temps, c'est-à-dire depuis des milliers d'années, les générations se sont succédé, cherchant toujours le meilleure moyen de se couvrir et de s'habiller, et ne l'ayant pas trouvé jusqu'ici, changeant toujours et ne perfectionnant jamais, car rien ne reste aujourd'hui de la mode d'hier, et rien demain ne restera de la mode d'aujourd'hui. Si rien n'est acquis, adopté définitivement, rien n'est repoussé, proscrit définitivement; car de temps en temps on voit reparaître certaines modes admirées pendant trois mois, rejetées au bout de ces trois mois, déclarées absolument ridicules quinze jours après, et de nouveau admirées, adoptées, répétées et trouvées ridicule après un certain nombre d'années. Au premier abord, il semblerait que ça ne devait pas être si difficile et pouvait se découvrir plus tôt. En effet, quel est le but du vêtement? 1° se préserver des rigueurs de la température; 2° cacher telle ou telle partie du corps, car ce n'est ni partout ni toujours les mêmes, par décence, et peut-être aussi pour laisser le champ libre à l'imagination; 3° montrer ou faire croire qu'on est riche et faisant partie d'une classe supérieure.

Ce dernier point d'annoncer une classe ou un grade n'est atteint que dans les pays et aux époques où il y a des lois somptuaires — comme en Chine aujourd'hui — comme chez les Romains pendant un temps et lorsque Néron défendait la pourpre sous peine de mort — comme en France lorsque Louis XV se réservait le bleu sous peine d'amende.

Cet effet se manifeste encore chez les soldats pour les galons, les étoiles, les plumes, etc., — mais pour les « civils » ça ne donne même plus l'air riche — depuis que les magasins de « confections » offrent à si bas prix des costumes de « dames » et de « messieurs » qui permettent aux « bourgeois » de s'habiller comme les « grands seigneurs » et aux ouvriers de s'habiller comme les bourgeois; en même temps que ce qui reste, s'il en reste, de grands seigneurs, ont renoncé au velours, à la soie, aux broderies, aux galons, etc.

Quant au troisième but à atteindre, chaque homme, chaque femme, après avoir étudié ce qui sied le mieux à son visage, à sa taille, à ses formes, en même temps qu'à sa situation et à sa fortune, pourrait une fois fixer son choix et garder toute la vie le costume adopté, comme l'oiseau garde ses plumes. — Je ne trouve pas de dignité à ce changement perpétuel d'apparence extérieure. — A un certain âge, tout homme, si ce n'est toute femme, devrait avoir adopté définitivement pour costume la forme et la couleur d'un vêtement qui serait son corps visible et ne changerait pas plus que son corps et son visage.

Il y a plus d'excuses pour les femmes, ou du moins plus de raisons à donner. Les hommes ont des métiers différents, des ambitions diverses, des prétentions variées. Mais les femmes n'ont toutes qu'un même métier : être belles ou le paraître. On comprend leur préoccupation, leurs efforts, leurs essais, leurs recherches.

Mais je m'arrête un moment ici pour raconter, à propos de l'article 4, une anecdote que j'ai lue dans un ouvrage anglais sur les possessions et les envahisseurs des contrées découvertes. Sur la côte de Guinée, dit l'auteur, il y avait des rois sauvages qui, grisés à la fois par l'eau-de-vie que leur prodiguaient les marchands anglais, et par les récits de la grandeur de leurs souverains que faisaient ces mêmes marchands, prenaient et portaient les noms de ces monarques; ainsi, en 1743, il y avait un certain roi Guillaume dont la femme s'appelait la reine Anne.

Ce roi Guillaume était belliqueux et conquérant, il fit la guerre à un autre roi, appelé Martin, qui prétendait s'égaler à lui, — ça n'était ni plus ni moins déraisonnable que nos guerres d'Europe. — Toujours est-il qu'il se donna une fameuse bataille où Guillaume perdit trois hommes et son rival cinq. Celui-ci, consterné d'une défaite qui diminuait notablement ses forces, demanda la paix, qu'il obtint aux conditions suivantes : 1° qu'il renoncerait au titre de roi et se contenterait de celui de capitaine; 2° qu'il ne mettrait plus de bas ni de souliers lorsqu'il irait à bord des vaisseaux d'Europe, et que cette distinction appartiendrait désormais au seul roi Guillaume; 3° qu'il donnerait au vainqueur la plus belle de ses filles en mariage.

Tout cela ne paraît ridicule qu'à cause du moindre nombre d'hommes tués et du moins d'atrocités; autrement il n'y a aucune différence avec nos guerres, nos conquêtes, etc. En quoi la fille de Martin donnée à Guillaume diffère-t-elle de l'archiduchesse d'Autriche donnée à Napoléon Ier?

Après ce traité, Guillaume vint en bas et en souliers sur un vaisseau danois, où il acheta quelques soieries pour habiller la reine. Ayant aperçu dans un coin un bonnet de grenadier que les gens de l'équi page avaient laissé par hasard, il en fit l'acquisition, et le mit sur la tête de sa femme ; après quoi il voulut que Martin la vît dans toute sa royale parure, et le père pleura de joie et d'attendrissement en la voyant si belle.

Ainsi finit l'histoire. Revenons au point où nous en étions.

Les femmes donc veulent d'abord être belles, puis chacune veut être plus belle que les autres ; à cet effet, elles ajoutent à leur beauté naturelle et s'assimilent toutes les beautés que la Providence et la nature ont distribuées et partagées non-seulement entre les espèces et les êtres divers, mais même entre les êtres inanimés. La beauté de chaque femme est un mets dont elle s'efforce de rendre la sauce chaque jour plus appétissante par l'addition de nouveaux ingrédients, condiments, assaisonnements. La femme a ajouté successivement à sa beauté personnelle la beauté de l'autruche et des autres oiseaux, la beauté de l'hermine, la beauté du ver-à-soie, la beauté des fleurs, la beauté des métaux et des pierres précieuses, de toutes ces beautés empruntées ou prises comme un tribut et une conquête aux ailes et à la queue des oiseaux, aux cocons des chenilles, aux corolles des fleurs, aux pierreries des entrailles de la terre, au corail et aux perles tirés des gouffres de la mer ; tou cela mêlé, compose un ragoût plus ou moins affriolant, pimenté, excitant, une olla podrida, une bouillabaisse qui s'appelle la beauté de la femme.

Mais le but de la parure est multiple pour les femmes : plaire aux hommes et vaincre, humilier les autres femmes, leurs ennemies naturelles — chacune se croit volée de l'amour qu'inspire une autre, et elles imiteraient volontiers le roi Guillaume défendant à Martin de mettre des souliers.

Le rêve d'une femme...

A propos... j'oubliais de prendre une précaution oratoire nécessaire pour me concilier sinon la bienveillance, du moins l'indulgence de mes lectrices; disons donc : exceptez vous, madame, qui lisez ces lignes, et qui peut-être voudrez bien reconnaître que les autres femmes sont comme ça.

Le rêve d'une femme, excepté vous, madame, serait de voir tous les cœurs tournés vers elle, et de n'en laisser pas un seul aux autres. Les riches parures servent accessoirement et peut-être est-ce l'autre but, plaire aux hommes, qui est l'accessoire, à montrer quels tributs on paye, quels sacrifices on offre à leur divinité.

Mais enfin, quand on a persuadé à un nombre quelconque d'hommes qu'on est la plus belle, et à un nombre correspondant qu'on est la plus admirée et adorée, il y a un point qu'on ne peut atteindre c'est d'être « une autre femme », et ces maudits hommes sont si blasés et conséquemment si changeants, que, quelque belle et charmante que soit une femme, il peut lui arriver d'être vaincue par une femme qui n'a de charme que d'être « une autre », et plus belle est

« autre », plus elle a de chances d'être victorieuse.

Là est peut-être la principale cause de la variété et du changement perpétuel de la parure des femmes. Vous n'aimez plus celle que j'étais hier ; aimez celle que je suis, aujourd'hui, et qui ne lui ressemble pas ; puis celle que je serai demain et qui sera encore différente. Sultan blasé, capricieux, je ne suis pas une femme, mais un harem tout entier. Mettez les autres à la porte, elles sont inutiles. Si vous voulez changer, changez pour moi, qui ne suis déjà plus la même. Si vous voulez m'être infidèle, soyez-moi infidèle avec moi. Aucune ne sera plus, ne sera aussi « autre » que moi ; et ne prenez pas cela pour un déguisement, j'ai aujourd'hui, comme j'avais hier et comme j'aurai demain, l'esprit, le caractère, les défauts, les qualités, les vices et les vertus de ma robe.

Quelques femmes très intelligentes imaginent des façons de s'habiller qui font valoir leurs avantages et cachent leurs imperfections, mais les autres, qui n'ont ni les mêmes imperfections, ni les mêmes avantages, ni le même esprit, les imitent niaisement parce que c'est « la mode », parce que c'est ainsi que ON s'habille ou se déshabille.

Qu'est-ce que ON ? un dieu redoutable, absolu, invisible, représenté sur la terre par les quelques femmes avisées dont je parlais tout à l'heure et par des couturières et des tailleurs, qui ont intérêt à ce que leurs clientes quittent leurs vêtements avant de les avoir usés ou même défraîchis, et les arrêts de ON sont sans appel ni recours en grâce, non-seulement pour les habits, mais pour les formes du corps, pour les idées et pour les opinions.

Aujourd'hui ON porte les souliers pointus, demain ON les portera carrés et à semelle large comme ceux des Anglaises qui ont leurs raisons pour cela, et les Françaises et les Parisiennes mêmes qui méritent à plus juste titre que les « Grecs bien chaussés », ευκνημιδες Αχαοι, cacheront leurs pieds étroits et élégants ; c'est triste, mais qu'y faire ? pas moyen de résister, puisque ON les porte ainsi.

ON et la mode ont ordonné successivement d'avoir la gorge basse, ou de l'avoir sous le menton ; d'avoir chaque bras aussi gros que le corps ; de donner à la croupe les dimensions de celle de la Vénus Hottentote ; ça a disparu et ça revient en ce moment, pour disparaître et revenir.

L'empire de ON et de la mode n'a pas de bornes ; les femmes, les plus naturellement chastes et modestes, n'osent pas s'insurger contre un arrêt qui leur ordonne l'indécence et l'impudicité ; d'échancrer, de retenir, de relever la feuille de vigne ou de figuier ; on était presque revenu à ce vêtement primitif sous le Directoire ; on n'en n'est pas très éloigné aujourd'hui, avec ces jupes étroites, collantes, qui ne permettent pas à une femme de franchir un ruisseau et rendent sa démarche disgracieuse.

Notez que les vraiment belles, celles qui ont reçu de la nature les formes que nous admirons chez les statues, n'ont pas une beauté malléable, ne peuvent se conformer aux transformations et aux déplacements ordonnés par la mode et ont moins de succès par le monde que certains manches à balais.

On ne s'aperçoit pas de ce qu'il y a de monstrueux à étaler aux lumières et sous les yeux de deux cents hommes la moitié de la gorge nue : ça s'appelle être « habillée », et j'ai entendu traiter d'indécence une infraction à cet usage. Quelques-unes, plus hardies ou plus sûres d'elles-mêmes, offrent à l'admiration un peu plus que cette moitié; les autres femmes les blâment, peut-être parce qu'il ne serait pas prudent à toutes de le faire, mais personne ne peut m'expliquer en quoi la seconde moitié est plus impudique que la première. On se décollète, il faut se décolleter ; ma fille cependant, élevée par moi, ne s'est jamais décolletée, et ma mère, qui a cessé, encore jeune, d'aller dans le monde, lorsque mon frère et moi étions encore enfants, ne s'habillait pour le soir, ne sortait, ne rentrait que lorsque nous étions couchés. Encore aujourd'hui, je sens que j'aurais été bien surpris, bien honteux, bien indigné, bien affligé de voir ma mère décolletée.

C'est tellement consacré par la mode que les femmes n'ont plus conscience de ce que cet usage a de monstrueux, et je suis convaincu que, si la mode qui a ordonné, à une certaine époque, chez les Romains et chez les Français du temps du Directoire, les « robes de verre » et les étoffes de « vent tissé », ordonnait d'ouvrir de petites fenêtres sur d'autres parties du corps, on lui obéirait comme pour l'exhibition de la gorge.

Le petit nombre de gens qui me connaissent aujourd'hui s'étonneront de voir que, à propos de « la mode » j'aie à parler de moi, et cependant c'est ce que je vais faire.

Il existe un très gros livre, un amas de seize volumes in-folio, appelé le Dictionnaire Larousse. Cet ouvrage, très bien fait et estimable sous certains rapports, a malheureusement été livré, pour certains sujets, à une troupe de fruits secs, à des polissons de lettres, de bons petits rouges, qui en ont fait le plus gros et le plus indigne des pamphlets. Ces bons petits rouges m'honorent d'une malveillance particulière. Je ne parlerai pas d'appréciations, souvent complètement contradictoires, de mes ouvrages, quelquefois loués, d'autres fois vilipendés, selon que telle ou telle lettre du dictionnaire est échue à tel ou tel de ces manieurs de plume. J'ai un grand tort aux yeux du parti révolutionnaire : depuis plus de cinquante ans que j'écris, ses adeptes ne m'ont pas une seule fois trompé ni intimidé. Les attaques à mes livres ne suffisent pas pour un tel crime : le Dictionnaire Larousse, dans son supplément, s'en prend à ma personne et me reproche amèrment : 1° de m'évertuer à attirer l'attention sur mon individu ; 2° de ne pas m'habiller comme tout le monde.

Après le plaisir d'avoir quelques amis, bons dévoués,

intelligents, c'en est encore un grand que d'avoir des ennemis bêtes, qui, dans leur colère aveugle, frappent, non sur vous, mais à côté de vous, sans réussir à trouver les points vulnérables, qui, hélas! ne manquent pas. Ce reproche de m'efforcer de me « montrer » est tout à fait farce et cocasse, appliqué à un homme, à une sorte de Robinson, qui a passé sa vie à chercher des îles désertes et à s'y cacher; qui a habité successivement les petites îles de la Seine et de la Marne, puis Étretat, Sainte-Adresse, Saint-Raphaël, plages inhabitées qu'il a abandonnées aussitôt qu'il y est venu du monde, à la première invasion des sauvages.

Quant à mes vêtements, ce n'est pas par la richesse, par la variété qu'il diffèrent de ceux des autres; je n'ai jamais vu M. Larousse ni ses collaborateurs, et n'aurais pu m'étudier à m'habiller comme eux; mais voici ce qui m'est arrivé très jeune encore, comme Pascal qui, à douze ans, découvrit les soixante-douze premières propositions d'Euclide : j'avais découvert que le rôle du chapeau doit être de couvrir la tête, ensuite qu'il est assez raisonnable de lui donner une belle forme; le chapeau dit « tuyau de poêle », que tout le monde trouve laid, qui craint la pluie, qui n'abrite pas les yeux, ne satisfait point aux conditions qu'on doit attendre du chapeau, je ne l'ai pas adopté; quant au reste du costume, il en a été de même; j'y ai pensé une demi-heure, il y a cinquante ans; j'ai cherché quel était le costume le plus convenable à mes habitudes d'exercices violents, à ma vie sur les plages et sur la mer, au peu d'argent que je pouvais et voulais y consacrer, et j'ai adopté le costume des pilotes normands. Cela fait, j'ai décidé de n'y plus jamais penser, cette demi-heure de méditation étant tout ce que je voulais accorder à ce sujet en toute ma vie; ce que j'ai fait, ne le modifiant en rien depuis cinquante ans, et à mesure qu'un vêtement est usé, le remplaçant par un vêtement pareil.

Cependant, depuis cinquante ans, mon costume a été deux fois à la mode. Mes vestes-vareuses ont été portées par les élégants les plus scrupuleux sous le nom de vestons; je crois qu'on en porte encore en ce moment et que je suis pour l'instant aussi a la mode que l'ont pu être jamais feu Larousse et ses collaborateurs.

A BATONS ROMPUS

On vient de publier un tableau de ceux des crimes commis depuis un certain temps qui ont été découverts et plus ou moins punis par la justice.

Il y a progrès, non pas dans l'action répressive, mais dans le nombre des crimes les plus bas et les plus répugnants, progrès aussi dans une encourageante impunité.

Je ne parlerai, pour aujourd'hui du moins, que d'une remarque que, chaque fois qu'un pareil résumé est publié, beaucoup de personnes font, sans s'en donner l'explication.

C'est que parmi les auteurs de ces crimes, il y a un beaucoup plus grand nombre d'hommes que de femmes. Qu'on ne se hâte pas trop d'en conclure l'innocence, la douceur, l'humanité supérieures de la femme; la vérité est qu'il en est des crimes comme des vers : presque tous les crimes des hommes sont faits pour les femmes. Les femmes, et les plus femmes d'entre les femmes, ne font pas les crimes ni les vers elles-mêmes, elles les inspirent et les font faire, il y a des exceptions dans les deux cas, et c'est rarement joli.

* * *

A mon tour à ne pas m'expliquer une singularité qui me frappe depuis quelque temps et qui est assez nouvelle.

Pour au moins la moitié des livres qui s'impriment, l'éditeur a soin de faire dire par les journaux que ce sera moins un succès qu'un scandale; que des portraits seront reconnus et les originaux diffamés, traînés dans la boue, etc.

Jusque là, c'est très bien — et ce n'est pas ce qui m'intrigue — mais le lendemain du jour de la mise en vente, le même libraire fait annoncer qu'il fait paraître la seconde, quelquefois même la troisième édition du livre, — dix jours plus tard, c'est la quinzième édition qui est enlevée par le public, et, au bout du mois, il a fallu faire composer, imprimer, brocher, etc., la trentième édition.

Or, il faut donc croire que les libraires ont aujourd'hui bien peu de flair, sont devenus bien lourds, bien inintelligents, pour ne pas présumer, du moins jusqu'à un certain point, le succès et la vente probable d'un ouvrage, — pour ne pas proportionner le tirage de leur première édition à cette vente probable — et pour ne faire imprimer que la trentième partie de ce qui se vendra! — C'est une grande dépense pour l'éditeur que de faire composer, tirer, imprimer, brocher un livre — et il est peu sage ou peu intelligent de s'exposer aussi souvent à faire quinze fois, vingt fois, trente fois la même dépense que, avec l'expérience qu'on doit acquérir, chacun dans son métier, avec un certain degré d'intelligence, et, répétons-le, un certain flair, on aurait pu ne faire qu'une fois, deux tout au plus. Est-ce que, en même temps que les auteurs ont immensément plus de talent qu'autrefois, les libraires ont moins de perspicacité et de bon sens que n'en avaient les anciens ?

C'est ce que je demandais dernièrement à un Parisien qui vint me voir à Saint-Raphaël, où je vis si heureusement loin de tout et de tous ; il me donna un explication singulière que je vous donne sans la garantir, par ce que le Parisien pourrait bien s'être amusé de la crédulité possible et même probable d'une sorte de Robinson.

L'explication, me dit-il, de ce qui vous étonne est bien simple, c'est que ce n'est pas vrai. L'éditeur, d'accord avec l'auteur, au prorata de la vanité du second et de l'audace du premier, décide d'avance qu'un ouvrage qu'il publiera demain aura dix, vingt, trente éditions, et il divise immédiatement le nombre tiré, c'est-à-dire une édition, en dix, vingt ou trente paquets ou tranches, dont chacun ou chacune sera une édition au moyen d'un changement de couverture.

Aujourd'hui, de plus, pour un ouvrage qui leur semble avoir quelques chances de durée, les libraires font *clicher* une première composition ; s'ils ont épuisé les exemplaires mis en vente, ils n'ont pas besoin de faire une « nouvelle édition », c'est-à-dire de faire de nouveau « composer » et imprimer le livre, ils font simplement un « tirage » supplémentaire au fur et à mesure du débit. C'est là ce que m'a répondu le Parisien, ce qui m'a un peu rassuré sur les capacités, la perspicacité et l'intelligence des libraires d'aujourd'hui.

*
* *

J'ai eu l'honneur, et, qui plus est, le plaisir, de voir fréquemment S. M. Oscar II, roi de Suède, il y a seize ou dix-sept ans, lorsqu'il s'appelait simplement prince Oscar, duc d'Ostrogothie. Il passa alors tout un hiver à Nice pour la santé de sa femme, aujourd'hui reine de Suède, fatiguée d'avoir mis au monde trois petits princes en si peu de temps qu'ils sont presque des jumeaux. Il demeurait près de chez moi et venait souvent le matin dans mon jardin ; nous nous promenions, puis nous nous asseyions sur un banc rustique, sous un grand palmier, ayant à nos pieds une mare pleine d'aponogétons en fleurs, exhalant un suave parfum. Nous parlions *de omnibus rebus, et quibusdam aliis*, de tout et d'autres choses ; il s'intéressait beaucoup à la littérature française qu'il connaissait assez bien, étant lui-même poète, mais en allemand et en suédois, et ayant publié plusieurs ouvrages; nous causions aussi de politique, mais avec une certaine réserve, du moins de son côté. — Il est de très haute taille, d'une physionomie agréable, d'un esprit gracieux.

Un jour je le trouvai au jardin, comme je reconduisais sa femme, qui était venue voir une malade; je passai devant lui, en me contentant de m'incliner légèrement, et je conduisis la visiteuse jusqu'à sa voiture. Puis je revins au prince.

— Vous êtes encore assez Français, lui dis-je, pour que je n'aie pas à m'excuser d'avoir fait passer une femme avant un prince.

— Vous avez raison, me dit-il, nous sommes toujours un peu Français, du sang du sergent Bernadotte, mon grand-père.

Son frère, alors roi de Suède, poète comme lui, et peintre, n'avait que trois ans de plus que lui; rien ne pouvait présager sa mort. Le prince Oscar avait une inquiétude, mais pour « après eux », après eux deux. Dans la constitution de la Suède, la succession au trône est de mâle en mâle; or Charles XV, de deux enfants, un fils et une fille, n'avait conservé que la fille. Le prince Oscar avait, lui, trois fils, dont l'aîné devait être le successeur de son oncle. Une coterie s'occupait de faire modifier la Constitution pour faire donner la couronne, quand elle serait disponible, à la princesse Eugénie, au préjudice des droits que la Constitution donnait à Oscar-Gustave-Adolphe, alors âgé de sept ou huit ans.

Le prince, qui n'avait alors qu'une trentaine d'années, s'amusait beaucoup à Nice, où il plaisait singulièrement. Il était instruit, spirituel, aimable, simple, dansait et valsait bien et infatigablement. Dans la journée il montait à cheval, le soir il allait dans le monde.

Quand il partit, il fit, selon l'usage des princes à Nice, tomber une averse de croix — en guise de P. P. C. — De Stockholm, il eut la bonté de m'envoyer quelques-uns de ses ouvrages, avec ces mots sur la première page :

A M. A. Karr, son voisin de Nice,

Frédéric OSCAR.

Nous échangions une lettre de temps en temps; il avait gardé de Nice un très vif souvenir. Lorsqu'il devint roi, je lui écrivis encore une ou deux fois : une fois, entre autres, au sujet de son attitude vis-à-vis de la France qu'on disait hostile : je lui rappelai qu'un roi de Suède avait dit : « L'amitié de la France fait partie du patrimoine de la Suède »; il me répondit :

Stockholm, septembae 72.

« Mon cher ci-devant voisin,

» Moi non plus je ne vous ai pas oublié, je me rappellerai toujours avec plaisir les beaux jours « d'Aranjuès » qui sont passés. Je vous prie de conserver les sentiments d'autrefois.

» Quant à ce que vous ajoutez, ai-je besoin de le répéter? croyez-vous que je ne me souviens pas de mes ancêtres? Je suppose que c'est parce que je ne puis sympathiser avec une forme de gouvernement qui est si contraire à *ma position*, que l'on me jette cette supposition malveillante! Mais à quoi bon réfuter et démentir? *N'en faites rien*, laissez cela aux événements eux-mêmes; du reste, je ne suis ni anti-allemand ni anti-rien, je veux que nous vivions en paix avec tout le monde; mais gare qui nous touche! Voilà. Adieu, mon cher monsieur Karr, nous reverrons-nous en ce monde? Ne m'oubliez pas.

» Votre trèsaffe ctionné

« Oscar. »

A quelque temps de là, en réponse à une lettre et à l'envoi d'un de mes livres, il m'envoya son discours du 2 février 1873 à l'ouverture du 22° Storthing de Norvège, où il est en train sans doute en ce moment de prononcer un autre discours, dans des circonstances plus difficiles, avec ces mots de sa main : « A mon c. d. voisin de Nice, en souvenir d'Oscar »; mais il me faisait écrire de Christiana par son secrétaire, M. Logerheim : « Le roi me charge de vous remercier de votre lettre — il s'intéresse à vos travaux — et, de son côté, vous envoie son discours à l'ouverture des Storthing, etc. » Je compris qu'il n'avait plus désormais le temps d'être ni poète ni « voisin » d'un poète — et je cessai de lui écrire. J'ai conservé de notre voisinage une très agréable mémoire, et je pense assez souvent à lui — j'y pense surtout en ce moment où il me semble avoir d'assez grands soucis et être menacé d'en subir de plus grands.

Le choléra politique — envahit la Norvège. — A la tête du mouvement est un poète norvégien qui ne se contente pas d'épigrammes en vers, auxquelles le roi Oscar serait bon pour répondre. — Ce poète a fait appeler le roi en duel. Il paraît qu'il n'est pas assez certain d'arriver à la gloire et à la postérité par ses vers, il demande la célébrité à quelque action bizarre, énorme, qui puisse immortaliser le nom.

Mais son nom n'est pas immortalisable, il ne peut entrer ni rester dans aucune mémoire : ceux qui auront réussi à le prononcer une fois ne recommenceront pas, c'est un désavantage que subissent les poètes, les héros et autres grands hommes du Nord.

Érostrate avait un nom facile, harmonieux ; mais qui voulez-vous qui se rappelle jamais le poète Bjoerns-Joerne-Bjoernson ? Pour être renommé, il faut d'abord être nommé, et c'est trop difficile.

Il y avait autrefois, à l'Opéra, un musicien appelé quelque chose comme Shœnseffer, mais plus compliqué, il mettait sous son nom : Prononcez Guillaume.

Nous avons en France deux ou trois Polonais qui ont cru devoir imiter cet exemple.

Ce changement de nom a cet avantage qu'on serre soigneusement son vrai nom, et quand on a usé, ou gâté, ou compromis le nom d'emprunt, on le jette par la fenêtre, et on reprend l'ancien qui en vaut à peu près un neuf.

Si le poète norvégien a des amis, ils ne sauraient trop lui conseiller de se tenir tranquille; il aura beau faire toutes les sottises, tous les traits d'audace, tous les beaux poèmes, toutes les énormités, tous les crimes même, jamais la mémoire des hommes ne retiendra le nom de Bjoerns-Joerne-Bjoernson; s'il est décidé à ce qu'on parle de lui, il est indispensable qu'il commence par se faire appeler... *chose,* ou *machin,* ou *psitt.*

Quand le duc d'Ostrogothie quitta Nice, j'achetai un cheval qu'on avait fait venir pour lui ; je l'achetai pour deux raisons : la première, c'est qu'il était fort joli, un cheval entier de cette robe alezan doré, qui aussitôt que le cheval a un peu chaud le couvre comme de poudre d'or; je l'appelai Topaze; la seconde raison, sans laquelle la première n'eût servi à rien, c'est qu'on me le vendit très bon marché ; il est rare que ceux qui font à Nice le métier de louer des chevaux gardent ces animaux pendant les sept à huit mois de morte-saison, où il faudrait les nourrir sans en tirer aucun profit; ils s'en défont au mois d'avril à tout prix, et en achètent d'autres en octobre ou novembre. Je fis part au prince de ce qui était arrivé à son cheval, en lui désignant sur la « route de France » un certain poste où il avait probablement un ami, car Topaze manifestait, quand nous passions devant, une certaine velléité de s'y arrêter. —Je le gardai quelques années, jusqu'à mon départ pour Saint-Raphaël où je demeure à peu près dans la mer, et où le canot devait remplacer le cheval. Je fais des vœux très sincères pour le bonheur et la tranquilité de mon ancien voisin qui doit parfois songer à Nice et à la vie paisible et gaie qu'il y menait.

Un homme qui a été, du moins pour un temps, plus facilement et plus promptement célèbre que le poète norvégien Bjoerns-Joerne-Bjoernson, dont l'exemple pourrait être donné audit poète, c'est le commis voyageur qui avait avalé une fourchette, il y a un an ou deux; mais on l'appelait « l'homme à la fourchette », et c'est autrement facile à prononcer que Bjoerns-Joerne-Bjoernson, nom pour lequel il faudrait, comme Démosthène, s'exercer avec des cailloux dans la bouche au bord de la mer.

On se rappelle quel bruit fit l'opération fort admirée par laquelle le docteur Labbé délivra cet homme de sa fourchette, que, décidément, il n'y avait pas moyen de digérer et qui faisait comprendre la fâcheuse situation du roi Midas n'ayant plus à manger que du pain d'or, des poulets d'or, des truffes d'or, etc.

Eh bien, il y a des gens pour qui l'admiration est encore plus difficile à digérer que les fourchettes, que l'or et l'argent.

On a récemment imaginé un homme à la cuillère

pour faire pendant à l'homme à la fourchette du docteur Labbé, et surtout, semble-t-il, pour faire pièce et échec au chirurgien Labbé, qui n'avait pas, pour devenir célèbre, attendu qu'un commis voyageur gai avalât une fourchette; mais aussi quel nom facile à prononcer!

Quand il fut question d'opérer l'homme à la fourchette, on s'écria que c'était absurde, impossible, que le patient était un homme mort, et maître Gambetta qui, comme il l'a proclamé dans un banquet, s'intéresse à cette corporation éloquente des commis voyageurs dont il était appelé à être un des premiers, était inquiet !

Aujourd'hui, par contre, on prétend que rien n'est plus commun, et rien n'est plus facile; tous les jours on avale sa fourchette ou sa cuiller, et le premier chirurgien venu vous en débarrasse par une digestion artificielle au moyen du bistouri; on cite cent exemples, jusque-là inconnus, et jusque dans l'antiquité, de gens ayant avalé leurs couverts, et des chirurgiens les leur ayant « extirpés » aussi bien que le docteur Labbé; quelques exemples même sont contestables, en ceci qu'ils paraissent antérieurs à l'invention des fourchettes et des cuillers, et contemporains du temps où l'homme se servait pour manger, de ce qu'on appelle encore vulgairement « la fourchette du père Adam », le pouce et l'index; le nombre des gens est fort petit qui, à la fin d'un repas, n'avalent pas leur cuiller ou leur fourchette.

Cela m'a rappelé Frédéric Sauvage, qui me fit assez

longtemps l'honneur d'être mon hôte à Sainte-Adresse,

Pendant qu'il cherchait son hélice, et bravait la misère pour amener son invention à l'application, pendant quatorze ans, on le traita de fou, ça n'avait pas le sens commun, c'était absurde, impossible.

Puis, lorsque « le Napoléon » sortit majestueusement du Havre avec son hélice :

L'hélice, qu'est-ce que c'est que ça? qu'est-ce que ça a de nouveau? Ça n'est pas une invention, tout le monde connaît l'hélice, tout le monde a inventé l'hélice, ça n'est pas bien malin. Archimède faisait des hélices, et on chercha partout s'il ne se trouvait pas quelque descendant d'Archimède et son héritier pour intenter un procès à Sauvage, faire prononcer la déchéance de son brevet, et exiger des dommages-intérêts.

Par contre, l'homme à la cuiller a produit peu d'effet, l'homme à la fourchette ayant épuisé les sources d'attention que le public pouvait donner à ce genre d'alimentation. D'ailleurs, ça n'est pas déjà si nouveau, et Virgile raconte bien plus fort que cela. Ces gens, le commis voyageur et le garçon de café, ont avalé leur fourchette et leur cuiller, mais Énée et ses compagnons ont mangé leur table, au VIIe livre de l'*Énéide*,

Heus! etiam mensas consumimus, inquit Iulus,

ce qui est incontestablement plus fort.

Si l'homme à la cuiller s'est laissé séduire et amener

à avaler sa cuiller par l'espérance que lui auraient donnée les rivaux du docteur Labbé, d'être pendant huit ou quinze jours aussi célèbre, aussi à la mode que l'homme à la fourchette, l'homme à la cuiller a été volé.

Dans ma verte jeunesse, j'ai vu à Paris, comme l'ont vu et peuvent se le rappeler les gens de mon âge, un paysan, « Jacques de Falaise », un nom encore, celui-là, plus facile à prononcer que celui de Bjoerns-Joern-Bjoernson. Il avalait un sabre. Il est vrai qu'il le tenait par la garde, mais faisait disparaître, la lame entière, dans son gosier et son estomac. Il avalait totalement six œufs entiers dans leur coquille et tels que les pondent les poules, il avalait des grenouilles et des souris vivantes, et il les digérait lui-même sans le secours du chirurgien et du bistouri. On comprend avec quel dédain il eût regardé l'homme à la cuiller et même l'homme à la fourchette.

L'on exhausse tous les jours les banquettes irlandaises, les rivières artificielles, les obstacles, baccalauréats et autres barrières si bêtement placées à la fin de l'hippodrome, pour éviter l'encombrement des carrières dites libérales, au lieu de mettre ces obstacles à l'entrée ; tous les hommes bacheliers, toutes les filles bachelières, toute la jeunesse surmenée, beaucoup de morts de méningites, plus encore de jeunes gens restés idiots ou fous, plus encore de désespérés de ceux qui n'ont pu franchir la dernière barrière, et, grâce à leurs ambitions surexcitées, à leurs appétits acquis, ne pouvant plus vivre que par les révolutions.

J'ai su gré à mon ami Decker, président de la Société des nageurs du Havre, dont j'ai l'honneur de faire partie, d'avoir rappelé, dans une séance à laquelle j'ai beaucoup regretté de ne pouvoir assister, que, il y a longtemps déjà, soutenant et maintenant qu'on fait en France trop de bacheliers et pas assez d'hommes, je proposais d'ajouter aux épreuves du baccalauréat que le candidat devait savoir nager.

IL Y A QUARANTE ANS

Il serait facile, mais long, de citer tous les esprits supérieurs, et de les montrer tous d'accord contre la domination et l'influence du nombre et de la multitude, même dans l'intérêt de cette multitude, qui, se gouvernant elle seule, ou croyant se gouverner, se jette fatalement dans un abîme de misères.

Ce concert des sages de tous les pays et de tous les temps jugeait d'avance la mensongère et périlleuse bêtise du suffrage dit universel; mais je ne veux pas parler politique aujourd'hui, et je me contenterai d'appliquer cette réprobation au public rassemblé pour n'importe quelle cause.

Cette pensée m'est venue à propos de la reprise du *Roi s'amuse*. J'ai retrouvé aujourd'hui une pièce assez curieuse, c'est un procès-verbal que j'avais rédigé après la seconde représentation, constatant à quel point « s'estrécissent les cerveaux, comme le dit Montaigne, des hommes réünis. »

Il serait intéressant peut-être aujourd'hui de reprendre *les Burgraves*, qui renferment d'aussi grandes beautés qu'aucun autre drame de Victor Hugo.

Je ne changerai pas un mot à ce que j'ai écrit alors il y a quarante ans, sur cette insolente et imbécile manifestation, au moyen de notes prises au crayon pendant la représentation. C'est un monument curieux de sottise humaine.

PROCÈS-VERBAL

Il eut un dernier fils, étant déjà fort vieux ;
Il aimait cet enfant; Dieu fit ainsi le monde :
Toujours la barbe grise aime la tête blonde.
      (*Rires et sifflets.*)
 Ceci devient grave.
      (*Rires prolongés.*)

Régina, Régina qui va mourir, dit ces vers charmants :

Le couchant s'enflamme ;
Nous sommes en automne, et nous sommes au soir ;
Partout la feuille tombe, et le bois devient noir.
. . . . ,
Oh ! c'est triste de voir s'enfuir les hirondelles !
Elles s'en vont... là-bas, vers le midi doré.

OTBERT

Elles reviendront.

REGINA

> Oui... mais moi je ne verrai
> Ni l'oiseau revenir, ni la feuille renaître.
> ..... Mettez-moi plus près de la fenêtre.

Cinquante spectateurs rient à se tenir les côtes, surtout quand elle ajoute :

> Que suis-je ? une orpheline ! et vous un orphelin !
> Le ciel nous unissant par nos douleurs communes,
> Eût pu faire un bonheur de nos deux infortunes.

Cette pensée pleine de délicatesse, de poésie et d'amour excite au plus haut point la gaieté et l'indignation des mêmes messieurs qui rient et sifflent.

Et quand Otbert dit à l'orpheline :

> Mais je remplacerai, moi, ton père et ta mère :
> Ton père, j'ai mon bras ; ta mère, j'ai mon cœur.

Et cette pensée charmante : Régina est sauvée; Otbert remercie Dieu, Régina remercie son amant, le Dieu de la femme qui aime :

OTBERT

Soyez béni, mon Dieu.
(*On ricane.*)

REGINA

Mon Otbert, sois béni.

Ici, il n'y a plus moyen de contenir la gaieté; on rit tout à fait.

Un des morceaux qui ont le plus fait rire, qui ont été le plus sifflés, c'est ce morceau plein de grâce et de noblesse, de naïveté et de grandeur. Job qui a cent ans, Job l'excommunié, parle de son amour pour son petit enfant :

> Mon pauvre dernier né,
> Quand Dieu me le donna, je me crus pardonné.
> (*Rires.*)
> Même quand il dormait, je lui parlais souvent,
> Car, quand on est très vieux, on devient très enfant.
> (*Sifflets.*)
> Il bégayait déjà ces mots dans un sourire
> (*Rires et sifflets.*)
> Il me connaissait bien...
> Il me riait... et moi, quand je le voyais rire,
> J'avais, pauvre vieillard, un soleil dans le cœur,
> (*Sifflets.*)
> Quand ses petites mains touchaient ma barbe blanche.
> (*Rires et sifflets.*)

Puis quand ce même Job dit :

> ... Dès longtemps j'arrange dans ma tête
> Ce mariage-là.

On ne comprend pas ce qu'a de gracieux ce laisser-aller, cette bonhommie dans ce vieillard de fer, dans ce lion terrible, et on siffle.

C'est que le public, au théâtre, est habitué à des phrases ampoulées, c'est que la voix des acteurs chante toujours, quoi qu'on leur fasse dire, un air plus ou moins connu fait sur ces phrases ampoulées. Le public s'attend à

> Dès longtemps cet hymen est mon plus cher désir.

Mariage... quel est ce mot? C'est bon pour des poètes, pour des rois, pour des héros; mais pour des acteurs et pour le public rassemblé, qui appelle sa femme *mon épouse*, et sa fille, ma demoiselle, il faut dire hymen ou hyménée.

Voici un exemple de cette nécessité.

Barberousse dit :

> J'ai quatre-vingt-douze ans.

On riait tellement que l'audace ordinaire de Victor Hugo a reculé, et qu'à la seconde représentation il a fait dire :

> Je ne suis qu'un vieillard.

On n'a pas moins ri la première fois qu'on a nommé Barbe-Rousse, parce qu'il eût fallu dire :

> L'empereur dont le nom vient de sa barbe d'or.

J'offris en pur don ce vers à Hugo, il ne l'accepta pas, et on rit à chaque représentation. Deux autres mots ont aussi excité une vive hilarité : le mot *chacal* et le mot *oseraie*.

Oseraie! en effet, le poète s'avise de parler d'animaux qui existent et d'arbres qu'on connaît! parlez-moi du minotaure, ou d'une hydre, mais des chacals! parlez-moi, en fait d'arbres, de la nymphe changée en laurier ou de celle métamorphosée en roseau ou des sœurs de Phaéton; mais ne parlez jamais sur un théâtre de ces beaux osiers aux branches jaunes ou violettes qui croissent sur le bord des rivières.

Fi donc! des arbres de campagne!

Et l'on rit dix fois, quinze fois pendant cette éloquente apostrophe, ce sublime sarcasme que Barbe-Rousse... si j'ose m'exprimer ainsi, adresse aux burgraves dégénérés.

> Vous épiez le soir, près des routes peu sûres
> Le pas d'un voyageur, le grelot d'un mulet.
>
> *(Rires.)*
>
> ...Vous êtes cent pour prendre un passant au collet
> Le coup fait, vous fuyez en hâte à vos repaires
> Et vous osez parler de vos pères!... vos pères
> Étaient des conquérants... vous êtes des voleurs.
>
> *(Sifflets.)*

Et plus loin :

> Ta figure me gêne...

il a fallu céder et dire : Ta présence me gêne.

Et plus loin :

> Et là, publiquement, prince, tu marcheras
> Une lieue en portant un juif entre tes bras.

On a ri et sifflé. En effet, vous vous amusez bonnement à faire condamner ce pauvre burgrave à un supplice usité de son temps. Il fallait l'envoyer à Mazas.

> ... L'aigle vient s'abattre au milieu des vautours.
> (*Sifflets.*)
> ... Triplez les sentinelles !

Un spectateur entend mal et s'écrie : « Il pleut des sentinelles. C'est trop fort, c'est trop mauvais. »
Il siffle et les voisins sifflent.

> Rends-nous nos citadelles,
> Nos burgs qui ne sont plus que des nids d'hirondelles.

On a tant sifflé et tant ri qu'il a fallu substituer :

> Rends-nous nos vieilles tours, et nos vassaux fidèles.

et l'acteur ayant dit, par mégarde, « et nos vaisseaux fidèles », cela a parfaitement passé.

> ... Jetez à terre vos épées.
> (*Sifflets.*)
> Excusez-les... Ce sont des jeunes gens.

Ça ne pouvait pas se supporter; on a tant sifflé que l'auteur a dû dire :

> Ce sont des insensés

On riait trop.

A l'acte suivant, le mot Caïn a paru tout ce qu'il y a de plus drôle, et

..., Tu l'as tuée.

a semblé également gai.

Eh bien!... c'est votre enfant.
(*Rires.*)
Parle-moi.....
(*Rires.*)
Quand ces beaux cheveux noirs seront des cheveux blancs.
(*Rires.*)
La robe de lin de l'ange du Seigneur.
(*Rires et sifflets*)
C'était mon père.
(*Sifflets.*)
Ciel !
(*Sifflets*).
Grand qui sait pardonner.
(*Sifflets et rires.*)

Je citais tout à l'heure le spectateur qui, au lieu de :

Triplez les sentinelles!

entend :

Il pleut des sentinelles,

siffle et fait siffler ses voisins.

Pour juger l'égale bêtise des engouements et des dénigrements, il faut rapprocher cet épisode de celui

qui eut lieu à la première représentation d'*Hernani*.
Un personnage dit :

> Vieillard stupide,

un spectateur entend :

> Vieil as de pique,

et se récrie ; mais un autre lui répond : « Eh bien, oui... c'est nature ! Dans la douleur, on ne sait plus ce qu'on dit ; c'est sublime

> Vieil as de pique !

Bravo ! bravo ! » et la plus grande partie de la salle applaudit, comme la plus grande partie de la salle siffle : *il pleut des sentinelles*, que l'acteur n'avait pas plus dit qu'il n'avait dit : *vieil as de pique*.

*
* *

Pendant bien longtemps la littérature du théâtre a été réputée très supérieure aux autres branches de littérature. Un ministre de 1832 répondait à quelqu'un qui lui reprochait de ne pas avoir décoré un écrivain qui avait obtenu de légitimes succès :

— Impossible, il n'a fait que des romans.

Jules Sandeau est le premier faiseur de romans qui ait été accepté par l'Académie française ; on le lui fit bien sentir dans la réponse à son discours de réception, et encore avait-il obtenu un ou deux succès au théâtre; ça a été une infraction à la tradition, mais elle existe encore.

L'on vient de recevoir un vaudevilliste de beaucoup d'esprit, il est vrai; mais on n'a pas songé un instant à Balzac.

Le succès au théâtre est plus bruyant que le succès du livre, mais c'est son seul avantage.

L'auteur dramatique reçoit beaucoup d'aide de nombreux collaborateurs, le peintre de décors, et surtout aujourd'hui, les musiciens, le talent des acteurs, le talent, la beauté et les parures des actrices, etc.; l'auteur du livre doit « faire » tout cela lui-même et seul. Paysage, intérieur, héros, héroïnes, il doit tout peindre avec sa plume.

Le théâtre s'adresse à la foule, comme les livres « illustrés », les livres à images, aux enfants; il parle aux yeux et aux oreilles autant au moins qu'à l'esprit et au cœur.

Le livre s'adresse à des lecteurs qui ont avec vous une communauté, une sympathie de pensées, d'idées, de sentiments, ils vous choisissent et, par cela même, vous les choisissez, car c'est pour eux que vous écrivez.

*
* *

J'ai assez lâchement gardé pour la fin de cet article, en reculant toujours, l'accomplissement d'un devoir; mais ce devoir est rigoureux, et je dois l'accomplir : un innocent a été accusé pour un fait dont je suis le seul coupable, et cela publiquement, en plein tribunal, par un avocat général de la République.

« Un publiciste célèbre, et c'est évidemment de M. Rochefort qu'il parlait, a décrété une loi : *il n'y a plus rien*. Nos modernes socialistes ont adopté cette loi », et l'organe du ministère public a tiré toutes les conséquences qui rendent M. Rochefort complice des désordres sauvages de Montceau-les-Mines.

Eh bien, je dois faire un aveu : la *Lanterne* de M. Rochefort a paru, je crois vers 1868, et, en 1840, c'est-à-dire près de trente ans plus tôt, on peut lire dans les *Guêpes*, numéro de janvier :

« Messieurs les sauvages, vous vous êtes rassemblés pour discuter et mettre aux voix la reconnaissance de l'Être suprême, qui n'a passé qu'à une voix de majorité. Ce pauvre Être suprême l'a échappé belle ! Heureusement que M. Thoré, qui a une si belle barbe, lui a prêté main-forte ; on se devait bien cela entre barbes.

» Personne ne vous a gênés pour cela, messieurs, il est difficile de dépasser de plus loin les religions privilégiées que de prononcer la déchéance de Dieu, et personne ne vous en aurait empêchés et ne vous en empêchera.

» Quel Dieu voulez-vous donc adorer ? Est-ce un crocodile, ou un bœuf, ou un lézard, ou un scarabée ? Est-ce Vichnou ? ou Irminsul ? Est-ce un de vous ? Adorez-vous les uns les autres, personne ne s'y opposera.

» Supprimez la propriété, supprimez la justice et les tribunaux, la police, la gendarmerie, etc., et formulez votre charte en trois mots :

» Il n'y a plus rien. »

Il est donc évident que M. Rochefort n'a fait que citer, et qu'il est innocent du crime que lui impute l'avocat général ; il a bien assez de peccadilles sans qu'on lui impute celles des autres : *me me adsum qui feci.*

SUR PLUSIEURS SUJETS

L'ivresse populaire, la folie épidémique, l'absurdité et la sottise triomphante; le désordre, la confusion, le tohu-bohu, le sens dessus dessous; les citoyens Ferry, Thibaudin, Clémenceau, Bert, Jules Roche, Joffrin et autres fantoches et farceurs, ne sont et ne font rien de nouveau. Tout ça s'est vu et s'est fait à plusieurs reprises et à d'autres époques; ce qui permet d'augurer que ça se passera comme ça s'est déjà passé.

Dans les dernières années de sa vie, je voyais quelquefois à Nice le comte de Montalivet. Ce loyal serviteur, fidèle à l'infortune, avait été élevé au rang d'ami. Le roi Louis-Philippe, me disait-il, s'était résigné à la révolution du 24 février et à la perte de sa couronne; la destruction de « son cher Neuilly » et des richesses artistiques dont il l'avait orné ne lui inspirait qu'un dégoût dédaigneux, quoique les dévastations subies par le domaine privé s'élevassent à une valeur de près de sept millions. Il est à noter, entre parenthèses, que ce qu'on appelle « le peuple » en temps de révolution, et tant qu'on s'en sert, sauf à l'appeler plus tard « vile multitude » et à lui tirer des coups de fusil, but dans les caves de Neuilly et emporta soixante-dix-neuf mille neuf cent soixante et une bouteilles et quatre cent cinquante tonneaux de vins divers.

Le souvenir et la tradition en sont restés, et quand les pères ont tant bu, les enfants ont très soif. C'est cette soif qui s'est réveillée en 1870 et s'éveille encore plus cynique aujourd'hui.

Mais, ajoutait le comte de Montalivet, le décret de bannissement de la famille d'Orléans frappa le roi plus douloureusement que le reste.

Et il me montra une lettre que le roi lui écrivait le 16 mai 1848 :

— Ce qui me révolte, disait Louis-Philippe, ce qui fait bouillir mon sang, c'est de voir moi et les miens voués au bannissement! moi qui, comme roi, n'ai jamais fait la plus légère infraction à la charte et aux lois jurées! moi, le doyen de ces vétérans qui, dans les plaines de la Champagne, ont combattu contre l'invasion étrangère! Ne s'élèvera-t-il donc pas dans le sein de l'Assemblée nationale quelque voix généreuse qui rappelle les glorieux services que tous mes enfants ont eu le bonheur de rendre à la France, eux qui, dès leur jeune âge, n'ont connu d'autre ambition que celle de lui consacrer leur vie et de verser leur sang pour elle! La récompense de leur dévouement serait donc le bannissement sur la terre étrangère!

Quelques jours après, Louis-Philippe, entouré de ses enfants, écoutait la lecture des journaux qui venaient d'arriver de France. La loi de bannissement avait été adoptée. On lisait la longue liste des membres de l'Assemblée qui y avaient cyniquement attaché leurs noms; le lecteur s'arrêta tout à coup devant le nom d'un représentant à qui ses antécédents et le souvenir de faveurs sollicitées et reçues semblaient commander au moins la pudeur d'un vote contraire.

— N'allez pas plus loin, dit le roi; ne lisez que les noms de ceux qui ont voté contre le bannissement; et vous, mes enfants, ne vous souvenez que de ceux-là.

Il y a longtemps, lorsque, très peu de jours après ma sortie du collège Bourbon, depuis collège Fontane, collège Condorcet, etc., j'y rentrai comme professeur suppléant, il me parut un peu embarrassant de ne pas avoir les cheveux blancs, ou, pour le moins, de ne pas être chauve, parmi ces jeunes garçons qui tous m'avaient connu élève et dont beaucoup avaient été mes camarades. Je dus suppléer à ce défaut de majesté, et je m'en tirai assez bien. Heureux les écoliers, heureux les enfants dont les maîtres et les parents ont conservé le souvenir de leur propre jeunesse; rien ne rend si indulgent que de se rappeler qu'on a commis soi-même les fautes qu'on a à punir.

Quand un ou plusieurs de mes élèves pratiquaient

quelque gaminerie, commettaient quelque incartade qui excitait la gaieté des autres, il m'arrivait parfois de dire tout haut : — C'est très drôle, c'est une idée nouvelle, une invention ingénieuse; vous avez raison de rire, et je ris volontiers avec vous. Mais, d'autres fois, je devais dire et je disais d'un ton dédaigneux : Ce que vient de faire ou de dire l'élève un tel n'est nullement plaisant, nullement spirituel; c'est plutôt bête, c'était tout à fait abandonné, on aurait été honteux d'en rire.

Ce souvenir me revient en voyant cette perpétuelle représentation de parodies à laquelle nous assistons aujourd'hui. De tous ces pantins qui s'agitent et dansent devant nos yeux, pas un tempérament, pas une individualité, pas une idée, pas même un vice, pas un ridicule un peu nouveau; les sottises, les attentats, les crimes ne sont que des imitations et des plagiats.

Trop bêtes même pour inventer une bêtise, trop anémiques pour commettre un crime qui leur appartienne. Ce n'est pas une époque, c'est une mascarade; les moins déguisés ont au moins un faux-nez : les uns à la tribune ou sur la place publique imitent les gestes et le zézaiement d'Arlequin, Sangodemi! leur épée est une *batte;* les autres parlent et légifèrent avec la « pratique » de Polichinelle dans la bouche, ils rendent même le forfait grotesque et le sang ridicule.

Nous les voyons tous les jours jouer les Robespierre, les Danton, les Marat, les Fabre d'Églantine, les Collot-d'Herbois, les « Père Duchesne », comme les acteurs de province jouent les Martin, les Elleviou, les Gavaudan, etc.

Nous avons nos « tricoteuses », nos « furies de la guillotine », etc.

Quelques-unes de ces harpies avaient essayé jusqu'ici, mais sans succès, de prendre l'emploi des Théroigne de Méricourt : Louise Michel, Rouzade, Paule Minck, etc., etc.

Voici une nouvelle débutante qui a obtenu un certain « agrément », comme on dit en argot des coulisses, dans ce rôle, et mérite au moins des encouragements.

Mademoiselle Poirier, disent les uns, Foirier, disent les autres, est élève du Conservatoire de Paris, elle est, dit-on, jolie et bien faite. En sortant du Conservatoire, elle ne tarda pas à s'apercevoir que toutes les places étaient prises, mademoiselle Nilsson et quelques autres à l'Opéra, madame Miollan-Carvalho, à l'Opéra-Comique, madames Judic, Théo, etc., sur les théâtres de genre; elle pensa à chercher ailleurs, et elle songea aux tréteaux de la politique.

Louise Michel, se dit-elle, Rouzade, Paule Minck, sont vieilles et laides et, conséquemment, ne peuvent tenir l'emploi de Théroigne, qui était très belle; il faut respecter les traditions. Hubertine Auclerc, qui était jeune et non moins gentille, à la suite de deux ou trois conférences et d'un nombre convenable de petits scandales, s'est trouvée suffisamment en vue, et a trouvé un meilleur débouché pour sa jeunesse et sa beauté du diable.

L'emploi est vacant. J'en ai « le physique », risquons-le résolûment.

Et mademoiselle Poirier commença par se fabriquer un nom qui, rappelât, reproduisît presque celui que s'était donné Théroigne. Elle se fit appeler d'Erlincourt, comme son modèle s'était appelée de Méricourt, et elle fit son premier début dans une réunion privée, et le second dans la rue.

C'est dans la réunion privée qu'eut lieu cette scène entre « frères » où M. Yves Guyot, un des coryphées du parti soi-disant républicain, fut houspillé, rossé, renversé, reçut quelques coups de petits couteaux encore timides. Mademoiselle d'Erlincourt lui arracha une poignée de barbe et fut applaudie. Ces applaudissements l'enivrèrent, et elle pensa qu'il fallait faire mieux; mais lorsqu'elle demanda qu'on coupât la tête de M. Guyot et qu'on la mît au haut d'une pique, l'assistance se montra hésitante. Non pas que ce fût désapprouvé en principe, et que ce ne fût pas conforme à la tradition de Théroigne; mais c'était trop tôt.

Il arrivait à Théroigne II ce qui arriva à un perroquet que je vis un jour perché sur son bâton devant une boutique du boulevard des Italiens. J'étais sorti avec mon chien Freyschutz; le menais-je, ou me menait-il quelque part? je ne m'en souviens pas; toujours est-il qu'en voyant cet oiseau qui était descendu au pied de son bâton, il fit un bond de son côté; celui-ci épouvanté s'empressa de remonter au sommet en s'aidant de ses pattes et de ses ailes inhabiles, et en disant avec empressement tout ce qu'il savait.

D'abord, je trouvai très à propos et tout à fait en situation cette question qu'il posa : As-tu déjeuné, Jacquot? Il lui importait en effet de savoir si le molosse avait déjeuné ou avait faim et songeait à le manger; mais il n'attendit pas la réponse, et continua son répertoire : « du rrôti » — « portez arme » — « oh qu'il est gentil coco », etc. Je rappelai Freyschutz et comme, en réalité, il n'avait pas de mauvaises intentions, et qu'il était un peu surpris et interdit d'entendre l'oiseau lui parler, il revint volontiers à moi, et nous continuâmes notre promenade.

C'est précisément ce qui arriva à mademoiselle Poirier — décidément entre les deux noms que les journaux lui ont donné, je choisis Poirier. — Dans « l'émotion d'un premier début », elle débita, dégoisa un peu au hasard des passages et des morceaux de son rôle de Théroigne. Les « têtes au haut des piques », ça se rapportait au voyage à Versaille et aux têtes des gardes du corps que Théroigne et ses aimables compagnes rapportèrent à Paris devant la voiture du roi, de la reine, de madame Élisabeth et des enfants, de même que la barbe arrachée à M. Yves Guyot rappelait la raclée donnée à Suleau par la première Théroigne lorsque, le rencontrant le 10 août, elle se précipita sur lui, le frappa avec fureur et le fit massacrer par sa

« société ». Mais Suleau lui avait fait quelque chose : le spirituel et courageux pamphlétaire s'était moqué d'elle avec une verve impitoyable, et de plus il était royaliste résolu.

Tandis que M. Yves Guyot n'avait rien fait, que je sache, à mademoiselle d'Erlincourt. C'était donc décidément trop tôt. Yves Guyot, soi-disant démagogue, n'était pas un homme à massacrer encore, et c'était d'autres têtes que la sienne qu'on devait mettre au haut d'une pique. Il fallait un peu patienter; cette précipitation, ce bredouillement en action a un peu nui au succès de mademoiselle Théroigne d'Erlincourt. Cependant elle a encore obtenu quelques applaudissements le jour de la manifestation. Sur la place des Invalides, un revolver à la main, elle s'est avancée sur un jeune gentilhomme qu'une curiosité assez malsaine avait attiré, et lui présentant son arme menaçante, elle lui dit : — Où est la grande citoyenne, où est Louise Michel ?

— La grande citoyenne, répondit M. de ***, je m'en fiche. Mais la jolie citoyenne, c'est toi, et ça m'intéresse davantage.

Mademoiselle d'Erlincourt voulut hausser les épaules et montrer un air dédaigneux; mais elle n'y réussit qu'à moitié, et le regard qu'elle lança en s'éloignant au jeune gentilhomme n'arriva pas, m'a-t-on dit, aussi terrible qu'elle l'aurait voulu.

L'apparition de mademoiselle d'Erlincourt tranquillise certains lecteurs studieux, corrects et ferrés sur l'histoire de la Convention et de la Terreur. Ces lecteurs se demandaient quel succès aurait le dénouement obligé, car ils savent que, à la fin, Théroigne est fouettée publiquement, et il y a des traditions auxquelles on n'a pas le droit de se dérober.

Oserait-on infliger ce traitement à Rouzade, à Paule Minck, à Louise Michel? Le tableau final aurait-il l'assentiment du public? serait-il de son goût? Rien ne le fait présumer. On avait espéré un peu en mademoiselle Hubertine, quoique ce fût un peu mesquin, étriqué, tout au plus joli, tandis que mademoiselle d'Erlincourt!... Allons, la tradition ne sera pas interrompue.

Je ne fais qu'un tableau ressemblant et réel, lorsque je peins quelquefois nos acrobates occupés à scier, à couper la corde sur laquelle ils doivent passer de la monarchie à la république, comme les mahométans doivent, après la mort, franchir au-dessus des gouffres infernaux, sur une longue lame de rasoir, le pont qui conduit au paradis.

Voici sortir du sol, s'élever et verdoyer les plantes parasites, malsaines et vénéneuses qu'ils ont semées sur cette terre si fertile de France, et qui menacent d'étouffer les riches moissons que la Providence nous avait destinées.

Dans leur ardeur furieuse de renverser, de démolir, nos ridicules maîtres ont renversé et démoli tous les instruments de gouvernement, et ils se trouvent aujourd'hui justement désarmés.

Toutes les religions ont annoncé aux hommes que cette vie terrestre n'est qu'une épreuve, une sorte de baccalauréat pour l'admission à une vie future, à la vraie vie, où les méchants seront sévèrement punis et les bons magnifiquement récompensés.

Là, les riches sont en grand danger d'être bien pauvres; car, vivant sur cette terre au milieu des tentations et des plaisirs, il leur sera « plus difficile d'entrer dans la vie future qu'à un chameau de passer par le trou d'une aiguille. »

Pour les pauvres, au contraire, chaque privation, chaque souffrance, chaque misère est une épargne qui leur assure d'immenses richesses pour cette vie future. Non seulement ces privations, ces misères, ces souffrances, on doit, on peut les supporter avec patience, mais encore les accepter avec joie; c'est une dette que Dieu contracte envers ceux qui souffrent et qu'il a promis de payer à l'échéance de notre courte vie humaine.

Que de patience, que d'espérances, que de sérénité pour les uns engendre cette croyance, et aussi que de sécurité, que de paix pour les autres; que de facilités, que d'aide pour ceux qui sont appelés à la tâche ardue de gouverner les sociétés !

Eh bien ! cette croyance qu'ont partagée tant de grands esprits de tous les pays et de tous les siècles, les misérables imbéciles qui sont censés nous gouverner s'efforcent de la détruire en prêchant cette énorme bêtise de l'athéisme.

Et un de leurs disciples, un des grotesques orateurs des réunions et des clubs, disait dernièrement, et il faut l'avouer, avec une incontestable logique :

— Vous nous avez enseigné que la vie future est une fable, qu'il n'y a pas de Dieu rémunérateur. Eh bien ! dociles à vos leçons, nous voulons, nous exigeons notre part dans cette vie, et nous l'exigeons tout de suite, et nous l'aurons par tous les moyens.

Comme je le disais l'autre jour : Ils sont décidément par trop bêtes !

A M. GRÉVY

LES MARCHANDS DE VIN, CABARETIERS,
TAVERNIERS ET MANNEZINGUES

Monsieur le Président,

Dans la pratique de votre métier d'avocat, vous avez pu au moins soupçonner que la plupart des hommes sont aux moins un peu coquins; que la Providence — Bert et Cattiaux nous pardonnent ce mot — ne crée que de temps en temps quelques douzaines d'hommes honnêtes, sensés, intelligents, généreux, etc., qu'elle doit distribuer souvent au hasard, parmi les gredins, les imbéciles, les fous et demi-fous, les égoïstes et les avides, qui composent pour la grande partie ce qu'on appelle le genre humain. Ce que votre premier métier d'avocat vous avait fait soupçonner, votre nouveau métier de président de la République a dû vous le démontrer clairement. Cavaignac, esprit scrupuleux, — nous dirons presque bégueule, disait à Étretat, à un ami, après être descendu du pouvoir : — Il n'y a pas aujourd'hui dix hommes auxquels je consentirais à serrer la main.

C'est en faisant ainsi le dégoûté et en refusant certains appuis qu'il n'a pas vu renouveler son mandat.

Il n'était pas de l'espèce de feu Gambetta, qui se disait prêt à avaler un crapaud tous les matins. Aussi résolu que le chef de l'opportunisme, vous ne faites pas non plus la petite bouche, et vous n'hésitez pas non plus à vous concilier les coquins de haute et basse pègre, les incendiaires, les voleurs les assassins, escarpes, etc., c'est-à-dire vous soumettre aux conditions de l'ambition en temps de suffrage universel. Il n'y a plus aujourd'hui un seul des actes autrefois réputés crimes, si odieux, si épouvantable, si féroce, si entouré de circonstances terribles, qui mène son auteur avec certitude à l'échafaud ; la peine de mort, supprimée pour les assassins, n'existe plus que pour les gens qui, par une vanité condamnable, laissent voir une chaîne de montre, et provoquent ainsi de pauvres diables à agir contre les lois tyranniques sous lesquelles nous gémissons moins, mais nous gémissons encore un peu.

Il n'y a plus à vos yeux qu'un crime, c'est celui de pouvoir être un obstacle ou une concurrence à la réélection que vous désirez ardemment et que vous espérez un peu. Vous avez fait une sourde guerre à feu Gambetta, auquel vous aviez déjà, quand il est mort, porté le terrible coup de le forcer à prendre le pouvoir.

Vous alliez commencer à attaquer Chanzy, qui avait quelques chances de vous succéder, lorsqu'il a disparu à son tour.

Vos craintes alors, vos efforts, votre indignation se sont tournés un peu contre le prince Jérome, mais beaucoup contre les princes d'Orléans, et vous n'avez pas réussi à cacher à tout le monde les intrigues, les influences, les compromis que vous avez employés pour faire voter les iniquités qui les ont frappés. Vous économisez la haine et les rigueurs qu'on réserve d'ordinaire aux vieux crimes, le vol, l'assassinat, l'incendie, etc., pour consacrer toutes vos colères, toutes vos indignations, toutes vos forces contre le seul crime d'être apte à vous remplacer.

Comment se fait, monsieur le président, que vous soyez assez peu conséquent à vous-même pour vous exposer à vous aliéner les marchands de vin, les cabaretiers les taverniers et mannezingues qui essayent aujourd'hui de vous éclairer, peut-être de vous sauver? Grâce à vous, la peine de mort n'existe plus que pour les innocents. Les magistrats et les jurés, convaincus de voir leur jugement cassé s'ils la prononcent ne s'y exposent plus, et pour garder cependant une juste proportion dans la répression légale, acquittent les criminels ou abaissent les degrés de peines édictées par la loi. Le parricide n'est plus qu'un péché véniel. L'infanticide est de droit. Quant au meurtre des femmes par les maris, à l'empoisonnement des maris par les femmes, on n'en peut accuser que les retards qu'on apporte à la proclamation du divorce. Les incendiaires, les voleurs, les assassins de la commune sont honorés, révérés; leur fait est non seulement un titre de gloire, mais un droit aux places et aux honneurs.

D'où vient, monsieur le président, que seuls les marchands de vin, cabaretiers, taverniers et mannezingues soient traités par votre gouvernement en ennemis, en criminels et comme de simples princes d'Orléans?

On a récompensé et pensionné, comme « victimes du Deux-Décembre », un assez grand nombre de vauriens, de chenapans, de fripouilles, etc. Ne fera-t-on rien pour nous, victimes éternelles de la monarchie et du despotisme?

Inspirez-vous, monsieur le président, de l'exemple de feu Gambetta; il comprenait l'importance de notre rôle dans la politique actuelle; il se faisait un honneur de présider nos banquets et de boire avec nous à la prospérité de nos industries.

Je viens de dire que nous avons, depuis des temps bien éloignés, été les victimes de la tyrannie, et je le prouve.

Il existe contre nous des ordonnances du roi Jean,

qui sont un monument de despotisme, et ces ordonnances ont été à plaisir aggravées par ses successeurs. Je ne citerai que quelques articles monstrueux des unes et des autres :

« Défense à toute personne de prendre qualité de marchand de vin s'ils ne sont notoirement connus comme de bonne vie et mœurs. » (13 mars 1699 — scellé de grand sceau de cire jaune.)

« Défense aux cabaretiers, taverniers, etc., de recevoir chez eux autres que les passants et étrangers, et défense d'y souffrir les habitants ou domiciliés des villes, bourgs et villages, où ils sont établis, si ce n'est pour leur vendre du vin *à pot* pour l'emporter et le boire chez eux dans leur famille ; — il est également défendu aux habitants, et principalement à ceux qui sont mariés et ont ménage, de fréquenter les cabarets, tavernes, etc. »

« Ne recevront en leurs maisons ni tavernes aucuns vagabonds, gens diffamés, etc. »

« Ne mêleront deux sortes de vin ensemble » (Ordonnance du roi, janvier 1350) et ne feront aucune immixtion d'eau. »

« Permis à tous ceux qui vont prendre du vin pour l'emporter, d'entrer au cellier ou de descendre à la cave pour le voir tirer, enjoint aux cabaretiers de le souffrir. »

« Défendu de mettre en vente et vendre aucun vin sous une autre dénomination que son nom et cru réels. »

Suivent les amendes, confiscations, emprisonnement, etc.

Ces lois arbitraires, oppressives ont pu avoir, sinon leur excuse, au moins leurs prétextes sous les tyrans, et à des époques où le vin et les marchands de vin n'avaient à peu près aucune importance dans l'État et ne jouaient qu'un rôle effacé dans la politique de la France.

De plus, ces mêmes lois rigoureuses, tyranniques, odieuses, ont la prétention bien imprudente aujourd'hui de nous défendre des pratiques qui remontent à la plus haute antiquité, et ont été non seulement tolérées, mais enseignées et préconisées.

Caton l'ancien, dans un écrit qu'il a laissé, donne le procédé pour fabriquer en Italie des vins grecs, et un des défauts de ce procédé consiste à y mêler de l'eau, et de l'eau de mer.

« Prenez, dit-il, de l'eau de mer loin des rivages : *Aquam ex alto marinam sumito.* »

Et non seulement il donne le précepte de mettre de l'eau dans le vin, mais encore il enseigne à sophistiquer l'eau de mer, à faire de fausse eau de mer : Si vous êtes trop loin de la mer, dit-il, prenez de l'eau douce à laquelle vous ajouterez quelques poignées de sel.

Anacréon parle d'un vin mélangé de dix fois sa mesure d'eau.

Le cécube, le falerne, le vin d'Albe, le vin de Rhétie préféré par Auguste, ne se buvaient que mélangés d'eau. N'est-ce pas le « massique » auquel on ajoutait vingt-quatre fois son volume d'eau?

Et aujourd'hui, en enchérissant sur les crimes et le despotisme des rois, on a imaginé ce laboratoire de chimie, chargé de « fouiller », de dénoncer l'eau et les mélanges que nous pratiquons comme ils ont été pratiqués de tous temps — adjonction d'eau, mélanges divers, plus nécessaires et par conséquent plus innocents aujourd'hui que la maladie ravage nos vignes. La Providence — Bert et Cattiaux nous pardonnent — ne donne plus aux hommes de ces grappes dont parle l'Exode, et dont chacune, pour être portée au pressoir, exigeait la force de deux hommes.

Déjà, au contraire, nous sommes loin des soixante-dix millions d'hectolitres de la récolte de 1874; cependant la soif des peuples s'est accrue, exaspérée; quel que soit l'amoindrissement de la vendange, il faut la même quantité de vin, et non seulement la même quantité de vin, mais la même quantité de vin provenant des divers crus renommés. La Providence — Bert et Cattiaux nous pardonnent — y a pourvu en faisant couler de grands fleuves ou du moins des rivières dans les contrées où sont plantés les vignobles célèbres, dont plusieurs sont surtout connus sous le nom des rivières qui les traversent et viennent au secours des pauvres marchands de vin.

Qu'appelle-t-on les vins du Rhône, les vins du Rhin, les vins de la Moselle?

Et si la Marne devient du vin de Champagne, si le

Rhône, le Rhin, la Moselle, sont mis en bouteilles, vendus et bus comme vins exquis — eux qui cependant ne sont que des fleuves étrangers et des rivières de province — ne doit-il pas être permis à la Seine, qui est la rivière, le fleuve de la capitale de la France et du monde, d'être changée, d'après l'illustre tradition des noces de Cana, en tous les crus imaginables et les plus célèbres ?

Il faut d'ailleurs reconnaître les progrès des sciences : à la chimie nous devons la nitro-glycérine et la dynamite qui ont pris rang prépondérant dans la politique moderne, et aussi la fuschine et d'autres produits que je tais par prudence, — qui nous permettent de rendre aux vins, du moins en apparence, la force et la saveur que l'adjonction de l'eau pourrait leur ôter ; — nous avons même « le bouquet » artificiel si perfectionné que l'eau de la Dordogne a plus de parfum que le Clos-Vougeot, le Château-Laffitte, le Château-Yquem, etc. Et il n'y a à craindre que l'excès.

Nous savons que vos laboratoires déclarent certains mélanges un peu malsains.

Nous savons qu'un folliculaire, un pamphlétaire, il y a déjà quarante ans, dans une mauvaise publication appelée *les Guêpes*, a le premier dénoncé au public, et n'a pas hésité à dénoncer à la justice nos procédés de fabrication et les arcanes de notre industrie ; c'est lui qui a imaginé et fait adopter le surcroît de pénalité qui consiste à afficher l'arrêt de condamnation sur la porte du condamné, émettant cyniquement le regret qu'on ne puisse imiter les Turcs qui clouent par l'oreille sur son magasin le marchand sophistiqueur ou vendant à fausse mesure.

Si Pierre vole Paul, disait-il, Pierre commet juste le même délit que Paul, si c'est lui qui vole Pierre ; ce délit doit avoir le même nom et encourir la même pénalité.

Si Paul empoisonne Pierre, c'est absolument la même chose que si c'est Pierre qui empoisonne Paul.

D'où vient, ajoutait-il, que, si Pierre est marchand de vin, l'acte qu'il commet, en ne donnant pas à Paul la mesure à payer ou en lui livrant de l'eau pour du vin, s'appelle non pas un vol, mais une vente à faux poids; tandis que si Paul a payé le vin de Pierre avec une fausse pièce de monnaie, il est appelé voleur et puni comme voleur beaucoup plus que Pierre comme sophistiqueur ?

Et partant de ces sophismes, il réclamait le même nom et la même pénalité pour le même crime.

Laissant dédaigneusement sans réponse les clabauderies de ces hommes d'écritoire, constatons qu'en temps de suffrage universel, l'importance, l'influence des marchands de vin, cabaretiers, taverniers et mannezingues s'est prodigieusement accrue, qu'il ne faut pas jouer avec eux.

Ajoutons que ce n'est pas du vin pur, généreux, sans mélange et sain, l'ancien vin auquel était due, en partie, la gaieté française, qui peut rendre le peuple-roi, l'électeur, aussi bête qu'il est nécessaire qu'il le soit pour se faire l'instrument de vos ambitions et de vos avidités;

Que c'est précisément nos vins sophistiqués, comme les discours et les livres et les journaux toxiqués de vos politiciens, qui amènent le « souverain » à l'état d'imbécillité qui vous est indispensable, ingrats que vous êtes!

Enfin, nous nous résumons, monsieur le président, en vous adjurant, et au besoin en vous enjoignant de supprimer votre fameux laboratoire, sous peine de notre indignation, et nous sommes, avec tous les sentiments que l'on a au bas d'une lettre et surtout d'une supplique, vos serviteurs, les marchands de vins, cabaretiers, taverniers et mannezingues.

LA MAISON

Je ne sais plus quel sage ou quel saint disait : « Les chênes et les hêtres ont été mes instituteurs et mes maîtres. »

J'ai eu le bonheur d'être élevé à la même école, et le très peu que je sais, je l'ai appris des arbres, des prairies, des fleurs, des ruisseaux, de la mer, des oiseaux et des insectes au milieu desquels j'ai passé tous les jours de ma vie dont il m'a été permis de disposer, renonçant sans regrets, pour ne pas les quitter, à la fortune et à ce qu'on appelle le plus souvent si improprement « les honneurs ».

En regardant les champs de blé, où, parmi le froment que l'homme a semé, s'élèvent et fleurissent, sans qu'on les sème, les coquelicots et les bleuets, j'ai compris que la nature elle-même mêle l'agréable à l'utile, — que la raison ne doit pas être ennuyeuse ni le bon sens refrogné.

Je m'arrête ici un moment pour prier MM. les
« compositeurs » de déroger pour une fois en ma
faveur à l'orthographe actuelle et d'écrire comme
moi et pour moi *bleuets*, et non *bluets*, comme il est
d'usage aujourd'hui, sans que j'en puisse deviner la
raison, pas plus que de quelques autres modifications;
— par exemple, et celle-ci m'intéresse moins —
pourquoi appelle-t-on aujourd'hui *charcutiers* les
marchands de chair cuite qu'on appelait autrefois
charcuitiers?

Pourquoi, sur les adresses des lettres, à peu près
tout le monde met-il aujourd'hui le numéro avant la
rue?

Se représente-t-on un facteur de la poste obéissant
à cette indication et cherchant d'abord le numéro 13,
et ensuite le quai Voltaire?

J'ai décidé pour deux semaines de ne pas dire un
mot de politique — c'est à peu près le temps nécessaire pour que le vertige ou le vertigo, le brouhaha,
l'affolement et les hypocrisies causés par la mort de
Gambetta, aient cessé ou du moins soient remplacés
par d'autres; attendons que toutes les rues de Paris
ou de Nice s'appellent rue Gambetta; jusque-là il
serait inutile de dire quelque chose de vrai et de
sensé.

Il y a quelques jours, une belle Russe m'a lu, en
me le traduisant « à livre ouvert », un petit roman
de son compatriote Gogol, né en 1809, mort en 1852,
auteur d'un fameux poème en prose intitulé *les Ames*

mortes. La peinture d'un vieux ménage m'a causé un attendrissement souriant, que j'ai songé à faire partager à mes lecteurs, et j'ai pris quelques notes qui serviront de prologue au sujet que je veux traiter ensuite.

La Maison. — Je voudrais surtout conserver le goût de terroir, faute de pouvoir reproduire la belle voix de la lectrice. Athanase Iwanowitch avait soixante ans, Pulchérie Iwanowna, cinquante-cinq. Lui, avait toujours le sourire sur les lèvres; elle, au contraire, ne riait à peu près jamais, mais sa figure respirait une bienveillance affectueuse. Athanase Iwanowitch avait été soldat et avait fait la guerre; en rentrant il avait enlevé Pulchérie que ses parents lui refusaient; mais jamais ils ne parlaient de ce temps-là. La guerre, c'était triste, et l'enlèvement, c'était bien « jeune ». Ils n'avaient pas eu d'enfants, et leurs sentiments affectueux s'étaient condensés entre eux deux : ils s'aimaient uniquement; le reste du monde n'existait pas. On remarquait sans se l'expliquer qu'ils ne se tutoyaient jamais; mais le *vous*, dans leur bouche, avait l'expression la plus tendre du « toi ». Athanase était doué d'un robuste appétit, et Pulchérie mettait ses soins, ses méditations et sa gloire à le satisfaire agréablement.

Peu de temps après le café du matin, Athanase demandait à goûter. — Que voulez-vous? demandait Pulchérie; des petits pâtés à la graine de pavot, ou des champignons salés? — Va pour les pâtés et les champignons. — Immédiatement paraissaient devant lui les petits pâtés et les champignons. Une heure avant le dîner, Athanase mangeait quelques poissons frits; puis, quelquefois la nuit, il se réveillait et s'agitait. Pulchérie, qui eût été réveillée par l'herbe qui pousse, lui disait :

— Qu'avez-vous, Athanase Ivanowich?
— J'ai, je crois, comme un peu mal à l'estomac.
— Ne voudriez-vous pas manger quelque chose?
— Peut-être bien.
— Il y a du lait caillé et de la compote de poires.

A l'instant, le lait caillé et la compote de poires étaient servis. Athanase mangeait, ne souffrait plus et se rendormait. . . . .

Pulchérie Ivanowna avait une chatte habituellement couchée sur ses genoux ou à ses pieds. Un jour, elle suivit quelque lovelace de chat sauvage et disparut; cela fit un vide, parce que Athanase avait coutume de plaisanter sa femme sur sa tendresse pour cette chatte, de l'entendre rire de ces plaisanteries et d'y répondre.

Quelques mois se passèrent, et, un soir, Pulchérie, alors seule, vit sur la fenêtre la chatte si changée, si amaigrie, si délabrée, qu'elle en fut attendrie : elle mit devant elle non seulement avec prudence les débris du dîner, mais encore tout ce qui se trouvait dans le buffet; elle mangea goulument, puis Pulchérie voulut la caresser, mais la chatte se retira en grondant, et s'enfuit par la fenêtre; on ne la revit pas.

Pulchérie fut comme frappée d'une révélation; elle resta silencieuse tout le jour, et le lendemain elle resta au lit et dit à son mari :

— Athanase Iwanowitch, la mort est venue me visiter, je vais mourir!

Athanase fut épouvanté.

— Taisez-vous, Pulchérie Iwanowna, dit-il presque en pleurant, on ne plaisante pas comme cela.

— Je sais ce que je sais, dit Pulchérie d'une voix calme, mais ne vous affligez pas : vous êtes vieux et vous ne tarderez pas longtemps à venir me rejoindre là où on ne se sépare plus. Je veux que vous sachiez mes dernières volontés, et je sais que vous les exécuterez. Quand je vais être morte, enterrez-moi près de l'église et retenez auprès de ma fosse une place pour vous. On m'ensevelira dans ma robe grise à petites fleurs, et non dans ma robe de satin vert à raies groseille. Celle-là vous servira de robe de chambre, car celle que vous portez est misérable. Une seule chose m'inquiète, c'est de savoir à qui vous confier pendant les jours où vous ne m'aurez plus, car vous êtes accoutumé à être aimé et soigné comme un petit enfant.

Et se tournant vers une vieille servante qui entrait :

— Écoute-moi bien, lui dit-elle. Pendant les quelques jours que ton maître va me survivre, soigne-le comme tes yeux, veille à ce que, à la cuisine, on lui prépare ce qu'il aime, que son linge et ses habits soient toujours bien propres, qu'on fasse ouater ma belle robe de satin vert à raies groseille, qui est presque neuve, pour lui faire une bonne robe de chambre. Je vais être auprès de Dieu, Eudoxie, et si tu soignes bien ton maître, je prierai pour toi, et Dieu te récompensera, car tu es vieille aussi, et tu n'as plus longtemps à vivre ; n'amasse donc pas de péchés sur ta conscience. Si tu ne veilles pas bien sur Athanase Iwanovitch, tu n'auras pas de bonheur, et je prierai Dieu de ne pas t'accorder une bonne mort; tu seras malheureuse et tes enfants le seront aussi, et les enfants de tes enfants. Qu'on n'oublie pas de mettre de la muscade dans la tarte aux pommes, et que les pâtés à la graine de pavots soient bien cuits; les derniers ne l'étaient pas assez...

Le lendemain elle était morte.

Athanase Ivanowitch resta à peu de chose près aussi mort qu'elle, il ne parla plus, et n'exprima plus ses besoins que par des signes; il fit laisser le fauteuil de Pulchérie à l'autre côté de la cheminée en face du sien, et, à table, il voulut que sa chaise et son couvert fussent toujours à leur place accoutumée; de temps en temps il jetait un regard sur les places vides, puis il refermait les yeux. Puis un soir, assis au coin du feu, il regardait fixement vis-à-vis de lui comme s'il attendait quelqu'un ou quelque chose, puis tout à coup il dit :

— Ah ! voilà.

Et il exhala son dernier soupir.

La plus grande, la plus complète félicité qu'il soit

donné à l'homme de goûter, c'est sans contredit celle qu'on trouve dans un bon mariage, disons plus justement, dans un bon ménage, où l'homme et la femme, se complétant l'un par l'autre, finissent par former un seul et même être, à tel point qu'il n'est pas rare de voir deux vieux époux finir par se ressembler, sinon par les traits du visage, du moins par les jeux et les habitudes de la physionomie.

Aussi c'est grande pitié de voir se dissoudre de pareilles unions par la mort d'un des deux, et j'ai toujours admiré cette fable des vieilles religions, où Jupiter, voulant exaucer les vœux de Philémon et Baucis, les fait mourir au même instant en changeant, devant leur cabane, l'homme en chêne et la femme en tilleul. Le chêne emblème de la force, le tilleul répandant dans son ombre le doux parfum de ses fleurs modestes.

C'était l'opinion de Montaigne, qui dit, à propos du mariage : « A le bien prendre c'est la plus belle et la meilleure pièce en notre société. »

Et Bacon, tout en reconnaissant que « celui qui a une femme et des enfants donne des otages à la fortune, » affirme cependant que « une femme et des enfants sont pour l'homme qui les possède une école perpétuelle de tendresse et d'humanité ». Il est évident que celui qui a une femme et des enfants présente plus de surface à la mauvaise fortune et aux coups du sort; mais ce qui n'est pas moins vrai, c'est qu'il arrive un point dans la vie où on se désintéresse de soi-même, et où on ne ferait plus rien si on ne le faisait pour ces êtres chéris qui deviennent pour nous un honnête et bien doux égoïsme.

Il y avait autrefois quelque chose qu'on appelait « la maison » et que les Anglais appellent, je crois, quelque chose comme *at home*. Je dis : je crois, car avant d'aller étudier sous les arbres et dans les champs, dans l'imparfaite éducation que j'ai reçue, n'entrait l'étude d'aucune langue, si ce n'est les deux seules langues qui ne se parlent pas — assez bien le latin et médiocrement le grec — auxquelles du reste je dois cependant de jouir à mon gré d'une bonne et fructueuse société.

« La maison », le chez soi, un endroit grand ou petit, où l'on peut se reposer des ennuis, des tristesses, des déceptions, des mascarades du monde.

Un endroit fermé dont on a la clef dans sa poche, et où on peut être seul, avec ses souvenirs, ses espérances, ses regrets, ses rêveries, ses livres.

Un endroit où avec le très petit nombre de ceux qu'on aime on se sent à l'abri des regards curieux et malveillants.

Je dis le très petit nombre, car on connaît toujours beaucoup trop de monde. Un sage a dit : il faut diantrement aimer quelqu'un pour le voir ; et... je dirais un autre sage, si ce n'était moi : n'ayez pas de voisins, si vous voulez vivre en paix avec eux.

Un coin dont on peut faire à l'occasion un paradis,

dont on est l'Adam, tantôt avec toutes ses côtes, tantôt avec une côte de moins.

Une île dont on est le Robinson, tantôt avec, ou tantôt sans Vendredi — e.

Où, maître absolu, on peut faire régner sans conteste tout ce qu'on croit juste, bon, honnête, sensé et grand.

— Oh ! mon premier « chez moi », ma première « maison », si petite, si pauvre, si vide de meubles, si pleine de liberté, de rêves et de bonheur, comme je me la rappelle !

Dehors, j'étais professeur, je revendais du grec et du latin; j'étais timide et embarrassé. Entrer, sortir, parler, me taire, tout était une difficulté et un combat.

J'étais gêné dans mon rôle de professeur, qui m'imposait des airs, des attitudes, des habits, des phrases, presque des pensées.

Mais, rentré « chez moi », tout en haut d'une maison d'où je voyais deux peupliers, je redevenais libre; poète amoureux, je donnais essor à mes pensées captives tout le jour; j'osais à peine dormir pendant ces heures où j'étais moi-même, dans la crainte d'en perdre quelques-unes, avant de recommencer le songe pénible de ma journée.

— Eh bien ! « la maison », le « chez soi », où chaque homme est maître et roi, soumis aux seules lois qu'il édicte, où il a toujours raison, où tout est à lui, et où il n'appartient qu'à ceux qu'il aime, « la maison » n'existe plus, ni à Paris ni dans les grandes villes, et toutes les villes s'enflent et veulent devenir au moins

grandes et larges. La maison s'est écroulée, et avec
« la maison » disparaît la famille, et avec la famille la
patrie qui n'est qu'une extension de la famille.

Pascal l'a dit avec raison.

« Ce qui cause la plus grande partie de nos ennuis
et de nos malheurs, c'est qu'on ne sait pas rester dans
sa chambre. »

Nous continuerons ce sujet plus important qu'on ne
peut supposer ; nous dirons comment on démolit, on a
démoli « la maison » ; quels en sont les moyens,
quelles en sont les causes et aussi les conséquences,
les dangers et les malheurs inévitables.

Un mot étrange : tous ceux qui ont vu des morts
savent que, les souffrances finies, le visage prend,
pour quelques heures, un calme, une sérénité particulière, et donne à celui ou à celle qui vient d'expirer,
une beauté qu'on ne lui avait pas soupçonnée pendant
sa vie.

Dans mon voisinage, un homme est mort à la suite
d'une longue et douloureuse maladie. La femme du
mort, qu'on avait enlevée aux derniers moments, voulait le voir encore une fois, et ses parents voulaient
l'en empêcher ; mais une vieille servante lui dit :

— Montez sans crainte, madame, ça sera plus consolant pour vous ; je viens de le voir, si vous saviez
comme il a l'air content d'être mort !

PAGES D'HISTOIRE

Sous la monarchie de juillet, je causai plusieurs fois d'un projet qui m'était venu à l'esprit avec le comte de Salvandy, qui était de mes amis : il s'agissait de demander aux plus illustres écrivains de ce temps-là, et il n'en manquait pas, de refaire la plupart des livres destinés à l'instruction de la jeunesse, livres dont la fabrication était tristement confiée à des pions médiocres qui y trouvaient une fortune qui échappait à peu près toujours aux maîtres de la littérature contemporaine. L'idée fut acceptée en principe par le comte de Salvandy mais ne reçut pas d'exécution, parce que, dans ce temps-là, dans ce temps de gouvernement représentatif, le ministre qui ne gouvernait plus avec la majorité des représentants se hâtait de donner sa démission, et personne n'avait le départ plus facile et plus prompt que Salvandy. En ma qualité d'ancien professeur suppléant de l'Université, je devais avoir l'honneur de faire une petite part dans la besogne, et, pour en démontrer la nécessité, je publiai alors un écrit très mince qui se retrouverait dans je ne sais plus lequel de mes volumes, sous ce titre :

« Quelques-unes des fautes de français enseignées avec privilège exclusif à toute la jeunesse française, par MM. Noël et Chapsal. »

Cette brochure fit un certain bruit, surtout lorsqu'elle fut citée et lue en partie devant un tribunal, dans un procès qu'eurent les auteurs, Noël et Chapsal, avec leurs éditeurs.

Il paraît que mon projet va être mis à exécution, et que l'on va s'occuper de la refonte des livres classiques ; c'est un des innombrables bienfaits que nous devrons à la quatrième République.

Entre les écrivains déjà désignés pour cette honorable et ardue besogne, on cite Lamadou, Barodet, Tartempion, Paul Bert, Tristapattes, Jules Ferry, etc.

Nous ne nous occuperons aujourd'hui que d'un de ces ouvrages déjà exécuté par le plus illustre de tous, le fameux Compayré, ouvrage d'histoire, ouvrage laïque et obligatoire, que quelques pères de famille, il est vrai, rejettent avec une bruyante indignation, mais qu'on force cependant, au nom de la liberté, tous les enfants de la France d'acheter, de lire et d'apprendre par cœur.

Ce n'est pas pour ajouter mes critiques à celles qu'on ne ménage pas à l'ouvrage de Compayré, que je prends la parole, c'est au contraire pour continuer et poursuivre l'œuvre jusqu'à nos jours, en m'inspirant de l'esprit qui a dicté le commencement. J'intitule mon ouvrage : *Précis d'Histoire contemporaine laïque et obligatoire,* faisant suite à l'ouvrage du célèbre Compayré.

Je mentionne assez rapidement le règne de Louis XVI. Ce prince féroce fit guillotiner, les plus grands, les plus vertueux citoyens, Robespierre, Danton, et ruina la France par les profusions que lui inspira sa passion pour madame Dubarry et Théroigne de Méricourt. C'est à lui qu'on a dû les noyades de Nantes attribuées à Carrier par l'esprit de parti, la destruction de la ville de Lyon et les flots de sang répandus sous son règne justement appelé « *la Terreur* ». Sa femme, Marie-Antoinette, voulait faire massacrer tous les Parisiens, comme en fait foi une chanson du temps :

> Madam' Veto s'était promis
> De faire égorger tout Paris.

Quant à madame Élisabeth, la liste de ses crimes serait longue, si sa profonde dissimulation n'avait pas empêché de les découvrir.

Je passerai au duc de Berry, qui poignarda Louvel, et enfin au règne du tyran Louis-Philippe, qui assassina Fieschi, Pépin, Morey, Alibaud, Darmès, Lecomte, le duc d'Enghien, le duc de Guise, Henry III, Henry IV, Cicéron, Jules César, et empoisonna madame Lafarge ; pour arriver à l'histoire tout à fait contemporaine, à l'histoire d'hier et d'aujourd'hui, avec quelques prévisions sur l'histoire de demain.

Je ne citerai aujourd'hui que quelques-uns des articles de ce livre d'histoire, à cause des limites que m'impose le cadre de ce volume.

Je referai l'histoire si peu connue, si étrangement défigurée par les réactionnaires et les cléricaux, de la guerre de 1870. Guerre si imprudente commencée par Napoléon III, mais si glorieusement, si heureusement terminée par MM. Gambetta et Freycinet, etc., etc.

Je montrerai ces deux hommes de guerre : M. Gambetta...

Ici, une lacune qui sera remplie ultérieurement; laissons se disputer un héritage déjà amoindri les cinq ou six hommes « politiques » de seconde catégorie :

Soldats sous Alexandre, et... *rien* après sa mort.

— M. de Freycinet, non seulement donnant à nos soldats des soins de père, quant aux vêtements, aux armes, aux vivres, mais aussi l'exemple de l'intrépidité et du dévouement. Toujours au premier rang les jours de bataille, et revêtant l'uniforme de cuirassier pour prendre part à la belle, historique et légendaire charge de Reichshoffen.

— M. Grévy, dit « le magnifique ».

Il se fâchait contre ceux qui parlaient d'imiter l'austérité des Spartiates et la sobriété des premiers Romains. Il voulait que la République française fût française et ne le cédât en rien au règne de Louis XIV, ni même à celui des empereurs romains ; il donna au peuple, et à ses propres frais, le spectacle de batailles navales dans des canons remplis de vin; dans ses soupers qui ne coûtèrent jamais moins de cent mille sesterces, il faisait jeter au peuple, par les fenêtres, autant de plats qu'on en servait à ses convives, et ceux-ci emportaient chez eux, à l'issue du festin, la vaisselle d'or et d'argent qui avait paru sur les tables. Il leur faisait manger des cervelles de paon, des omelettes d'œufs de perdrix, des plats de langues de rossignols, des petits pois mêlés de grains d'or, et du riz avec des perles. Pendant le repas, un plafond tournant faisait tomber sur la table et sur les convives des violettes et des roses. Il nourrissait ses chiens avec des foies d'oies, et faisait jeter dans les mangeoires de ses chevaux des raisins d'Apomène.

A sa campagne de Mont-sous-Vaudrey, il pêchait avec des filets dorés dont les mailles étaient de pourpre et d'écarlate, et il faisait tirer à ses paysans des loteries, où ils gagnaient des fermes, des troupeaux, des bourses pleines d'or, etc.; il ne mettait jamais deux fois le même habit, ni de linge ayant été lavé; on comprend que la présidence ne l'enrichit pas, et qu'il en sortit plus appauvri que Lamartine.

M. Clémenceau ne recula devant aucun péril pour sauver les généraux Lecomte et Clément Thomas assassinés à Montmartre, il reçut même, en se mettant devant eux, une des balles qui leur étaient destinées, et ne dut de ne pas être achevé qu'à cela qu'on le crut mort.

Le major Labordère, étant soldat, avait donné un rare exemple d'obéissance religieuse à la discipline ; mis en faction et oublié par le caporal qui devait le relever, il resta trois jours et deux nuits en sentinelle, et fut retrouvé plus d'à demi mort de froid et de faim.

— M. Ferry, outre qu'il avait, pendant le siège de Paris, dépensé noblement son immense fortune, avait même contracté quelques dettes, si bien que les Parisiens ne furent jamais si bien nourris que sous son administration ; il fut, de plus, à la fois le Richelieu, le Fronsac et le Brummel de son temps ; sa distinction, son élégance étaient telles que tous les garçons de café avaient adopté la coupe de ses favoris et s'efforçaient avec succès de lui ressembler. L'inflexibilité de ses principes et de ses opinions était telle qu'on faisait dériver son nom Ferry de l'adjectif latin *ferreus*, l'homme de fer.

— M. Albert Grévy se couvrit de gloire en Afrique et quitta la colonie, enrichie par lui de la Tunisie, avec le surnom magnifique de Grévy l'Africain. Rentré en France et dans la vie privée, il était entouré du respect, de l'estime et de l'admiration du peuple.

— M. de Mahy, ministre de l'agriculture, avait hérité d'un des plus admirables privilèges des rois de France qui guérissaient, en les touchant, les malheureux affligés d'écrouelles. M. de Mahy parcourait nos départements ruinés par le phylloxéra. Il touchait chaque cep, et la vigne était guérie.

— MM. Paul Bert et Cattiaux avaient certes beaucoup à se plaindre du nommé Dieu, qui s'était montré à leur égard horriblement chiche des dons qu'il prodigue à d'autres : esprit, talent, beauté, etc. Pendant longtemps, cependant, ils firent preuve à son égard d'une admirable patience, et ce n'est que poussés à bout qu'ils prononcèrent sa déchéance et le firent sortir des temples que la superstition lui avait consacrés. C'est évidemment le nommé Dieu qui avait commencé.

— M. Tirard, tout en proposant d'immenses réductions des impôts, avait fait entrer au trésor public de telles richesses qu'on ne savait plus que faire de l'argent, et qu'il était question de donner chaque année à tout Français une somme égale à celle qu'il payait autrefois du temps de la tyrannie.

Dans une séance de nuit du 4 décembre, nos hommes d'État et nos députés, jaloux de n'avoir rien à envier à la République de 1789, et d'opposer une nuit mémorable à celle du 4 août, où la noblesse et le clergé renoncèrent à leurs titres et à leurs privilèges, non seulement les ont égalés, mais sont allés plus loin qu'eux.

M. de Mahy, M. Duclerc, M. Duvaux ont sacrifié les particules *de* et *du* dont leur nom était précédé et ont déclaré qu'ils signeraient à l'avenir Mahy, Clerc et Vaux.

Cet exemple a été imité par tous les représentants, Madier *de* Montjau, *du* Hamel, qui ont également déposé leurs particules et syllabes aristocratiques sur l'autel de la liberté.

Tous ont renoncé au droit de jambage et se sont engagés à ne pas faire battre par leurs paysans l'eau des fossés de leurs châteaux pour imposer silence aux grenouilles dont le coassement fera partie de la liberté d'association et d'assemblée et de la liberté de la presse.

Les ministres ont déclaré qu'ils renonçaient aux gros traitements qu'ils avaient tant blâmé sous les tyrans et qu'ils n'accepteraient plus que mille francs par mois; les députés n'ont pas voulu se montrer moins désintéressés et ont abaissé leur indemnité à deux francs par jour.

Ce n'est pas leur faute, si la France consultée a refusé ce sacrifice en disant qu'elle est assez riche pour payer sa gloire et son bonheur, ils ne se sont soumis qu'à contre-cœur.

Je les montrerai laborieux, studieux, indépendants, désintéressés, intelligents, résolus.

Je raconterai peut-être en vers, car la prose est au-dessous d'un pareil sujet, les exploits de la vierge du faubourg, de la pucelle de Belleville, de Louise Michel. On la verra non-seulement combattre avec nos soldats en 1870, montée sur un cheval blanc, mais encore panser les blessés sur le champ de bataille, et, à la paix, allant dans les ateliers et les réunions publiques prêcher la concorde et la paix ; on la verra préserver des embûches du malin esprit et de ses entreprises multipliées, une virginité à laquelle elle sait qu'est attachée la fortune de la France, et si jamais elle subit le suplice de Théroigne de Méricourt, si jamais elle est fouettée publiquement, j'exprimerai le plus éloquemment possible ma juste et juvénalesque indignation contre les réactionnaires et les cléricaux qui auront offert à la foule ce hideux spectacle.

C'est ainsi que je continuerai et compléterai le beau livre du compère Compayré, et que j'aurai l'honneur et le profit de voir mon ouvrage, à la suite du sien, déclaré obligatoire et imposé à tous les enfants de la France.

Je ne voulais plus parler de Gambetta. Je ne puis cependant m'empêcher de faire une remarque : c'était de sa part une mauvaise action que d'enterrer *civilement* sa bonne femme de mère qui était chrétienne, croyante et pratiquante, et avait à Nice sa chaise à l'église du port, où elle était très assidue, et à laquelle elle avait donné ou fait donner un clocher. Si elle n'a pas eu les prières de l'Église, il est évident que Dieu à eu pitié d'elle, et, sans intermédiaire, lui a accordé une grâce immense que comprendront les mères : il l'a rappelée juste à temps pour qu'elle ne vît pas mourir son fils.

ET CHEZ NOUS?

Le comte de T***, qui a longtemps habité la Russie et qui l'a étudiée avec une intelligence supérieure, disait dernièrement dans une maison russe, où je le rencontre assez souvent à Nice :

— Il ne se passera rien aux fêtes du couronnement. Malgré l'assassinat de l'empereur, et quelques autres crimes et tentatives, on s'est fort exagéré la puissance des nihilistes et on en a eu trop peur. Le peuple russe n'est pas corrompu, du moins quant à présent. Il aime son empereur, et c'est du fond du cœur qu'il l'appelle père, *batchaka*. Le parti qui s'intitule nihiliste se compose pour la plupart d'une infime bourgeoisie, d'enfants de prêtres et autres « fruits secs » qui, entrant dans la vie avec des appétits, des besoins, des ambitions qu'ils ne peuvent satisfaire, ont besoin d'une révolution.

— Absolument comme chez nous, dit un Français.

Seulement chez nous la tache d'huile s'est étendue davantage.

— Ce que je dis est si vrai, continua le comte de T***, que, si le Czar se retirait dans une ville quelconque avec seulement deux régiments sur lesquels il pût se reposer complètement, — et il citait les noms de ces deux régiments que j'ai oubliés, et là, s'il disait à son peuple : Mes enfants, je ne puis régner, je ne puis vivre avec tels et tels, le surlendemain il ne dépendrait même plus de lui de sauver de la fureur populaire ceux qu'il aurait désignés.

Ces paroles ont été confirmées ces jours-ci par l'enthousiasme et la joie du peuple russe lors des fêtes du couronnement.

Ceux des journalistes français qui ont assisté aux fêtes n'ont pas vu naturellement les fêtes d'un sacre en France; de plus, la plupart, livrés à un travail sans trêve qui les oblige de toujours produire et ne leur laisse guère le temps de réparer, de donner à leur esprit un incessant et fatigant exercice, et point ou peu d'aliments, du moins d'aliments réconfortants, se contentent de peu d'études au milieu des événements quotidiens, comme font les femmes au bal, qui prennent quelques verres de champagne, quelques glaces et quelques bonbons ou gâteaux. Ces journalistes ont franchement manifesté leur étonnement, leur émotion, leur admiration de la magnificence de ces fêtes.

Or, lors du dernier sacre d'un roi de France, de

Louis XV, dont j'ai les détails consignés, — je n'ai pas le récit du sacre de Charles X — l'empire russe existait à peine.

Il est un livre d'un sieur Menin, conseiller au parlement de Metz, publié en 1724 et intitulé : « Traité historique et chronologique du sacre et couronnement des rois et reines de France et autres pays, avec la relation du sacre de Louis XV. »

A l'article « des empereurs de Moscovie », l'auteur se croit obligé d'expliquer à ses lecteurs ce que c'est que la Moscovie et où elle est située.

« La Moscovie, dit-il, est une grande région de l'Europe, qui se nomme aussi Russie, et elle s'étend du côté du septentrion jusqu'à la mer Glaciale, etc., etc.

» Le czar Pierre Ier, depuis 1696 qu'il est sur le trône, a adouci la férocité de ses peuples. »

Suivent les détails du sacre du czar de Moscovie, imité du sacre des rois de France ; on y voit cependant quelques signes du faste oriental.

« Le jour du sacre et du couronnement, toutes les rues et tous les chemins, depuis le palais du czar jusqu'à l'église, sont couverts de drap d'or et d'écarlate sur lesquels il marche accompagné de toute sa cour ; le czar *prend lui-même* la couronne, le sceptre et le glaive impérial. Au palais il y a festin et table ouverte pour tous ceux qui ont assisté à la fête. »

Cette « table ouverte », dont la magnificence s'est renouvelée lors des dernières fêtes à Moscou, a frappé singulièrement les journalistes étrangers : ce n'est

18.

qu'une imitation de ce qui se passait en France au sacre des rois.

« La table du roi, dit M. Menin, au palais archiépiscopal de Reims, se place, au devant de la cheminée, sur une plateforme élevée de quatre marches, ayant au-dessus un grand dais de velours violet semé de fleurs de lys d'or. Dès que le roi est assis, l'archevêque bénit la table. La grande couronne de Charlemagne, le sceptre et la main de justice sont posés sur la table, où ils restent pendant tout le dîner, et le connétable tient l'épée nue au poing, étant droit tout au bout de la table ; le maître d'hôtel de jour prend la serviette à laver les mains, la donne au grand-maître de la maison du roi, lequel, avec son habit du sacre, la présente au roi, puis « va à la viande. » Cette expression : « va à la viande », était alors d'étiquette ; je ne sais ce qu'on dit chez M. Grévy.

* * *

« Le grand-maître des cérémonies, dit M. Menin, ayant averti le grand-maître de la maison du roi que la « viande du roi » était prête, se mirent en marche les hautbois les trompettes et les flûtes de la chambre du roi, les six hérauts d'armes, etc.. etc. » L'archevêque de Reims conduisait le roi Louis XV par le bras droit, le prince Charles portait la queue du manteau royal ; au sacre de Louis XIV, c'était le prince Eugène de Savoie qui portait la queue du manteau royal ; suit le détail des nombreuses tables dressées pour la cour et pour les bourgeois ; et, ajoute l'auteur, « toutes les vivres consommées ce jour-là et les suivants dans la ville furent distribuées gratuitement à tous ceux qui se présentèrent, même dans les hôtelleries. »

Je ne détaillerai pas par le menu les cérémonies du sacre de Louis XIV et de Louis XV. Je mentionnerai brièvement certains points dignes d'une attention particulière.

On apportait du trésor de Saint-Denis à Reims, où l'archevêque en donnait reçu, la grande couronne impériale que Charlemagne reçut des mains du pape Léon III lorsqu'il fut à Rome sacré empereur d'Occident. Cette couronne est toute d'or, enrichie de gros rubis, saphirs et émeraudes ; elle est très grande, et trop grande et trop pesante pour la tête des rois qu'on sacrait souvent jeunes et parfois presque enfants. . Louis XV avait douze ans et Louis XIV très peu de plus ; les pairs la soutenaient sur la tête du roi pendant la cérémonie du couronnement.

L'épée de Charlemagne « Joyeuse », si célèbre dans les légendes, la poignée, la garde et le haut du fourreau sont d'or massif, enrichis de pierreries ; le fourreau est de velours violet, garni de perles ; le connétable la tient nue à la main pendant toute la cérémonie.

Le sceptre de Charlemagne, — il est de six pieds de haut, et au-dessus est la figure de cet empereur assis sur une chaise garnie de deux lions et de deux aigles.

La main de justice de Charlemagne, garnie de grenats, de saphirs et de perles, *virga virtutis atque œquitatis*.

Les éperons de Charlemagne, d'or émaillé d'azur, semés de fleurs de lys d'or et de grenats, etc.

Quand aux vêtements du roi, ils étaient de satin bleu d'azur au sacre de Henry II, de velours bleu au sacre de Louis XIII et de velours violet au sacre de Louis XIV, brodés d'or et de perles.

A la cavalcade de Saint-Remy, Louis XV était vêtu d'un habit de velours rubis, brodé d'argent.

Quant à ceux des vêtements du roi qui ont pu toucher l'onction, ils étaient immédiatement brûlés.

* * *

L'espace dont je dispose ici ne me permet pas de raconter les magnificences déployées à l'envi par cette cour dont les membres portaient les plus anciens et les plus justement illustres noms de France, tous nés soldats et restant soldats toute leur vie comme le roi et les enfants du roi, et tous prêts au premier signal à aller verser leur sang pour la France, avec une héroïque gaieté.

Je vais maintenant prendre, de ci, de là, et sans suite, quelques détails curieux ou intéressants qui me serviront pour la seconde partie de ce discours.

La couronne de Charlemagne, son rôle fini; ne paraissait plus que portée devant le roi par quelques grands seigneurs sur un riche coussin de velours. Au sacre de Louis XIII, ce fut le duc de Montbazon qui remplit cet office, et à celui de Louis XIV le maréchal de L'Hôpital. Au sacre de Louis XV, ce fut le maréchal d'Estrées. La couronne que le roi gardait sur la tête était plus petite et surtout plus légère.

Je ne sais ce qu'on a fait et ce qu'on fera des joyaux de la couronne de France. A l'issue de la .guerre de 1870, je voulais qu'on les mît en loterie pour payer la rançon de la France, sans avoir recours à un emprunt suivi d'impôts qui nous écrasent, aujourd'hui. La France alors n'était pas encore ridicule, elle n'était que malheureuse et excitait la sympathie du monde entier. On eût, avec des lots magnifiques, en surplus de la sympathie, placé autant de billets qu'on en eût voulu faire. Certes, je comprends le culte pieux des souvenirs qui a fait conserver ces joyaux légendaires ; mais on ne les a gardés que pour payer peut-être bientôt les nouvelles et criminelles folies de la soi-disant République, ou plus tard pour orner la casquette à pont de Gugusse ou la tignasse de sa compagne.

Voici une brève description de la couronne royale, telle qu'elle parut sur la tête de Louis XIV et de Louis XV :

« Le bandeau ou diadème est bordé de deux fils de perle et orné de huit pierres de différentes couleurs très grandes et très parfaites entre chacune desquelles sont trois diamants.

» Huit fleurs de lys de diamants s'élèvent au-dessus

de chacune des pierres de couleur, et huit fleurons composés chacun de trois pierres de couleur et de trois diamants sont placés entre chaque fleur de lys. Les têtes des huit fleurs de lys sont formées des diamants en tables appelés mazarins; les bras de trois diamants et les traverses d'un seul diamant de forme longue.

» Au-devant de la couronne, un gros diamant très parfait, pesant 547 grains, appelé le Régent, acheté pour le roi par le duc d'Orléans, régent.

» Des huit fleurs de lys naissent huit branches de diamants et pierres de couleur.

» Un fil de perles et deux rangs de petits brillants rassemblent les huit branches; entre ces huit branches, sortent huit gros diamants en pendeloques, formant comme autant de nouvelles branches et « une espèce de soleil » quand on regarde la couronne à vol d'oiseau.

» La fleur de lys qui domine le tout est isolée; la tête est formée par un diamant en figure de poire, appelé le Sancy; les bras et la traverse avec seize diamants; la calotte est de satin violet enrichi de 25 diamants. »

Non-seulement à la table du Roi un officier spécial « essaya » les mets et les boissons, mais dans l'église, l'abbé Milon, aumônier de Louis XV « essaya » le pain qui devait servir pour la communion du Roi sous les deux espèces — comme du temps de la primitive Église. — Quant au vin, il avait été « essayé » par l'archevêque, qui avait réservé une partie de celui qu'il avait bu en communiant lui-même.

** *

On raconte que Hugues Capet, depuis le jour qu'il eut été sacré, ne mit plus de couronne sur sa tête tout le reste de sa vie, malgré l'usage de son temps. Je ne sais quelle prophétie lui avait annoncé que sa race tiendrait le pouvoir pendant trois générations. Il espérait que, lui ne comptant pas comme roi couronné, il gagnerait à sa race une génération de plus.

On bénissait tour à tour l'épée, en disant en latin : « Grand Dieu, ton serviteur Louis XVe du nom, ceint cette épée pour la défense des veuves, des orphelins, de l'Église et de tous les faibles. Qu'elle soit la terreur des méchants. »

On bénissait les gants, à l'imitation, disait une prière, de Jacob dérobant la bénédiction paternelle en enveloppant ses mains de peau de chevreau, ce qui le fit prendre par le vieillard pour Ésaü.

Puis l'anneau, le sceptre, etc.

L'archevêque ayant donné au Roi le baiser de paix, on ouvrait les portes de l'église pour laisser entrer le peuple ; les oiseleurs du roi lâchaient une multitude de petits oiseaux, et on distribuait et on jetait une multitude de pièces d'argent frappées pour le sacre.

Le roi offrait sur l'autel une bourse de velours rouge contenant treize pièces d'or du poids de cinq pistoles et demie chacune, frappées à l'effigie du Roi « très chrétien ».

Puis le pain d'or et le pain d'argent et un vase de vermeil plein de vin.

Puis l'arrivée de la sainte ampoule, les diverses onctions faites au Roi ; le Roi jurait des promesses de paix, de justice, de protection, et non seulement comme Roi, mais comme chevalier. Les évêques demandaient aux assistants et « au peuple » s'ils acceptaient « Louis pour leur Roi ».

En Angleterre, on poussait plus loin cette partie de la cérémonie. Je crois bien que cela a encore lieu, et a eu lieu lors du sacre de la reine Victoria, le peuple anglais, dans sa sagesse politique, ne touchant pas aux vieilles coutumes.

« Pendant le repas du sacre, la Reine d'Angleterre (1702) étant assise sur la chaise d'Édouard (roi en 900), un champion paraît à cheval, armé de pied en cap, jette un de ses gantelets à terre, et dit à haute voix : Si quelqu'un prétend qu'Anne Stuart n'est pas la Reine légitime de la grande Bretagne, qu'il ramasse ce gant, je suis là pour lui répondre. »

Après les oiseaux lâchés qui n'étaient qu'un emblème, on procédait à la libération des prisonniers. Au sacre de Henri II, Philibert de Cossé, grand aumônier de France, tira, par ordre de Leurs Majestés, tous ceux qui étaient dans les prisons, entre lesquels il se trouvait des assassins. On ne tarda pas à s'en repentir, et à tous les autres sacres on excepta de la grâce un certain nombre de crimes, tels que le poison, le vol de grand chemin, le rapt, le viol, les incendies, l'assassinat, les faux commis par les officiers de justice, etc.

⁎ ⁎ ⁎

Je m'arrête ici, après avoir cependant cité une jolie devise qui parut dans une des fêtes magnifiques qui furent données à l'occasion du sacre de Louis XV : c'était un citronnier chargé à la fois de fleurs d'argent et de fruits d'or, et pour « âme » ces mots : il donne et il promet, *dat spondetque*.

Le gros pamphlet rouge — Dictionnaire Larousse — a copié dans son article sur le sacre le livre de M. Menin sans le citer, comme s'il se rappelait cela lui-même pour y avoir assisté parmi les courtisans; mais il fait suivre l'article de cette délicate appréciation : « Cérémonies puériles, bonnes tout au plus à figurer sur le théâtre du Guignol. »

Qui ne croirait, après avoir lu cette phrase, que les amis de M. Larousse et les coreligionnaires de l'irréligion montrent, au pouvoir et dans l'assaut qu'ils lui livrent, un dédain profond de toute « la piaffe » des anciennes royautés, des légendes, des cérémonies, de la pompe et des magnificences, et par corollaire, la plus modeste simplicité et la sobriété spartiate? Cependant M. Grévy, qui avait, étant député, voté contre l'institution de la présidence, est aujourd'hui président, reçoit et porte des décorations, touche intégralement sa liste civile, etc., amnistie les assassins, les voleurs, les incendiaires, etc.

Quand M. Tirard, bijoutier en faux, voyage et entre dans une ville, on tire le canon et on lui offre des festins. Les ministres, les ambassadeurs et autres fonctionnaires de la sacro-sainte pseudo-République ne diminuent pas plus les honneurs qu'ils se font rendre que les traitements qu'ils s'adjugent. Au lieu des serments comme « roi et comme chevaliers » que nos anciens rois prêtaient « à Dieu et à leur peuple », nos maîtres actuels débitent, débagoulent, après boire, des boniments de marchands de poudre à gratter et des blagues de racoleurs.

Ils étalent dans les cérémonies, aux fêtes nationales, c'est-à-dire aux anniversaires des crimes et des bêtises qu'ils essayent avec plus ou moins de succès de renouveler, n'ayant même pas l'esprit ni le tempérament d'inventer des crimes et des bêtises, et aussi à l'étranger comme ambassadeurs, des cortèges de fruits secs, d'avocats à la serviette vide, de médecins à la sonnette muette, de décavés, de déclassés, de tarés, remplaçant avec une grotesque majesté et une morgue risible ces gentilshommes dont je parlais tout à l'heure, nés soldats et portant dignement des noms illustrés par une longue suite d'aïeux justement célèbres par les services rendus à la France, tandis que cette nouvelle aristocratie, démocratie ou voyoucratie, ne pourrait remonter deux générations sans retrouver des épiciers, vendeurs à faux poids, des bottiers sans talent, de vulgaires garçons de café, à moins qu'ils ne l'aient été ou ne le soient encore eux-mêmes. Si bien qu'à tel, ayant personnellement un certain talent pour tartiner longtemps sans s'arrêter, on n'oserait parler de ses « ancêtres », parce que plusieurs, au lieu du casque et du cimier, ont porté le bonnet rouge ou vert du forçat.

Ce sont ces fantoches imbéciles qui ne veulent plus permettre les processions de la Fête-Dieu, ces longs cortèges de jeunes filles vêtues de blanc, marchant sur des tapis de fleurs et chantant des psaumes et des cantiques. Disons en passant que cette prohibition n'obtient pas l'assentiment de pas mal de leurs amis et coreligionnaires parce que des processions amènent la foule, et la foule des occasions faciles de « faire » la bourse et la montre.

*
* *

Ne croyez pas cependant qu'ils privent eux-mêmes de cérémonies, de processions, etc., ils ont leurs emblèmes, leurs saints, leurs miracles : — au moment même où on défendait les processions de la Fête-Dieu, on organisait une procession à la tombe de Blanqui, ce héros de la pseudo-République, qui ne s'est jamais lavé de l'accusation d'avoir dénoncé ses complices, — et aux autres « martyrs », scélérats justement punis après les crimes de la Commune. — Ils ont leurs saints qu'ils honorent, dont ils célèbrent la gloire, chantent les louanges, et ils se proposent l'exemple de saint Cerizier et de saint Bouin, dit Bobèche, assassins des dominicains d'Arcueil.

Saint Lolive et saint Genton, assassins des otages à la Roquette; saint Vermeesch, saint Pillotel, saint Raoul Rigault, saint Préau de Vedel, assassin de Chaudey; saint Herpin, saint Verdaguer, assassins de Clément Thomas et de Lecomte; saint Verger, qui tua de sa main l'archevêque de Paris, et les saintes vierges du pétrole et tant d'autres.

Et en l'honneur de ces saints, on voyait défiler par les rues, pour honorer leurs reliques, un long cortège de truands, de fripouilles, de « travailleurs »; les plus huppés en gilets à la Robespierre, les autres en cravates rouges, suivant ce drapeau rouge qui représente le vin, le sang et l'incendie, les boutonnières ornées d'immortelles teintées en rouge, — faisant sur la tombe des « martyrs », leurs modèles, des discours sauvages, promettant de les venger, de les imiter; jurant aux « bourgeois » une haine de cannibales, et annonçant à bref délai le retour de l'incendie, du pillage, de l'assassinat.

Et un soi-disant gouvernement qui ne permet pas aux chrétiens de célébrer pacifiquement, religieusement, la fête de l'Être suprême, laisse ces drôles, ces scélérats, bravement défier ainsi la civilisation, la société, la loi et... la police!

LETTRE A PIERRE VÉRON

« Une lettre d'Alphonse Karr est toujours une bonne fortune pour le lecteur. Ici cette bonne fortune est d'autant plus précieuse que notre correspondant soulève une question qui nous a toujours paru avoir une haute importance au point de vue de la dignité des lettres.

» Rappelons à quel propos Alphonse Karr a pris la plume.

» On commençait à mettre en avant divers noms pour la succession académique de Jules Sandeau, — qui reste d'ailleurs ouverte. Nous appuyâmes l'idée de donner cette succession à un homme de la grande génération de 1830, à un contemporain du maître regretté. Le nom d'Alphonse Karr devait se présenter naturellement des premiers à la pensée.

» Ainsi il advint.

» Mais, tout en appuyant chaudement cette candidature, nous nous croyions forcé de faire une réserve. Nous savions qu'Alphonse Karr a toujours été singulièrement épris d'indépendance. Nous savions que les formalités lui répugnent autant que les banalités. Et nous nous demandions, en nous faisant tout bas une réponse négative, **si jamais il consentirait à subir les** obligations préalables et ridicules que l'Académie impose aux gens avant de les élire.

» La réponse directe ne s'est pas fait longtemps attendre.

» Elle est conforme à nos hypothèses.

» En outre, elle soulève des questions d'ordre littéraire qui en doublent l'intérêt. Elle trace à l'Académie un rôle qu'elle ne remplit guère.

» Enfin, pour ce qui concerne les fameuses visites, vous verrez que celle-ci offre une solution tout à fait inattendue et qui retourne complètement la situation présente.

» Donnons d'abord le texte d'Alphonse Karr ; nous y ajouterons ensuite quelques réflexions :

Je viens vous remercier, mon cher confrère, — et je voudrais remercier en même temps l'auteur de la lettre que vous avez bien voulu reproduire, — mais cela ne peut se faire que si vous m'aidez en insérant ces quelques lignes dans votre article hebdomadaire. — Le voudrez-vous ?

J'ai à l'Académie française trois ou quatre amis et cinq ou six compagnons et camarades ; — je n'ai donc pas besoin de proclamer mes bons et justes sentiments pour l'illustre Compagnie. — Cependant, malgré quelques encouragements, quelques invitations même, reçues il y a déjà assez longtemps, je ne me suis pas présenté, je ne me présente pas, je ne me présenterai pas à ses très honorables suffrages.

Il y a à cette détermination deux raisons :

La première, c'est que je vis loin de tout et presque de tous. Jamais je n'ai fait partie de rien, — je ne suis pas même de la Société des gens de lettres ; — j'y ai très probablement perdu d'agréables relations et certains appuis, mais, au résumé, je m'en suis bien trouvé ; ça m'a rendu plus facile de rester « absolument moi-même », comme dit Aristophane auquel j'ai emprunté le cachet qui ferme cette lettre, — αυτοτατος.

La seconde raison, c'est que, selon moi, l'Académie se trompe et n'est pas dans son rôle en attendant, en exigeant des visites et des sollicitations, et vous et moi nous sommes du même avis. — Je voudrais que l'Académie exerçât sur les lettres une perpétuelle et maternelle sollicitude ; qu'elle suivît des yeux, dans la carrière, les jeunes écrivains qui lui paraîtraient le plus heureusement doués ; — qu'elle leur donnât des conseils, des encouragements, et aussi des critiques, des avertissements et des gronderies. Puis un jour, ayant jugé un talent mûr, c'est l'Académie qui ferait « les visites », qui, représentée par deux ou trois de ses membres, viendrait dire un matin au candidat sans le savoir : — Monsieur, l'Académie, qui a suivi vos progrès depuis vos débuts, a, dans sa séance du...., reconnu qu'il y aurait justice, honneur et profit à vous appeler dans son sein ; nous venons, en son nom, vous inviter à vous joindre à nous.

Il me semble qu'il y aurait ainsi plus de dignité et pour l'Académie et pour les écrivains.

Recevez, cher confrère, une cordiale et encore solide poignée de main de pêcheur et de jardinier.

ALPHONSE KARR.

Saint-Raphaël (maison close).

« L'indépendance de Karr — αυτοτατος - - tient bien le langage que nous avions prévu, en variant spirituellement l'épitaphe de Piron :

> ... Qui ne fut rien,
> Pas même académicien.

» Karr nous apprend qu'il n'aura pas même été homme de lettres — ce qui est plus fort — en prenant, bien entendu, la qualification dans le sens de membre de la Société qui se donne pour représentante officielle de la littérature. Il n'en aurait pas moins été désirable qu'un homme de sa valeur honorât l'Académie de sa présence.

» PIERRE VÉRON. »

(Extrait du *Monde illustré*.)

LA GRANDE VIVISECTION

DU SOUSSIGNÉ JEAN ALPHONSE,
PAR UN MÉDECIN DE MAUVAISE HUMEUR

Il paraît qu'il y a des gens qui se vantent d'être vivisecteurs, et n'ont pas droit à ce titre ; c'est ce que m'apprend un certain docteur « Grognon » dans une lettre qu'il m'adresse. Selon le docteur, il n'y a à Paris que trois vrais vivisecteurs, et il est un des trois ; les autres ne sont que des marchands de peaux de lapins ou de pauvres petits vivisecteurs de deux liards, qui tuent à peine leur centaine de chiens, de chats ou de lapins, année commune.

Si je dis : Docteur « Grognon » — ce c'est pas tout à fait le nom de mon correspondant, mais ça y ressemble beaucoup — et voici pourquoi je déguise ce nom sous un synonyme :

Ou c'est un savant et illustre médecin, comme on le pourrait croire en le voyant parler de haut avec assurance et autorité, et alors il n'a pas besoin de la publicité que je lui donnerais; ou c'est un simple charlatan, comme pourrait induire à le penser cette même assurance, ce même ton d'autorité peut-être excessif et qui appartient surtout aux docteurs qui parlent du haut d'un cabriolet, et alors je crois devoir lui refuser cette publicité; dans ce dernier cas, il ne serait pas impossible que le débitant de mithridate, que le dentiste en plein vent s'exposât volontiers par son outrecuidance à se faire houspiller — pourvu qu'on parle de lui. — Il est de ces gens qu'on représente exactement par un âne mangeant un chardon avec cette devise : *Pungant dum saturient*, ça pique, mais ça nourrit.

Le docteur a appris, par hasard, que je me suis associé quelque peu à la guerre qu'on fait en Angleterre et en France aux vivisecteurs, — il s'en indigne, me condamne à être, en expiation, viviséqué moi-même et se charge de l'opération.

Il retrousse ses manches, prend son scalpel, et me dit :

« Vous vous êtes fourvoyé inconsidérément ; — c'est une idée banale que cette protection des animaux. — Il faut être un ignorant pour la partager ; — vous tombez, à la fin de votre carrière, — dans la vieillesse et la décrépitude; — heureusement qu'il y a encore en France assez de bon sens pour remettre à leur place et vous et vos idées.

» Je constate votre ramollissement avec amertume; — il eût mieux valu que vous fussiez mort jeune; — vous avez, comme bien d'autres, et plus que personne, vécu trop d'un jour. »

Cette dernière assertion que j'ai assez et même trop vécu est répétée deux fois, au commencement et à la fin de la lettre; — est-ce une menace? Martial raconte que Andragoras, en pleine santé la veille, mourut pendant la nuit rien que d'avoir vu en songe le médecin Hermocrate. Est-ce simplement une invitation bienveillante à la résignation? J'ai ouï dire que les Arabes, quand ils veulent trancher la tête à un ennemi vaincu et abattu, pour l'engager à ne pas compromettre par un mouvement intempestif la sûreté de leur yatagan et la dextérité de leur main, lui disent : N'aie pas peur, ne bouge pas.

« C'est diffamer la médecine que de combattre la vivisection qui en assure le progrès », ajoute le supercilieux docteur.

Ainsi viviséqué, je m'aperçois avec surprise que je ne suis pas tout à fait mort, comme du reste il arrive fréquemment aux rats, chiens et lapins, lorsqu'on nous les réserve, par économie, pour de nouvelles expériences; — je profiterai de ce sursis pour répondre au docteur :

La compassion pour les animaux, le blâme sévère

pour ceux qui les font souffrir, ne sont pas aussi nouveaux que la vivisection; il est de même de l'opinion que l'habitude des spectacles cruels endurcit le cœur et rend les gens sanguinaires.

Je ne citerai que deux écrivains que le docteur atrabilaire ne traitera pas d'ignorants et d'esprits banals :

« Les Romains accoutumés à se jouer de la nature humaine dans la personne de leurs enfants et de leurs esclaves, ne pouvaient guère connaître cette vertu que nous appelons humanité. La vue continuelle des combats de gladiateurs les rendait nécessairement féroces.

» Claude, d'un naturel doux, devint porté à répandre le sang, lorsqu'il eut prit le goût des combats du cirque. »

(MONTESQUIEU, *Grandeur et décadence des Romains.*)

« De moy, je n'ay pas sceu voir seulement sans déplaisir poursuyvre et tuer une beste immaculée qui est sans deffence.

» Je ne prends guère beste en vie à qui ie ne redonne les champs. Pythagoras les achetait des pescheurs et des oyseleurs pour en faire autant.

» C'est en tuant les bêtes que l'homme est arrivé à tuer l'homme :

Primoque a cœde ferarum
Incaluisse puto maculatum sanguine ferrum.
OVIDE. — (*Métamorphoses.*)

» Les naturels sanguinaires à l'endroit des bestes témoignent une propension naturelle à la cruauté. Aprez qu'on se feust apprivoisé à Rome au spectacle des meurtres des animaulx, on veint aux hommes et aux gladiateurs. »

(MONTAIGNE.)

Ce n'est que chez un peuple accoutumé à prendre plaisir aux combats de taureaux, cette boucherie prétentieuse, qu'on put donner des auto-da-fé comme fêtes.

L'aréopage, dit Quintilien, condamna à mort un enfant qui se divertissait à crever les yeux à des cailles. On ne saurait trop se hâter, dirent les aréopagites d'étouffer un monstre qui donnait des marques d'un si mauvais naturel.

Don Carlos, fils de Philippe II, étant encore enfant, se plaisait à torturer des lapins; il n'avait que sept ans lorsqu'il protesta qu'il ne mangerait point qu'il n'eût vu pendre un jeune garçon qui l'avait mis en colère. On dut attacher à une potence une représentation de de ce jeune garçon.

Le docteur Morose me reproche de m'opposer « aux progrès de la médecine en attaquant la pratique de la vivisection ».

Voyons ça, je ne remonterai pas à l'antiquité pour donner des exemples de cette pratique, je ferai seulement remarquer que si, 137 ans avant J.-C, Attale Philometor, sous les Ptolémée, Hérophile et Érasistrate pratiquaient l'essai des poisons et la vivisection, c'était sur des criminels condamnés à mort; le docteur Bougon ne nous dit pas quels sont les crimes des lapins, et n'ose même pas prétendre que ce sont les lapins qui ont commencé.

Tertullien appelle Hérophile médecin ou plutôt bourreau : *ille medicus aut potius lanius*, dit-il, qui a fait une si sauvage guerre aux hommes n'en a pas mieux pour cela pénétré dans l'intérieur ; et il donne de cette impuissance des raisons que donne aussi Cicéron dans les « questions académiques ».

De notre temps, Magendie, qui a fait de tels massacres d'animaux, avouait n'en avoir pas tiré grand'chose. Du reste, Magendie, qui croyait peu à la médecine, et se vantait de ne faire que laisser agir la nature, en l'aidant quelquefois un peu, commettait ces massacres comme curieux plus que comme médecin, torturait, disséquait les animaux plutôt pour surprendre certains secrets et savoir certaines choses que pour se perfectionner en l'art de guérir; il reste « le premier qui ait coupé les racines rachidiennes antérieures et postérieures sur un animal vivant », et... après ?

Depuis près d'un siècle que Magendie, son élève Claude Bernard et quelques autres, en y comprenant le docteur Agelaste, mon propre vivisecteur, font la guerre aux lapins, je voudrais savoir quelle maladie a disparu, quelle souffrance a été épargnée à l'homme, dans quelle proportion s'est accru le nombre des centenaires.

J'ai compté dans ma famille, et dans mes amis, cette famille qu'on choisit, un certain nombre de médecins honnêtes gens, intelligents, spirituels, savants même, et vraiment dignes d'être aimés.

Mais ça n'empêche pas que Platon et Galien sont d'accord sur ce point que la médecine est « un art de conjectures »; que les diverses écoles de médecine qui se sont succédé se sont traitées mutuellement d'ignorantes et ont parfois donné des preuves de cette imputation; que les opinions les plus contradictoires non seulement ont triomphé successivement, mais, chose étrange, ont été à la mode, quelque étonnant qu'il soit de voir paraître et régner la mode sur ce point aussi bien que sur les jupes, les falbalas et les paniers. Il n'y a que la politique qui ait trouvé, accepté, proclamé et fait croire autant de sottises, de bêtises, de saugrenuités que la médecine, et qui ait été exploitée par autant de charlatans. Si bien que nous voyons aujourd'hui un grand nombre de médecins passer sans scrupules de la médecine à la politique, et y obtenir des succès aussi malsains que dans leur première profession.

Aussi le républicain Prudhomme, dans son « Miroir de Paris », constate que, en 1792, 1793 et 1794, on ne voyait plus sur les boulevards ni sur les places publiques, ni les escamoteurs et leurs pitres, ni les arracheurs de dents et les marchands d'orviétan : tous étaient devenus des personnages politiques.

Si un certain nombre de personnes proclament

hautement leur répugnance, leur horreur et leur dégoût à propos de la vivisection, il n'en est pas moins vrai que c'est en ce moment une espèce de mode, et que certains journalistes même, non sans talent, croient se montrer des hommes forts et supérieurs à une sensibilité banale, comme est le docteur Sombre, en défendant au nom de « la science » ces monstrueuses pratiques dont l'utilité est niée par tant d'hommes de science.

Pour me disculper de l'accusation de « diffamer » la science en m'élevant contre la mode de la vivisection, je vais passer brièvement en revue une partie des médicaments, remèdes, recettes que la médecine a successivement mis à la mode et qu'il était, pendant leur règne, aussi impie d'attaquer et de bafouer qu'il l'est aujourd'hui de parler sans respect de cette boucherie pédante et cruelle.

L'antimoine, l'émétique a été l'objet des incertitudes et des disputes les plus acharnées; Guy-Patin avait fait un gros registre des gens tués par l'émétique, et l'appelait le martyrologe de l'émétique. Le Parlement, par un arrêt de 1566, fit défense de s'en servir, et le médecin Paulmicet fut chassé de la Faculté pour avoir contrevenu à cette défense.

En même temps, un peu auparavant, et un peu après, Basile Valentin publia « le Char de triomphe de l'antimoine », et soutint que c'était le remède à tous les maux. En 1640, Jean Chartier appelait l'antimoine le « plomb des sages ». Jacques Perreau lui répondait par son livre « le Rabat-joie de l'antimoine ».

L'orviétan, la thériaque, le mithridate, le catholicon, ont pendant longtemps guéri de toutes les maladies. C'étaient du reste des drogues assez ingénieusement composées. Andromachus, médecin de Néron, ajouta « la vipère » aux soixante ingrédients qui entraient déjà dans la composition de la thériaque. Il en était de même des autres panacées qui ne se composaient pas de moins d'éléments. La médecine alors ressemblait à un chasseur peu sûr de son adresse qui, au lieu de charger son fusil d'une balle, en remplit le canon de petits plombs. La *bonne* thériaque se tirait de Venise, où, dit Robert Guybert, docteur régent en la faculté de médecine de Paris, on la préparait solennellement devant les principaux de la ville, de la justice, des médecins et à la vue de tout le peuple.

Une jolie mode longtemps adoptée, suivie, préconisée par la médecine, ça été les bézoards, que l'on tirait ou faisait semblant de tirer de Perse, et qu'on vendait au poids de l'or ; c'était une pierre que l'on trouvait, disait-on, dans la tête de certains boucs, d'autres ailleurs et chez d'autres animaux. Le bézoard triomphait de la peste.

Mais il y avait le bézoard du vautour, celui de l'hirondelle, celui du coq appelé pierre alectorienne, sans compter le bézoard du dragon ; on avait aussi la pierre tombée du ciel et produite par la foudre, qui, chacune était souveraine dans des cas différents.

Il y eut à la mode longtemps les cinq fragments

précieux, c'est-à-dire des fragments d'améthyste, d'émeraude, de topaze, d'hyacinthe et de saphir ; ce qui, avec le temps, fit du tort aux bézoards et aux pierreries, c'est que les apothicaires fabriquèrent de faux bézoards et remplacèrent le saphir, l'émeraude, etc., par du verre colorié.

Les perles cependant restèrent très longtemps employées ainsi que le corail ; le jaspe sanguin arrêtait net les hémorragies.

Un agréable médicament qu'on a fait, dans un temps, avaler aux malades, c'était la momie.

J'ai ramassé divers traités, tous écrits par des médecins, qui ont eu, en leur temps, une certaine célébrité ou du moins des positions considérables. Un est sur le tabac : je ne l'ai pas sous les yeux, enfoui qu'il est sous une montagne d'autres bouquins ; mais ce que je puis attester, c'est que l'auteur était médecin de je ne sais quelle tête couronnée. Selon lui, le tabac est le remède universel ; et il termine en reprochant à la Providence de l'avoir si longtemps caché aux hommes en le faisant croître dans un autre monde.

Un remède non moins puissant et non moins universel a été une charmante petite et innocente fougère, *adianthum capillus Veneris*, de feuilles également découpées, portées par des sortes de cheveux noirs.

Le *castoréum*, tiré du ventre du castor, a régné assez longtemps (Jean Marius, médecin d'Augsbourg, avec l'approbation et les observations de plusieurs médecins célèbres, *Traité du castor*). Efficace contre le mal de dents, les maladies des nerfs, l'épilepsie, l'apoplexie, la léthargie, le vertige, l'asthme, la goutte, les tranchés, l'avortement, la migraine, il augmente le lait aux nourrices et la mémoire aux savants, il guérit la pleurésie, les maladies de la poitrine, il tue les poux, il fortifie la vue.

La carotte ne guérissait que sa douzaine de maladies : les cancers, les dartres, les écrouelles, les abcès, les ophtalmies, etc., mais les guérissait radicalement. Le *Traité de la carotte* est publié par M. Félix Bridault, médecin des hôpitaux civils et militaires, président du conseil de santé de La Rochelle.

La petite pervenche avait guéri de je ne sais pas quoi la fille de madame de Sévigné. « En vous voyant si blanche, si rose, si belle, si on vous demande sur quelle herbe vous avez marché, répondez hardiment : sur la pervenche », dit madame de Sévigné, qui, du reste, avait grande foi dans le bouillon de vipère et en faisait manger à son gendre.

Elle s'enthousiasma un moment de la poudre de sympathie, apportée en France et mise à la mode par le médecin anglais Digby, chancelier de la reine de la Grande-Bretagne.

La poudre de sympathie ne faisait que guérir les plaies; mais comme elle les guérissait !

Je vais copier quelques lignes d'un petit volume imprimé en MDCLVIII, et mis en vente chez Auguste Courbé, de la petite salle du Palais.

Le docteur Digby y raconte lui-même une expérience

de sa poudre. « C'était en Angleterre, dit-il. Le roy Jacques aimait beaucoup le sieur Howell, qui fut dans un duel blessé si grièvement à la main, qu'un commencement de gangrène fit conclure aux médecins qui le soignaient, en y comprenant le médecin du roi, qu'il était indispensable de couper le bras dont les souffrances étaient intolérables. »

M. Digby demanda une pièce d'étoffe ou de linge où il y aurait du sang du malade. Il plongea ce linge dans un vase d'eau où il avait préalablement jeté une poignée de poudre de sympathie, et au même instant M. Howell, qui était dans une chambre voisine, s'écria qu'il ne souffrait plus, et, en effet, fut guéri.

Nous avons eu aussi « l'eau de magnanimité », pour les blessures.

Ce chevalier Digby, qui resta quelque temps en France, y préservait de la peste en faisant porter à ses clients un sachet dans lequel était la poudre, ou plutôt les cendres d'un crapaud.

Il guérissait également de l'épilepsie en faisant avaler au malade de la fiente de paon.

La médecine a mis successivement à la mode et fait manger aux patients, pour les guérir de telle ou telle maladie, des perce-oreille, des vers de terre, des cloportes, des poux, des excréments de chien.

On a vendu effrontément des « larmes de cerf » tombées dans l'eau et durcies.

On a préconisé et administré la mousse qui pousse sur un crâne humain déterré (usnée).

La raclure d'ongles de supplicié a produit des merveilles.

Du temps de Pline, la racine d'églantier guérissait de la rage, puis elle n'en a plus guéri pendant plusieurs siècles. Après ce laps de temps, elle en a reguéri par l'ordre d'un de ces ministres capucins de cartes qui se sont succédé depuis 1870. Il fit annoncer la grande découverte dans tous les journaux et récompensa le charlatan qui s'était moqué de lui.

Les lentilles, selon Pline, rendent doux et bienveillants ceux qui s'en nourrissent. Selon Dioscoride, elles donnent des indigestions et produisent des ophtalmies. Martial les traite avec mépris. Aujourd'hui, tous les journaux, quelle que soit leur nuance politique, affirment qu'elles guérissent soixante et quelques maladies et qu'elles nourrissent quatorze fois plus que la viande.

Les pierres appelées yeux d'écrevisse ont guéri de la rage; mais voici mieux :

Le docteur Robert Flud raconte que si l'on prend des rognures d'ongle des mains et des pieds d'un hydropique, et qu'on les attache sur le dos d'une écrevisse qu'on rejette à la rivière, le malade se trouve guéri.

Quant aux goutteux, c'est au pied d'un chêne qu'on enfouissait les coupures d'ongles des pieds et des poils de la jambe du malade. Trois mois après, guérison parfaite.

Une recette également bonne était d'appliquer sur

la partie douloureuse un morceau de viande de bœuf humectée de vin et de le faire manger à un chien. Six heures après, le chien a la goutte et vous ne l'avez plus.

Mais je dois m'arrêter. Un volume entier ne suffirait pas pour rappeler toutes les drogues préconisées et vendues.

Disons seulement, pour finir, que toutes ces billevesées ont été, chacune à leur tour, préconisées avec l'aplomb, l'outrecuidance, la ridicule majesté avec lesquels on préconise la vivisection. Ajoutons que la seule excuse pour se livrer à cette cruelle, répugnante, et inutile pratique de la vivisection, serait une ardeur voisine de la folie pour apprendre, pour savoir. Mais quand les gaillards qui s'y livrent ont trouvé une industrie plus profitable, un portefeuille de ministre, par exemple, comme M. Bert, ils font grâce aux lapins, et se livrent à la vivisection de nos finances. Pourquoi les vivisecteurs ne pousseraient-ils pas l'enthousiasme jusqu'au dévouement? que chaque année, leurs noms étant mis dans un chapeau, celui dont le nom serait tiré se soumettrait à être disséqué vivant par les autres?

Qu'en pense le docteur refrogné?

LA BELLE MARIANNE

SE DÉMASQUE

Ce n'est pas aux soi-disant républicains que nous devons la prétendue et chancreuse République qui nous ronge. En 1871, le pays qui venait de voir la prolongation insensée et criminelle d'une guerre impossible et les horreurs de la Commune ! eut un moment lucide, et envoya à l'Assemblée des députés clairement chargés de balayer tous ces farceurs, qui avaient crû sur les désastres de la France comme les champignons sur du fumier.

On venait de les voir se ruer sur des fonctions pour la plupart nouvellement inventées, mais toutes grandement rétribuées, se réfugier et se tenir à l'abri des balles prussiennes dans les préfectures, les ministères et toutes sortes de sinécures d'où ils envoyaient mourir de misère tant de malheureux sans armes, sans vêtements, sans vivres.

A cet accès lucide, la plupart des membres du gouvernement se mirent à couvert de la justice, comme les loups, les renards, les fouines s'enfuient aux premiers rayons du jour.

Personne n'aurait osé alors appeler l'action de « fumer des cigares exquis » et de se « tenir en joie » à l'abri même de l'apparence du danger, « ne pas douter de la fortune de la France », et ce petit malfaiteur de Thiers obtint l'approbation unanime lorsqu'il dit à la tribune, en parlant de MM. Freycinet et *tutti quanti* : « La France leur doit la moitié de ses pertes en hommes, en argent et en territoire ».

En même temps que mon brave et loyal ami d'Aurelles de Paladine révélait dans un livre qu'on n'a pas assez lu, qu'on ne lit pas assez, la désastreuse outrecuidance de ces sinistres pantins.

C'est encore en traduisant l'impression générale que le susdit petit malfaiteur, historien de la première République, disait : « La République a toujours fini et finira toujours en France dans le ridicule ou le sang », parce qu'on voyait alors qu'il n'y avait pas en France de républicains, que la république n'est jamais le but, mais simplement une échelle pour s'introduire dans la maison et la piller.

Mais bientôt M. Thiers entrevit des chances favorables à son ambition, il pensa qu'il pouvait y avoir une bonne république, c'est celle dont il serait le président. Alors il se fit le complice de ceux qu'il combattait la veille ; eux vinrent lui serrer les mains, lui, se proposant de les mettre tout doucement à la porte de leur république, eux ne sachant presque pas qu'ils se servaient de lui comme d'un « cheval de renfort », qu'une fois arrivés au sommet de la côte, ils dételeraient après lui avoir fendu l'oreille.

On imagina alors la « république sage », la « république modérée », la « république conservatrice » et autres bêtises. On alla même jusqu'à annoncer une « république sans républicains ».

Alors s'accrut considérablement le nombre de ceux qui crurent trouver leur place et une bonne place dans un nouvel ordre de choses, de ceux qui, si on avait lu au fond de leur cœur pourri, trouvaient leur fortune, leur bonheur dans les désastres de la patrie, et auraient été bien fâchés que ces désastres ne fussent pas arrivés.

Quelques-uns de ces ci-devant ou soi-disant conservateurs ont accroché ou décroché, le plus souvent pour peu de temps, des places de sénateurs, des ministères, des ambassades, des préfectures, etc. ; les autres, en plus grand nombre, ont espéré pouvoir à la fois grimper au mât moins glissant, dont les premiers avaient un peu enlevé le suif avec leurs culottes. Et c'est ainsi que les soi-disant et plus anciens républicains ont fait travailler à leur propre élévation ceux que le pays avait envoyés pour les jeter par les fenêtres.

C'est ainsi que s'est formée et que subsiste une majorité ministérielle qui aggrave tous les jours les ruines et les misères de la France ; car les complices ont été suivis par des jobards, des niais, des Cassandres et des béjaunes, qui ont cru à la République sage, modérée, conservatrice, etc.

Notez que ces jobards, ces niais, ces Cassandres, ces béjaunes, soi-disant conservateurs, forment presque toujours l'appoint qui juche ou maintient les sinistres polissons au pouvoir et leur permet d'accumuler les désastres.

Ce serait temps et peine perdus que d'essayer de faire voir la vérité aux aveugles volontaires tant qu'ils espèrent voir tomber dans leur sébile les aumônes de la République ; mais ne peut-on tenter la chose à l'égard des susdits jobards, niais Cassandres et béjaunes qui, s'ils venaient à s'arrêter, à ne plus suivre nos ridicules tyrans, leur enlèveraient le plus souvent l'appoint et le complément qui, dans beaucoup de cas, ont formé la majorité ? — Les ombres de la nuit sont dissipées, on ne voit plus les gens ni les choses sous la lueur factice et menteuse du gaz et des lampions fumeux, il n'y a même plus le douteux crépuscule, il fait jour.

Essayons d'un petit apologue, d'une petite similitude.

Nous sommes au bal masqué. Un jeune provincial nouveau débarqué, la mémoire pleine de récits des anciens bals de l'Opéra, d'intrigues et d'aventures avec de « grandes dames », entre tout frisé et tout ému dans la salle, et arpente lentement le foyer en affectant un air rêveur et fatal qu'il croit propre à inspirer des idées de roman à quelque charmant domino.

Plusieurs heures se sont écoulées ou plutôt traînées sans la moindre apparence « d'intrigue », sans que personne ait fait attention à lui, sans qu'il ait reçu des femmes masquées autre chose que des coups de coude quand il leur barre le chemin. A l'air rêveur et fatal a succédé l'air ennuyé et l'air bête, il ne lui reste pas même l'énergie de s'en aller, lorsque, ô bonheur ! un domino l'aborde, passe sa main gantée sous son bras et lui dit : « Je te connais ! tu arrives de ton département. » Il est ravi. Une très forte odeur de patchouly s'exhale du domino ; c'est une « grande dame », et elle le connaît. Comment sait-elle que j'arrive de mon département ? je ne me savais pas connu à Paris. Elle a ajouté :

— Et de quel département es-tu ?
— Seine-et-Garonne, répond-il.
— Je le savais, dit-elle.
— Elle sait tout, se dit le jeune homme ravi.

Elle le fait monter dans les couloirs des plus hauts étages, elle n'oserait rester avec lui au foyer ; son mari, le duc, est très jaloux ; son cousin, le marquis, qui est amoureux d'elle, n'est pas moins jaloux que le duc ; elle se sent, elle l'avoue, sous le masque, qui cache sa rougeur ; elle se sent entraîner vers le « beau jeune homme », mais elle ne peut compromettre sa haute position sociale, elle ne dit pas qu'elle ne l'aimera pas, mais elle doit s'envelopper du plus profond mystère.

Notre béjaune est au sixième ciel et ose penser au septième. Il sait bien la tradition; on emmène les dominos souper... mais une si grande dame! il n'osera jamais.

Pendant qu'il hésite, elle lui dit : Puisque vous le voulez absolument, je consens à aller souper avec vous, c'est une folie que j'ai peine à croire moi-même, c'est une terrible imprudence, mais je vous aime. — Elle l'entraîne vers le vestiaire, tend un numéro à l'ouvreuse, qui lui donne en échange un vieux châle rapiécé; ce n'est que sous le péristyle qu'elle le met sur ses épaules, en s'écriant : — Mais quelle horreur! je suis volée! Quelle est cette loque qu'on m'a donnée à la place de mon manteau de velours doublé d'hermine et couvert de riches dentelles! Pas moyen d'aller réclamer, ça retarderait notre bonheur; j'ai froid; mettez moi, ô mon ami! votre manteau sur le dos.

Ainsi fait le béjaune qui l'enveloppe avec une amoureuse sollicitude, qui a froid à son tour, mais est heureux de souffrir pour elle.

— Avez-vous votre voiture? dit-elle.

Il rougit d'avouer qu'il n'a pas de voiture.

— Alors appelez un fiacre. Je ne le sais que trop, les coupés capitonnés de soie et les chevaux gris ne font pas le bonheur. Une chaumière ou un fiacre et un cœur, voilà ce que j'aime, pourvu que mon cocher et mes valets de pied ne me reconnaissent pas!

On va au cabaret le plus à la mode, on prend un « cabinet particulier »; le garçon demande ce qu'il faut servir. — Attends, dit le domino, je fais faire la carte pour qu'on ne nous dérange. Elle choisit tout ce qu'il y a de plus cher en mets et en vins. Notre jeune homme s'inquiète. A-t-il assez d'argent dans sa poche?

— Ne vous démasquez-vous pas? dit-il à la belle.

— Non, dit-elle, pas encore, petit impatient! Respectez mes scrupules et ma pudeur. Ce que je fais pour vous est si terrible, si nouveau pour moi! Tiens, vous avez une bague, une bague de deux sols; mais ça m'est égal, ce sera la bague de nos fiançailles. Donne-la-moi; je la préfère aux diamants, aux émeraudes, aux saphyrs, aux rubis dont le duc m'écrase et m'ennuie.

Le béjaune pense un moment, mais un seul moment, que cette bague de deux sols lui vient de sa mère, et qu'elle a bien coûté cent francs; mais qui dit fiançailles dit tant de choses! il donne la bague et puis elle ajoute :

— Je n'ai naturellement aucun bijou sur moi pour ne pas m'exposer à être reconnue; mais je vous donnerai en échange de ce pauvre anneau des topazes, des perles, des améthystes et tout le tremblement de la joaillerie. Quelle heure est-il? Oh! quelle montre! un oignon! je ne souffrirai pas que mon amant, car tu seras mon amant, tu vas l'être quand j'aurai pu enfin triompher de mes préjugés de caste et de ma vertu... — encore deux bouteilles de Cliquot, et ton bonheur est dans le sac — mais je ne veux pas te voir ce légume ridicule. Je pense à la riche, à la ravissante toquante... — Verse donc, j'aime pas la mousse... — que je te destine, une montre en or, on ne voit pas l'or, tant elle est couverte de diamants, et à remontoir encore. Ah! ne touchez pas mon masque : à bas les pattes. La barbe du loup, un peu détournée, ne m'empêche ni de boire ni de manger, et ne m'empêche pas de te donner un petit acompte d'un baiser. Je te sacrifie non seulement le duc mon mari, ça, ça ne compte pas, mais le marquis, mon amant, et une telle foule d'aspirants à ma possession... — Verse et demande un ananas et de la chartreuse..., de la verte..., c'est dans ton intérêt : plus ça sera fort, plus ça fera taire mes scrupules, et plus ça avancera ta félicité. Non, pas encore, petit polisson, ça n'est pas ici une petite bourgeoise de province. — Qu'as-tu dans ta poche? dit-elle en le caressant.

— Oh! rien, ma bourse.

— Voyons ça; c'est peut-être des lettres de femme : je t'avertis que je suis jalouse comme une tigresse.

Elle le fouille; elle tire une bourse.

— Une bourse? Qui est-ce qui t'a tricoté ça? quelque maîtresse, une rivale! Saperlipopette, ne t'avise pas de me tromper.

Et elle met la bourse dans sa poche.

Enfin, le béjaune qui, lui aussi, a un peu bu, devient quelque chose comme entreprenant. Elle lui tape sur les doigts.

— Au moins, dit-il les mains jointes, ô ange adoré! ôte ton masque.

— Je crois, dit-elle que ce bourgeois me tutoie. Suis-je assez bonne, assez faible! Eh bien! tiens, verse encore une fois de la chartreuse, et je cède, j'ôte mon masque.

Elle boit le reste de la chartreuse et dénoue son masque, et le béjaune, lui, jette un cri d'épouvante : c'est une vieille bouffie, plâtrée, peinte, trois longues dents sortent de sa bouche flétrie en forme de défenses, les yeux bordés d'écarlate, les cheveux hérissés, le regard farouche et aviné. C'est Marianne. Elle lui tend ses longs bras carrés et velus. Lui, reste pétrifié d'horreur. Elle se lève et sort, emportant le manteau, la montre, la bague, la bourse.

Alors le garçon du restaurant entre, et apporte la carte à payer.

Comment le béjaune s'en tirera-t-il?

Et vous, cher peuple, vous bourgeois, conservateurs, républicains, Cassandres, benêts, badauds, jobards, etc., voici maintenant Marianne ivre et démasquée, elle se montre dans toute sa hideur ; vous croirez-vous obligés à de répugnantes et obstinées caresses, ou comprendrez-vous votre bêtise et les dangers, l'abaissement, l'humiliation de la patrie? et la jetterez-vous enfin par la fenêtre ?

LE MALHEUR DES TEMPS

Le soi-disant ministre de l'agriculture, un nommé Méline, je crois... car, je l'ai déjà dit, je ne charge pas ma mémoire des noms des malfaisants farceurs qui sont censés nous gouverner, un nommé Méline, perdant une belle occasion de se taire et de retarder le moment de faire briller sa nullité dans toute sa splendeur, a dit dans un comice agricole que c'était « le malheur des temps » qui empêchait de dégrever l'agriculture. Personne ne l'a interrompu pour lui dire : Mais « le malheur des temps », c'est vous autres, vous tous, avec votre ignorance, votre rapacité, les cent millions de traitement que vous distribuez entre vous et vos complices et ceux dont vous avez peur, votre guerre de Tunisie et celle du Tonkin, vos écoles laïques, le pillage des caisses d'épargne, etc.

Le sieur Méline, sentant le besoin cependant de rassurer les agriculteurs, leur a dit : « Ce qui fait votre malheur, c'est l'inclémence des saisons; que *le*

Ciel nous gratifie pendant quelques semaines d'une bonne température, et nos finances remonteront avec le baromètre. »

Le Ciel ! mais n'est-ce pas un des noms par lesquels on a l'habitude de désigner l'Être suprême, le Créateur souverain ? Cette phrase n'équivaut-elle pas à celle par laquelle certains avares répondent aux supplications d'un mendiant :

« Dieu vous assiste. »

Sans songer que ce pauvre que vous renvoyez à la Providence, c'est la Providence qui vous l'envoyait.

Le Ciel ! N'est-ce pas imprudent de parler ainsi, et le sieur Méline ne va-t-il pas se faire accuser de cléricalisme ? D'ailleurs qu'avez-vous fait pour attirer sur la France la faveur du Ciel ? Cette pauvre France que personne ne songeait à démentir autrefois lorsqu'elle inscrivait sur l'exergue de ses pièces de monnaie : « Dieu protège la France » !

Le sieur Méline a compris le danger de ce *lapsus*, et laissant le Ciel de côté, l'a remplacé par le baromètre, qu'il croit moins compromettant : le baromètre vous bénisse, le baromètre vous assiste ; il avoue que pour dégrever l'agriculture des « charges qui pèsent sur elle », ce n'est pas sur le dévouement, la capacité, le désintéressement des ministres qu'il faut compter, mais sur le baromètre : si le baromètre monte, tant mieux pour l'agriculture ; si le baromètre descend, tant pis pour elle. Ne vous plaignez donc plus de la

République, ni du président, ni des ministres, le baromètre seul est responsable.

Pendant qu'on donnait ces consolations aux « ruraux », on faisait voter par la Chambre des députés une loi qui livre les destinées de la France à une classe privilégiée, aux ouvriers, pour lesquels on cherche toutes les occasions et tous les moyens de témoigner une folle tendresse. On laisse la campagne, l'agriculture et les ruraux sous la protection de la Providence, du ciel, ou plutôt du baromètre ; mais les villes, les ouvriers, surtout les « travailleurs », on s'en sert à l'occasion et on en a peur toujours.

C'est l'armée de l'émeute qui a juché au pouvoir les soi-disant républicains ou plutôt une coterie soi-disant républicaine, c'est elle aussi qui pourrait les renverser, et qu'il s'agit de licencier, de désarmer ou d'endormir.

La France, c'est le peuple, et le peuple c'est l'ouvrier, l'ouvrier des villes ; et quand on dit l'ouvrier, c'est seulement une partie des ouvriers, c'est le « travailleur », c'est l'ouvrier qui ne travaille pas, c'est l'ouvrier des clubs, des réunions publiques et privées, c'est l'ouvrier discoureur.

Comment se fait-il que l'agriculture ne soit pas partout, comme elle l'est à la Chine et comme elle l'était chez les Romains, la première classe des citoyens, cette classe qui peut au besoin se passer de toutes les autres, et dont aucune autre ne peut se passer ? cette classe dont le vieux Caton disait : « C'est parmi les agriculteurs que naissent les meilleurs citoyens et les soldats les plus courageux ; que les bénéfices sont honorables et jamais odieux ; ceux qui se vouent à l'agriculture n'ourdissent pas de dangereux projets. » *Minime male cogitantes.*

« Les dangereux projets », voilà justement pourquoi on néglige les « ruraux », et on les laisse de côté. Ils n'ourdissent pas de dangereux projets, c'est précisément le contraire de ce que pratiquaient les Romains. On faisait cas du bon sens et du patriotisme des gens de la campagne, parmi lesquels on comptait les hommes les plus éminents de la République, et toutes les fois qu'il y avait à tenir conseil ou à prendre une résolution importante, on envoyait des exprès, appelés *viatores*, pour les inviter à quitter leurs champs et à se rendre au Sénat. Les assemblées, du reste, ne se tenaient que les jours de marché, tous les neuf jours, un jour sur neuf étant donné aux affaires de la ville, et les huit autres réservés à la culture des terres.

« Les gens de la campagne n'ourdissent pas de dangereux projets », ce n'est pas eux qui font les émeutes, qui envahissent la Chambre des députés, qui s'emparent de l'Hôtel-de-Ville et des Tuileries ; ce n'est pas eux qui menacent publiquement la bourgeoisie sur le tombeau de Blanqui. Ce sont les ouvriers, et on les flatte pour s'en servir ; on les flatte parce qu'on les craint, jusqu'à ce qu'on puisse les obliger, le tour étant fait, à rentrer dans leurs bouges, comme disait Gambetta à Belleville.

Quand je dis « les ouvriers », expliquons-nous.

La France périt par le trop de bacheliers, c'est-à-dire par le nombre toujours croissant de jeunes gens se ruant sur les professions dites libérales déjà encombrées, la plupart d'entre eux n'y trouvant que des ambitions, des habitudes, des besoins qui ne peuvent être satisfaits que par le bouleversement et les révolutions.

En même temps, des entreprises insensées, des travaux qui ne peuvent être continués ou renouvelés, l'autorisation donnée aux villes de ruiner les générations futures, en s'endettant pour s'élargir, attirent les cultivateurs aux villes et accroissent sans cesse le nombre des ouvriers.

Mais il vient un moment où il y a assez de maisons, où il y en a même plus que d'hommes pour les habiter. De là un chômage inévitable pour le « bâtiment » et pour toutes les industries qui en proviennent. Il en est de même pour toutes les industries de luxe : la production dépasse d'autant plus vite la consommation, que par suite de la cherté de la main-d'œuvre, non seulement nous portons peu au dehors, mais nous commençons à tirer du dehors où l'on fabrique à meilleur marché. L'ouvrage manque, l'ouvrier ne retournera pas aux champs : sa vigueur diminuée, ses besoins accrus lui en rendent le séjour impossible ; les fruits secs, les bacheliers sans place, les avocats sans clients, les médecins sans malades, les orateurs de taverne le poussent à demander le

« droit au travail ». Qu'est-ce que le « droit au travail » ? Qu'est-ce que ça veut dire ? On peut reconnaître le droit au travail qu'il y a, mais le travail qu'il n'y a pas, peu importe, ça ou autre chose ; ce qu'il faut, c'est une agitation, une émeute, c'est une révolution ; c'est 1,200,000 francs pour M. Grévy, 60,000 pour M. Ferry, etc., etc. ; c'est donc sur les bacheliers et les ouvriers que comptent les soi-disant « hommes politiques » pour arriver.

Une fois arrivé, on voudrait bien s'en débarrasser ; on donne à quelques-uns des places, des sinécures, on en promet à d'autres, on en met quelques-uns en prison, comme Louise Michel.

Cette exploitation de la classe ouvrière n'est pas nouvelle. Je lis dans un livre sur « le gouvernement, les mœurs et les conditions en France avant la Révolution », par M. de Sénac :

« Necker avait rassemblé autour de Paris quinze mille ouvriers, manœuvres et artisans de tous genres, dénués de tous moyens de subsister, réunis dans les faubourgs et les environs. Ces hommes dépravés par l'oisiveté, irrités par la misère, étaient prêts à tout entreprendre pour le ministre dont ils recevaient une paye journalière. Necker avait déterminé l'Assemblée à laisser ouvertes les tribunes et n'avait négligé aucun moyen propre à enflammer le peuple. »

Et quelque peu auparavant, Restif de la Bretonne, dans ses *Nuits de Paris*, signale une tendance de la classe ouvrière qui ne faisait que poindre alors :

« Bientôt, dit l'*Observateur nocturne,* nos manufactures et toutes les productions de nos métiers ne pourront plus supporter la concurrence avec les autres pays par le trop haut prix des salaires; nos ouvriers ne travaillent pas la moitié de ce qu'ils faisaient du temps de Henri IV, et, à l'instant actuel, la somme de travail diminue encore d'une manière effroyable. L'ouvrier est devenu maître et despote, et, par un renversement qui annonce une révolution terrible, le pouvoir est passé entre les mains de ceux qui ont intérêt de l'anéantir. Ceux qui devraient recevoir les ordres les donnent. Ce sont les mains, les pieds, les bras qui prescrivent la loi à la tête et qui prétendent la diriger (CXLI^e nuit). »

Et à la cent trente-cinquième nuit, « le guetteur de nuit » nous dit que depuis huit jours il avait compté cinquante-cinq enfants légitimes portés aux *Enfants trouvés*. Cela, ajoute-t-il, se présente depuis l'extrême augmentation des salaires. L'ouvrier « gros gagnant » veut avoir un luxe qui le rend plus pauvre qu'auparavant et qu'il soutient aux dépens des générations futures. « Je ne sais, dit Restif, comment tout ira bientôt, mais les enfants commandent aux pères et les ouvriers aux maîtres. On ne voit plus que ces derniers faire la cour aux premiers. C'est comme dans la lune de Cyrano, un renversement de tout ordre qui nous perdra. »

Et, en effet, quelques années après, un des trois monarques les meilleurs, les plus amis du peuple qu'ait eus la France, après avoir été le roi de vingt cinq millions de sujets, devenait le seul sujet de vingt cinq millions de rois, et on l'assassinait.

Dans la première citation de Restif de la Bretonne, j'ai omis quelques épithètes qu'il jette à certains ouvriers de son temps, telles que brutes, insolents, etc. Il en est qui ne conviennent aujourd'hui qu'à un certain nombre des pseudo-ouvriers se disant exclusivement travailleurs, mais qui leur conviennent parfaitement. Je constate avec quelque espérance qu'il y a aujourd'hui, parmi les ouvriers, un autre certain nombre d'hommes intelligents, laborieux, studieux; mais ce n'est pas aux clubs et aux réunions qu'il faut les chercher. Là, « le peuple instruit » n'a fait qu'échanger son ignorance ancienne contre une grosse bibliothèque d'idées fausses, absurdes, dangereuses et de mensonges effrontés que lui suggèrent depuis cent ans bientôt les soi-disant amis du peuple qui l'exploitent sans pudeur; instruction qui pour les ouvriers et pour tous fait regretter l'ancienne ignorance, comme on aime mieux un papier blanc, tout insignifiant qu'il est, qu'un papier couvert de sottises.

Les misérables imbéciles qui ruinent et déshonorent la France ont réussi plus d'une fois à faire de la classe ouvrière des villes et surtout de Paris quelque chose comme les janissaires turcs ou les prétoriens de Rome. Mais il vient un moment où, ne pouvant tenir les promesses qu'ils ont faites à ces troupes, ils s'effrayent de leurs murmures et de leurs menaces. Les janissaires et les prétoriens font les sultans et les empereurs, mais aussi les étranglent. Nos maîtres aimeraient assez à imiter Mahmoud II, qui fit massacrer les janissaires créés par Amurat Ier; mais leur procédé est moins radical, ils tuent, exilent, emprisonnent les uns, et comblent les autres de faveurs.

Au moment où on emprisonnait Louise Michel pour six ans, on faisait voter une loi qui appelle au pouvoir suprême les ouvriers de Paris.

J'ai expliqué pourquoi ces préférences injustes et absurdes accordées aux ouvriers et refusées aux cultivateurs, aux paysans.

Des soi-disant socialistes de l'école de Louis Blanc veulent pour l'ouvrier « le droit au travail », c'est-à-dire imposent à l'État l'obligation de fournir en tous cas du travail aux ouvriers, avec la faculté pour ceux-ci de fixer et le prix du travail et la quantité de travail à fournir, ou, s'il n'y a pas de travail, de les payer comme s'ils travaillaient.

C'est précisément aussi absurde que si on demandait pour les paysans le droit au soleil et le droit à la pluie.

Mais s'il n'était souverainement injuste de faire dominer légalement une classe sur les autres, ce ne serait pas les ouvriers des villes auxquels reviendrait cet avantage, mais aux paysans, parce que ceux-ci composent la presque généralité de la nation, parce que seuls ils sont indispensables.

Socrate, dans la *République* de Platon, énumère les nécessités de la vie humaine. Le premier besoin, dit-il, est de se nourrir, et la politique doit partir de là.

En effet, prenez tous les ouvriers que vous voudrez, et choisissez les meilleurs parmi les bons.

Il s'agit de dîner. Je me rappelle ce que disait une femme de la cour de Louis XV à son fils qui, peu riche lui-même, voulait épouser une fille sans fortune dont il était éperdument amoureux : « Rappelez-vous, mon fils, que, une fois marié, il n'y a qu'une chose qui revient tous les jours, c'est le dîner. »

La maison est toute de marbre et construite sur les dessins des plus illustres architectes; la salle à manger en bois de chêne merveilleusement sculpté; les sièges sont des prodiges; la nappe, les serviettes sont d'une finesse inouïe et d'une blancheur de neige; les salières, les assiettes, les plats, sont au moins des vieux Sèvres; l'argenterie est pesante et admirablement ciselée, les carafes, les verres sont du plus fin verre de Venise et de Bohême ou des myrrhines.

Les lampes sont des vases myrrhins et donnent une lumière électrique, *maculosæ myrrhæ*. Il y a sur la table jusqu'à des cure-dents de lentisque apportés de la campagne romaine; partout les chefs-d'œuvre, les prodiges de l'art et de l'industrie, les splendeurs de l'orfèvrerie.

Comme on est bien assis! comme les regards sont charmés! Mais il est sept heures, puis sept heures et demie, puis huit heures; on ne cause plus, on s'attriste, on devient morne; est-ce qu'on ne sert pas le dîner?

Cette belle soupière est vide, vide aussi ces carafes qu'on s'attendait à voir se remplir de l'or et de la pourpre des vins les plus parfumés, les plus exquis.

Mais rien.

Le maître de la maison essaye de conter une histoire, on ne l'écoute pas.

Neuf heures, neuf heures et demie, on murmure, on grogne; mais que faire? Il n'y a plus de paysans, et par conséquent plus de vignes ni de vin, plus de bestiaux, ni de viande, ni de poulets, ni d'œufs, ni de lait, ni de fromage, il n'y a plus de pain.

Encore un peu, et on offrira, mais en vain, toutes ces splendeurs pour un morceau de pain et deux sols de fromage.

Il y a trente ans, on exposa à Paris, pour une loterie, un lingot d'or de 400,000 francs.

Il y a treize ans, pendant le siège de Paris, on vit un jour, à la halle, un lingot de beurre de 50 kilogrammes, et celui-ci excita cent fois plus d'admiration et de convoitise que le premier.

UNE VIEILLE MÉTAPHORE

Je demande à mes lecteurs la permission de me servir pour une fois, ce n'est pas ma coutume, d'une vieille métaphore usée et à peu près hors de service, que j'emprunterai au trésor où pendent accrochées les vieilles lunes et les vieilles métaphores : l'aurore aux doigts de rose, les coursiers du soleil, les portes de l'Orient, le char de l'État, les prairies émaillées de mille fleurs, juste mille, pas une de plus, pas une de moins, etc., etc.; c'est là que je vais décrocher pour un moment :

« Le vaisseau de l'État. »

Pauvre vaisseau et pauvre État ! Des forbans s'en sont emparés par surprise, ont poignardé et jeté par-dessus bord le capitaine, le pilote et les matelots : ils sont les maîtres ! Mais que vont-ils faire? que vont-ils devenir eux-mêmes? Aucun d'eux n'est marin, car ce ne sont pas même des pirates, ce sont des truands.

D'abord, ils se sont rués sur les magasins de vivres, ils ont éventré les tonneaux, ils mangent, ils boivent et perdent bientôt le sentiment de leur situation. Pour le moment, les vents dorment, la mer est calme, ça va bien; mais bientôt un point noir paraît à l'ouest, monte et s'étend; des rafales d'abord sourdes ne tardent pas à siffler dans les cordages : les mâts ploient et crient, c'est un coup de vent, c'est une tempête; quelle voile faut-il hisser, quelle autre faut-il amener? qui est capable de monter dans les haubans? qui de prendre la barre et de conduire le vaisseau?

On n'y pense même pas, on continue à manger et à boire, on s'étourdit, quelques-uns remplissent leurs poches sans songer qu'au moment du naufrage leurs vêtements ainsi chargés et lourds leur ôteront toute chance de surnager; la plupart sont ivres, et on leur donne soif, et ils boivent; celui-ci a trouvé une tarrière, et s'amuse à faire dans la coque du navire des trous par lesquels l'eau ne tardera pas à entrer et à l'envahir; l'autre s'est assis sur la soute aux poudres avec un broc de vin et y fume sa pipe.

Cette image, qui n'est qu'exacte, étant esquissée, remettons la métaphore et raccrochons à son clou « le vaisseau de l'État ».

Sans aucun parti-pris d'orgueil national et de « chauvinisme », il est permis de dire que la Providence dans le partage des biens avait singulièrement « avantagé » la France, pays agricole, s'il en fût jamais, c'est-à-dire possédant les seules et vraies richesses, s'étendant en climats variés qui lui donnent les produits du monde entier, et pouvant se suffire à elle-même plus qu'aucun autre, néanmoins placée entre des mers qui lui permettent et lui rendent faciles tous les commerces. Ce n'est pas tout, le génie et le caractère des habitants les disposaient à une félicité sans exemple. Vifs, intelligents, gais surtout, d'une gaieté qui n'existait que chez eux, gais jusque dans la misère, gais dans la bataille et le danger; hospitaliers et bienveillants, ce qui est si aisé aux gens heureux. Les autres peuples auraient eu presque le droit d'accuser la Providence de partialité et d'injustice.

C'est ce bonheur dont ils se sont fatigués et dont ils ne veulent plus.

Et, aujourd'hui, faites la liste de toutes les catastrophes, de toutes les misères, de toutes les ruines qui peuvent frapper un peuple : banqueroute, guerre civile, guerre étrangère, invasion, démembrement, famine, démoralisation complète et rechute en sauvagerie, — et je défie tout homme ayant, dans l'affolement général, conservé quelque bon sens, d'oser dire qu'il est une seule de ces calamités qui ne peut pas avoir fondu sur nous dans un an.

La pauvre France semble un vieux monument menaçant ruine et condamné à la démolition et au dépècement. Chacun des coquins ou des brutes inconscientes, qui sont censés nous gouverner, ne sont que des démolisseurs, dont chacun, sous le nom de ministre et de fonctionnaire, a sa part de ruines à faire.

Le ministre des finances se charge de la banqueroute ; la conversion a déjà essayé un petit bilan de faillite ; on dépense sans compter, on crée chaque jour de nouvelles pseudo-fonctions, grassement rétribuées, pour contenter les complices ; on élude le contrôle des Chambres — et ça n'en vaut guère la peine : — car, dans nos Assemblées, chacun s'occupant de ses petites affaires personnelles, on n'assiste même pas aux séances où il est question du budget.

Le ministre de la justice, garde des sceaux, s'occupe de détruire l'indépendance de la magistrature ; toute indulgence est accordée aux assassins, voleurs et incendiaires, et, de la part de celui qu'on appelle plaisamment le « chef de l'État », cette indulgence est poussée jusqu'à la tendresse. On permet aux avocats de plaider contre la loi, aux jurés de l'éluder. Et les magistrats laissent faire ; il est trop dangereux de mécontenter messieurs les avocats, messieurs les jurés qui sont en même temps électeurs et messieurs les assassins et voleurs qui ont au pouvoir des amis et d'anciens complices qui doivent les ménager.

Le ministre de la guerre, venant en aide au ministre des finances pour la destruction d'icelles, change inutilement les uniformes, laisse désorganiser l'armée, et au moment où la France devrait reconstituer et concentrer toutes ses forces pour se tenir à l'abri de convoitises à peine dissimulées, on éparpille une armée et une marine en aventures ruineuses aux quatre coins du monde.

Il semble un berger qui, la nuit, entendant rôder et hurler les loups autour de son troupeau, enverrait ses chiens hors de son parc en les chassant à coups de fouet.

Le ministre de l'instruction publique détruit la religion, professe l'athéisme, fait tout pour accroître l'inondation de bacheliers et de fruits secs qui sont la ruine de la France.

Le ministre de l'agriculture fait des discours, mais ne pense seulement pas à faire dégrever la terre des impôts qui écrasent le cultivateur. On autorise toutes les villes à s'élargir et à élargir en même temps la zone pestiférée qui les entoure, on ne pense pas que toute maison qui s'élève dans une ville se forme de dix chaumières démolies, que tout habitant des champs attiré à la ville non seulement est un producteur de moins, mais représente pour les nouveaux besoins trois consommateurs de plus, les cultivateurs, les hommes de la terre, les hommes du pays, les paysans — le plus beau nom qui existe — sont dédaignés, abandonnent les champs pour la ville où les industries et les métiers, déjà cependant encombrés, les sollicitent par un salaire plus élevé et des plaisirs malsains ; telle terre, telle ferme que le « paysan » cultivait avec sa famille et qui donnait des bénéfices à lui et au propriétaire, outre la vie assurée, aujourd'hui reste en friche, parce que, les enfants du paysan s'en allant à la ville, les garçons ouvriers, les filles servantes, les uns et les autres le plus souvent en attendant pis, il devrait se faire aider par des ouvriers qu'il payerait ; mais la main-d'œuvre est, en conséquence de ce que nous venons de dire, devenue si chère, que le produit suffirait à peine à payer les frais. Loin d'attacher le paysan à la terre par des dégrèvements d'impôts, par des avantages, des récompenses, des honneurs, des distractions honnêtes, on lui enlève même les fêtes religieuses et les processions de la Fête-Dieu.

On voit, comme après une pluie d'orage, sortir du sol tant de champignons, la plupart vénéneux, ou du moins malsains, tant d'incapacités, tant de gens tarés monter au pouvoir et « émarger » au budget, que chacun a dit : Pourquoi pas moi aussi bien que lui ? Il est aussi ignorant que moi, je suis aussi incapable que lui.

Ceux d'entre les empereurs romains qui, les premiers, adoptèrent le christianisme, avaient compris combien ses dogmes donnaient de patience, de résignation aux malheurs, et combien de sécurité aux gouvernements et à la société.

Cette vie terrestre n'est qu'un passage, une épreuve. La prospérité des méchants ne dure qu'un moment, comme un torrent s'écoule, et est expiée pendant une éternité ; la pauvreté, la misère ne durent aussi qu'un moment, et ce moment sera suivi d'une félicité éternelle. Heureux les pauvres ! « Il est plus difficile à un riche d'entrer dans le royaume des cieux éternellement heureux qu'à un chameau de passer par le trou d'une aiguille, » tandis que cette vie future est la vraie patrie, le patrimoine de ceux qui ont souffert, de ceux qui ont pleuré, de ceux qui ont eu faim. Heureux les pauvres !

Et voilà que d'imbéciles canailles prêchent au peuple que cela n'est par vrai, qu'il n'y aura ni peines ni récompenses, que le vrai bonheur n'est que sur cette terre et pendant cette vie, à condition d'être riche, qu'il faut donc être riche à tout prix, et tout de suite.

Sur quoi donc se fondent les susdites canailles imbéciles ? Est-ce à la suite de sérieuses et profondes études, qu'ils se sont fait des convictions ? Ils n'ont aucunes convictions, ils n'ont étudié que de sales carrés de papier ; seulement ils aiment mieux que ça soit comme ça. Cette pensée d'une autre vie les inquiète, quoi qu'ils en aient ; ils savent qu'ils n'ont aucun droit aux récompenses et qu'ils ont mérité les peines. Et... si c'était vrai ! s'il y avait un Dieu ! si ce Dieu était juste... on chasse tant qu'on peut cette pensée importune avec de l'absinthe et des rengaines. Et alors, une conséquence nécessaire, fatale, des théories prêchées, alors il n'y aura qu'un repas, alors nous voulons notre place à table et tout de suite.

Dans les clubs, dans les journaux, on a imaginé de s'élever contre « le capital » et contre « le salariat », le salaire humiliant de l'entrepreneur, du maître au « travailleur », à bas le « salariat » ! De la façon dont marchent les choses, avec les grèves, l'augmentation sans mesure du prix de la main-d'œuvre, et de la diminution des heures de travail, on arrive déjà à l'impossibilité de soutenir la concurrence contre les produits des autres pays, les « travailleurs » ne tarderont pas à être débarrassés de l'outrage du « salariat », parce que les maîtres ruinés ne pourront plus payer de salaire.

Quant au « capital », qu'est-ce que le capital ? Pour les braillards et ceux qui les excitent, c'est simplement l'argent des autres qu'on veut prendre et se distribuer, c'est-à-dire chacun en prenant le plus possible.

On ne veut plus partager, les partageux d'il y a dix ans voulaient tout partager entre tous; ça n'est plus ça : les partageux ! vieille rengaîne, vieux jeu, ça ne ferait pas assez pour chacun; le partage selon les démocrates ne se fera qu'entre les démocrates; selon les intransigeants, qu'entre les intransigeants; selon les possibilistes, qu'entre les possibilistes; selon les nihilistes, qu'entre les nihilistes.

On ne veut plus labourer, on ne veut plus semer; on veut récolter, et encore on ne veut ni faucher, ni battre le blé, ni le moudre, ni faire le pain, on veut le dîner des autres fait par les autres; pauvres imbéciles, ce sont vos chefs qui dînent bien, et ça vous passera devant le nez !

Ille ego qui quondam...

Moi qui autrefois ai jugé bon, utile, efficace et très français de diviser l'acier du glaive dont je m'étais armé contre les méchants et les sots en des milliers d'épingles,

> ..... ayant soin que leur peau
> Ait son compte, et reçoive, en détail, tout le glaive,

je n'ai plus envie de me moquer, de plaisanter, de rire... même amèrement. Le sarcasme ne me suffit plus, l'indignation m'envahit, les épingles se rapprochent, se serrent, se réunissent, se soudent et redeviennent le glaive.

Car je le dis sérieusement, sans exagération, sans emportement, n'écoutant que le bon sens, la justice, la logique, le salut de la patrie, le salut de la société : après les « affaires » de la Tunisie et du Tonkin, après les attaques cyniques à tout ce qu'il y a de respectable et de sacré, les uns faisant, les autres laissant faire.

Si nous étions, non en gâchis et en tohu-bohu, mais en République, on n'hésiterait pas à mettre en accusation et le ministère et le Président lui-même de la prétendue République.

TABLE

La soupe au caillou	1
Le bâton, maître du monde	11
Dans la lune	21
Second voyage dans la lune	33
Pour nous reposer	46
La république, ennemie du peuple	57
Causons	71
Aux Champs-Élysées : dialogue des morts	80
Les lilas sont en fleurs	93
Le grand et le véritable complot des princes	104
Post-scriptum : les acrobates	113
Têtes de pavots	123
Cancans, potins et ramages : le parfait candidat	136
Il y avait une sottise à faire	145
La guerre des fourchettes en délire	156
Bons conseils	168
Petits grands hommes	182
Trop bêtes, ou la statue de Rousseau	190
La comédie politique	203
Feuilles volantes	210
Ça y est	220
Apothéose	229
Les habits	236
A bâtons rompus	249

Il y a quarante ans 263
Sur plusieurs sujets 275
A M. Grévy, les marchands de vin, cabaretiers, taverniers et
    mannezingues 286
La maison 296
Pages d'histoire 303
Et chez nous ? 315
Lettre à Pierre Véron 329
La grande vivisection du soussigné Jean Alphonse, par un
    médecin de mauvaise humeur 333
La belle Marianne se démasque 347
Le malheur des temps 356
Une vieille métaphore 367

BOURI. TON. — Imprimeries réunies B.

NOUVEAUX OUVRAGES EN VENTE

Format in-8°.

	f. c.		f. c.
DUC DE BROGLIE		**MADAME DE REMUSAT**	
FRÉDÉRIC II ET MARIE-THÉRÈSE, 2 vol.	15 »	LETTRES, 2 vol.	15 »
VICTOR HUGO		**ERNEST RENAN**	
TORQUEMADA, 1 vol.	6 »	INDEX GÉNÉRAL DE L'HISTOIRE DU CHRISTIANISME, 1 vol.	7 50
A. BARDOUX		SOUVENIRS D'ENFANCE ET DE JEUNESSE, 1 vol.	7 50
LE COMTE DE MONTLOSIER ET LE GALLICANISME, 1 vol.	7 50	**JULES SIMON**	
BENJAMIN CONSTANT		DIEU, PATRIE, LIBERTÉ, 1 vol.	7 50
LETTRES A MADAME RÉCAMIER, 1 vol.	7 50	**THIERS**	
LORD MACAULAY		DISCOURS PARLEMENTAIRES. T. I à XV.	112 50
ESSAIS D'HISTOIRE ET DE LITTÉRATURE, 1 vol.	6 »	**VILLEMAIN**	
L. PEREY & G. MAUGRAS		LA TRIBUNE MODERNE, 2 vol.	15 »
DERNIÈRES ANNÉES DE MADAME D'ÉPINAY, SON SALON ET SES AMIS 1 vol.	7 50		

Format gr. in-18 à 3 fr. 50 c. le volume.

	vol.		vol.
J. J. AMPÈRE		**EUGÈNE LABICHE**	
VOYAGE EN ÉGYPTE ET EN NUBIE	1	THÉATRE COMPLET	10
TH. BENTZON		**MADAME LEE CHILDE**	
TÊTE FOLLE	1	UN HIVER AU CAIRE	1
DUC DE BROGLIE		**PIERRE LOTI**	
LE SECRET DU ROI	2	FLEURS D'ENNUI	1
F. BRUNETIÈRE		**MARC MONNIER**	
LE ROMAN NATURALISTE	1	UN DÉTRAQUÉ	1
CHARLES-EDMOND		**MAX O'RELL**	
LA BUCHERONNE	1	JOHN BULL ET SON ILE	1
G. CHARMES		**E. PAILLERON**	
LA TUNISIE	1	LE THÉATRE CHEZ MADAME	1
GEORGES ELIOT		**GEORGES PICOT**	
DANIEL DERONDA	2	M. DUFAURE, SA VIE, SES DISCOURS	1
O. FEUILLET		**A. DE PONTMARTIN**	
HISTOIRE D'UNE PARISIENNE	1	SOUVENIRS D'UN VIEUX CRITIQUE	3
ANATOLE FRANCE		**P. DE RAYNAL**	
LE CRIME DE SYLVESTRE BONNARD	1	LES CORRESPONDANTS DE J. JOUBERT	1
J. DE GLOUVET		**G. ROTHAN**	
LA FAMILLE BOURGEOIS	1	L'AFFAIRE DU LUXEMBOURG	1
GYP		LA POLITIQUE FRANÇAISE EN 1866	1
AUTOUR DU MARIAGE	1	**GEORGE SAND**	
LUDOVIC HALÉVY		CORRESPONDANCE	4
L'ABBÉ CONSTANTIN	1	**DE SÉMÉNOW**	
CRIQUETTE	1	SOUS LES CHÊNES VERTS	1
VICOMTE D'HAUSSONVILLE		**JULES SIMON**	
A TRAVERS LES ÉTATS-UNIS	1	LE GOUVERNEMENT DE M. THIERS	2
PAUL JANET		**E. TEXIER ET LE SENNE**	
LES MAITRES DE LA PENSÉE MODERNE	1	LE TESTAMENT DE LUCIE	1
		LOUIS ULBACH	
		CONFESSION D'UN ABBÉ	1

Collection de luxe petit in 8°, sur papier vergé à la cuve.

	vol.		vol.
LUDOVIC HALÉVY		**CAMILLE SELDEN**	
DEUX MARIAGES	1	LES DERNIERS JOURS DE HENRI HEINE	1
LA FAMILLE CARDINAL	1	**JULES SIMON**	
J. RICARD		L'AFFAIRE NAYL	1
PITCHOUN!	1	LA VIE PARISIENNE SOUS LOUIS XVI	1

www.ingramcontent.com/pod-product-compliance
Lightning Source LLC
Chambersburg PA
CBHW060553170426
43201CB00009B/764